Die Autorin:

Cathérine Cordero, geb. 1970, eine Tochter.

Bisherige Veröffentlichungen:
2007: *Heimatlose Welten, Meine Gedichte..*
2008: *Seelenseen, Gedichte II.*
2008: Sanft wie Schafe, eine wahre Dualseelen-Geschichte.
Sämtlich veröffentlicht über BoD, Norderstedt.

Cathérine Cordero

Im Herzen Löwen

Interview mit einer Dualseele

Bibliografische Information der Deutschen Nationalbibliothek:
Die Deutsche Nationalbibliothek verzeichnet diese Publikation in der Deutschen Nationalbibliografie; detaillierte bibliografische Daten sind im Internet über https://portal.d-nb.de/ abrufbar.
Herstellung und Verlag:
Books on Demand GmbH, Norderstedt

Umschlagfoto: pixelio.de
Fotograf und Copyright: Dieter Schütz
Umschlaggestaltung: Cathérine Cordero
Abbildung mit freundlicher Genehmigung von pixelio.de

ISBN : **978-3-8391-1168-0**

Für
Emily

... und für
alle Menschen,
die
wie ich
nach
Hause
wollen.

Achtung:

Das Lesen dieses Buches kann
dein Bewusstsein erweitern und dein Leben positiv verändern.
Wenn du keine Veränderung wünscht, lass es einfach sein.
Die Namen der Personen, der Orte und teilweise auch die Daten
der Ereignisse wurden zum Schutze der Beteiligten verändert.

Inhaltsverzeichnis

Anmerkung zum Verständnis:

Das Interview-Gespräch selbst ist in **Fettschrift** gedruckt. Es findet in deiner aktuellen Gegenwart statt und wird geführt von einer imaginären Stimme, die sich für mich aus den zahlreichen Klienten- und Leserstimmen zusammensetzte.
Die Textstellen in Normalschrift sind meine Tagebucheinträge, meine schriftlichen Notizen und sonstige Quellen. Weitere Erklärungen finden sich an Ort und Stelle innerhalb des fortlaufenden Textes.

Vorwort

Dieses Buch ist zwar auf eine bestimmte Weise die Fortsetzung meiner persönlichen Dualseelen-Geschichte, auf die meine Leser lange drängend gewartet haben. Auf der anderen Seite umfasst es jedoch sehr viel mehr, denn auch eine Dualseelen-Verbindung umfasst sehr viel mehr, als sie - vordergründig betrachtet - zu sein scheint. Wenn du also hier das *Happy end* einer zwischenmenschlichen Liebesgeschichte lesen willst, wirst du ent-täuscht, denn ein Happy end gibt es zwar, aber nicht so, wie du es erwartest ... Wenn du jedoch die Themen *spirituelle Entwicklung* und *Zeitenwende* im Sinn hast, dann bist du hier goldrichtig! Es geht nämlich vor allem um dich selbst und deine Entwicklung, und nicht um deinen menschlichen Spiegel in der Welt. Allein diese Erkenntnis holt dich aus deiner Gefühls-Achterbahn heraus und setzt dich endlich auf das richtige Pferd! Damit beschreitest du dann deinen sicheren Weg zu innerer Freude, Harmonie und Ausgeglichenheit. Dafür brauchst du niemand anderen!

Wirklich gute Ratgeber für Dualseelen, die mir treffsicher helfen konnten, gab es zu Anfang meines Weges keine. Daher setzte ich mich damals hin und schrieb mein eigenes Buch zu dem Thema (*Sanft wie Schafe*[1]). Meine Antworten präsentierten sich mir stattdessen in vielen anderen Büchern – in der Weltliteratur, in Gedichten, hier vor allem! Sie kamen durch Lieder und fanden sich bei den alten Mystikern ... Die Geschichte der Menschheit mit all ihren Archetypen und Märchen, mit ihren Göttersagen und Heilsgeschichten beschreibt das Phänomen „Dualseelen" sehr genau.

Dualseelen sind schon immer in den Herzen und Köpfen der Menschen, sie heissen dort Isis & Osiris und Hänsel & Gretel. Es sind meistens Geschwisterpaare, die zusammen ihre Abenteuer bestehen müssen, denn damit ist natürlich ihre absolute Nähe zueinander bestmöglich beschrieben.

Die Gemeinsamkeit des Ursprungs wird in dieser Geschwisterschaft betont, und dies ist es ganz genau, worauf es ankommt: Aus dem gemeinsamen Ursprung in die Welt hineingeworfen sein, um dort (zusammen oder auch getrennt) Abenteuer zu bestehen – das ist der Weg der Dualseelen auf Erden. Aus dem Ursprung hinab auf die Erde (der sogenannte „Sündenfall“) und von dort aus zurück, aufwärts – hinauf in den Himmel, also in die Einheit – für mich symbolisiert durch ein V.
Den anderen Mit-menschen hierbei als ein lehrreiches Beispiel zu dienen, anderen durch das Mitteilen und Vorleben der eigenen Geschichte den Weg nach Hause zu leuchten, obwohl und weswegen sie selbst meistens in enorme persönliche Tragik verstrickt sind, so präsentiert sich das Schicksal[2] der Seelenduale.
Diese Geschichten scheinen zunächst aussichtslos ... Man bangt, doch am Ende gehen sie alle gut aus. Nicht immer aus der irdisch-menschlichen Sicht, wohl aber aus der Sicht des Himmels!

Hollywood hat aus der Sehnsucht der Menschen nach dieser allerinnigsten grenzenlosen Verbindung (die nichts anderes darstellt als die innere Beziehung des Urmännlichen mit dem Urweiblichen innerhalb eines jeden von uns) zahlreiche romantische Liebesfilme kreiert. Dies brachte weiten Teilen der Menschheit nicht nur eine Menge *Dollars,* sondern auch eine Menge Leid - nämlich denjenigen Menschen, die durch diese verzerrte romantische Interpretation der heiligen Verbindung in dem Glauben feststecken, dass ihre persönliche Seelenpartner-Begegnung zwingend mit der Hochzeit in weiss enden müsse. Mir sind bei meiner Beratungstätigkeit zahlreiche solcher Geschichten und Verstrickungen begegnet!
Der ursprüngliche Sinn dieser inneren heiligen Verbindung hier „unten“ in der dritten Dimension ist jedoch ein ganz anderer. Gleichwohl *kann* es so geschehen – wenn es jedoch soweit wäre, würde dir das schon lange gleich-gültig sein ...
Es geht um *den Weg,* den sie beleuchtet, den Weg zurück nach Hause, auf dem sich jede Seele hier auf dem Planeten „Erde“ gleichermassen befindet. Und auf unsere aktuelle Zeit bezogen geht es ganz konkret um den persönlichen Weg durch die nun

stattfindende Zeitenwende hinaus aus der Dimension der Dualität hinein in das Einheitsbewusstsein, kurz: von 3 D nach 5 D. Seelenduale sind die fleischgewordene Einheit und bekommen dadurch hier im Dickicht der Illusionen die einmalige Chance, ihre Seeleneinheit am eigenen 3D-Leib erfahren zu dürfen. Für sie bleibt dies alles keine metaphorische mystische Erzählung, keine Karotte vor der Eselsnase, nein: „Einheit" wird für sie zu einer knallharten Realität, die zu handhaben sie erst lernen müssen. Denn sie befinden sich ebenso in einem Erdenkleid wie jeder andere Mensch. Dadurch geraten sie permanent an ihre Begrenzungen, die es für sie vorrangig zu überwinden gilt. Eine gewaltige Aufgabe! Doch genau so haben sie es sich ausgesucht ... Wir können uns da nicht rausreden!

Die meisten Menschen bleiben an der Oberfläche ihres Lebens und ihrer Liebesfähigkeit, denn tiefer einzutauchen in die eigene Seele hält gleich zu Beginn viele Schmerzen bereit. Es ist ganz einfach unangenehm, hinzuschauen. Ich habe immer hinschauen müssen, immer. Ich wollte es nicht – aber seit der Begegnung mit meinem Selbst in den Augen jenes fremden und doch so bekannten Mannes kann ich nicht mehr anders, als immerzu hinzusehen.

Leider fand ich auf meinem Weg entsprechend wenige Menschen, die mich wirklich verstanden, und sehr selten konnte mir irgendjemand überhaupt nur einen einzigen guten Rat geben. Die Gespräche über meine Gedanken und Erlebnisse endeten i.d.R. damit, dass ich die gesamte *Dualseelen-Sache* wieder einmal erklären musste, um überhaupt eine gemeinsame theoretische Ausgangsbasis zu schaffen. Dies nervte mich sehr, und ich liess es dann auch meistens dabei bewenden. Ich war also ziemlich frustriert und ent-täuscht - bis ich mich endlich erinnerte, woher ich *zu jedem beliebigen Zeitpunkt* all meine Antworten bekommen kann ... und mit wem ich ausführlichst all meine Fragen und Nöte besprechen kann, nicht einseitig, sondern in einem sehr lebendigen Dialog!

Cathérine, eine Frage: Warum hast du einige Wörter unterstrichen? Willst du damit etwas betonen?

Das kam so: Ich wartete eine lange Zeit auf den Schluss dieses Buches, das fulminante Fazit, die Moral von der Geschicht'. Meine Leser fragten in der Zwischenzeit immerzu, wo denn Teil 2 meiner Geschichte bliebe? Ich wusste es selbst nicht! Nun, dachte ich mir, das erste, was sie anhand meines zweiten Buches lernen, ist wohl Geduld. Nach und nach wurde mir dann klar, dass es in diesem Buch nicht um das fulminante Finale, sondern um den Weg als solchen geht. *Ganz wie im wirklichen Leben.* Es ging zudem beim Schreiben für mich um einen ganz besonderen Dialog, den ich beispielhaft führen sollte. Während ich an diesem Buch schrieb, und eigentlich auch schon während meines ersten Buches, quatschte innerlich nämlich immer jemand dazwischen. Diesmal habe ich diese meine innere Stimme ausdrücklichst zu Wort kommen lassen, und die entsprechenden Textstellen sind unterstrichen, damit sie für die Leser von meinen eigenen Worten unterscheidbar sind.

Hm, ok! Das klingt spannend! Sag mal, müssen die Leser dieses Buches den ersten Teil deiner Dualseelen-Geschichte unbedingt gelesen haben, um den Inhalt zu verstehen?

Nein, aber sicherlich werden sie es nachträglich unbedingt lesen wollen! (lacht)

Ja, wie alles begann ... Der Anlass für meine eigentliche Geburt in dieses wirkliche Leben, also für mein wahrhaftiges Geborenwerden im spirituellen Sinne, war die unverhoffte Begegnung mit dem einen Mann, der die ehrenvolle Aufgabe auf sich genommen hat, mir zu zeigen, wer ich in Wahrheit bin – und vor allem, wer ich *nicht* bin. Dieser Mann ist *Kristian,* mein Seelendual. Natürlich heisst er nicht wirklich Kristian, diesen Namen hat er nur für meine Bücher angenommen. Nimm ihn als einen Prototypen, der mit mir zusammen als Beispiel dient, wie

diese Seelen-Entwicklungsgeschichten in der Regel ablaufen. Das häufigste Feedback zu Buch No. 1 (Sanft wie Schafe) lautete denn auch:
Es ist beinahe unheimlich, aber mir kommt es vor, als hättest du dein Buch über mich persönlich geschrieben! Es muss so etwas wie Magie sein! Es ist, als würdest du mich kennen!

Wie diese Begegnung mit Kristian genau vor sich ging, und was in dem darauf folgenden ersten gemeinsamen Jahr alles passierte, das kannst du in „Sanft wie Schafe" nachlesen. Damals begann meine Reise ins eigene Innere.
In jenem allerersten Augen-Blick war mir aber erst einmal nur bewusst, dass ich etwas unendlich Grosses angeschaut hatte, dass ich für den Bruchteil einer Sekunde einen Blick auf das werfen durfte, was (frei nach Goethe) diese –meine- Welt im Innersten zusammenhält. Ich habe „Gott" in die Augen geblickt – und auf diese Weise letztlich *mich selbst* gesehen. Dies ist zweifellos der schönste Weg, sich selbst zu erkennen! Eine Trennung von Seelen gibt es nicht, sie ist nur Illusion; dennoch ist dies eine wichtige Illusion, die *das Spiel* auf Erden erst ermöglicht.

Dein erstes Buch erklärt den Menschen also, was da mit ihnen passiert, wenn sie ihrem Seelenpartner begegnet sind, und sie sehen, dass sie nicht allein mit ihren Fragen und Ängsten dastehen?

Ganz genau! Jeder, der diese übersinnlichen Ereignisse selbst erlebt hat, weiss, wie wichtig es ist zu erfahren, dass es anderen auch so geht und dass man *nicht* verrückt ist. Jedenfalls nicht ver-rückt im herkömmlichen negativen Sinne!
Das zweithäufigste Feedback meiner Leser und Leserinnen bezieht sich auf Gott: Die Menschen beginnen nach dem Lesen meines Buches wieder, dem Universum bzw. Gott zuzuhören, sie achten auf einmal auf die Zeichen am Wegesrand, treten sogar in einen offenen Dialog mit den Engeln, zunächst spielerisch wie ein Kind, aber dann mit zunehmendem Ernst.

Das macht mich unglaublich glücklich - zu wissen, dass ich zu ihrer Rückverbindung beitragen konnte!
Und genau hier setzt mein zweites Buch nahtlos an.

Gott ... schreibt mit und durch jeden Menschen Geschichte, jeweils ist dies die ganz persönliche Lebens-Geschichte. Aus diesem Grunde ist *jede* Lebensgeschichte etwas ganz Besonderes. Wir sind alle Auserwählte, wir sind alle die Lieblingskinder Gottes, denn sonst gäbe es uns erst gar nicht!
Von manchen Menschen wünscht Gott sich, dass sie ihre Geschichte für andere Menschen aufschreiben; sei es, um diesen Freude zu bereiten oder um ihnen sogar obendrein Hilfe und Rat auf ihren Weg zu schicken.
Die, die gemeint sind, das zu tun, wissen es, denn sie tragen die Leidenschaft zum Schreiben *von Geburt an* in ihren Herzen ...
Dort habe ich sie zu diesem Zweck hineingelegt. Und indem sie schreiben, werden sie verstehen, warum sie hier sind. Sie werden anfangen, sich zu erinnern. Ich werde sie immer zur rechten Zeit rufen.
Ich bin hier, um zu schreiben.
Und ich bin hier, um dir dabei über die Schulter zu schauen.
Bist du mein Höheres Selbst? Oder etwa Gott? **
Was glaubst du ...?

Weihnachten 2009,
Cathérine Cordero

**Anmerkung: Du kannst die Bezeichnung "Gott" selbstverständlich durch einen dir angemessener erscheinenden Namen ersetzen; ich bin sicher, wir meinen dennoch dasselbe.

... also, wie machen wir das denn jetzt mit dem Interview? Ich stelle meine Fragen, und dann?

Ich werde dir direkt antworten, aber wir nehmen auch meine Tagebucheinträge hinzu, so wie im ersten Buch. Und ich stelle dir gerne meine Notizen zur Verfügung, die ich so nebenbei gemacht habe. Weisst du, ich schreibe viele Artikel und Texte für meine Webseite und meinen *Newsletter*, daher gibt es immer schriftliche Aufzeichnungen meiner Gedanken.

Gut, dann lass uns daraus ein ganz und gar wunderbares Buch machen!

Ok, fangen wir an!

Kapitel 1
Sternenstaub

Du hast Kristian, deine Dualseele, jetzt seit mehreren Jahren nicht mehr gesehen. Vermisst du ihn denn nicht? Fehlt er dir gar nicht? Wirst du nicht wahnsinnig ohne ihn?

Erst einmal möchte ich lieber die Bezeichnung „Seelendual" verwenden; sie ist mir neulich ins Herz gesagt worden, und ich finde sie passender. Dualseele hört sich an wie eine zweigeteilte Seele. Seelendual betont mehr die Einheit der Seele, die ja nur auf Erden *scheinbar* in zwei Körper hineingetrennt ist. Nein, ich vermisse Kris nicht, jedenfalls nicht so, wie du es dir vorstellst ...
Dies schrieb ich eines abends in mein Tagebuch:

... obwohl ich ihn seit Jahren nicht gesehen habe, ist er so gegenwärtig in mir wie am ersten Tag. Ich atme ihn ein, ich atme ihn aus, er geht in meinem Herzen herum, ich fühle seinen Blick auf mir ruhen und sehe die Fragen in seinen blauen Augen ... Ja, ich ertappe mich dabei, dass ich heimkomme und mich frage, was Kris wohl zu meiner neuen Frisur sagen wird? Das und dies muss ich ihm unbedingt erzählen ... und suche beim Staubsaugen oder Bügeln im Geiste schon einmal die englische Vokabel dafür. Ich staune immer noch, dass man einen Menschen, den man nur fünfmal im Leben sehr kurz gesehen hat, immerzu so deutlich bei sich haben kann ... !

Gewisse Leute wollten mir in den letzten Jahren mit Inbrunst einreden, Kris sei gar nicht meine Dualseele. Immer waren es jedoch Menschen, die diese Erfahrung nie gemacht haben. Ehrlich, ich habe zu viele andere Meinungen zu Wort kommen lassen und meine eigene Wahrheit darüber beinahe vergessen. Das war die wichtigste Lernaufgabe von allen: zu lernen, nur auf mich selbst zu hören, auf mein eigenes Herz, gegen alle äusseren Erscheinungen, vor allem gegen alles Reden aller anderen Menschen. Sehr viele Menschen, auch die, die du Freunde nennst, können sich von allzu menschlichen Regungen wie Neid und Missgunst nicht frei machen. Sie sind nicht immer die guten Ratgeber, als die du sie sehen möchtest. Ich war leider in vielerlei Hinsicht zu naiv, was andere Menschen angeht. Nun, dies gehört zu meinen Lernerfahrungen, und ich bin dankbar auch für diese schmerzhaften Erkenntnisse.

Jetzt, da ich zu meiner ursprünglichen mir innewohnenden Sicherheit zurückgefunden habe, sind diese anderen Meinungen auf natürliche Weise zu Staub zerfallen. Denn nur die Wahrheit bleibt, wenn die Illusionen sich auflösen. Kris ist immer noch in mir anwesend ...

Seit Jahren nicht mehr persönlich gesehen und seit vielen Wochen kein einziges Wort von ihm, aber er ist hier, ganz so, als wäre kein einziger Tag vergangen, seit wir uns damals nach unserem gemeinsamen Wochenende am Flughafen getrennt haben.

Es könnte genauso gut erst gestern gewesen sein! Bei anderen Personen und Ereignissen habe ich einen Eindruck des Verblassens der Erinnerungen im weiteren Zeitablauf. Bei allem, was Kris betrifft, habe ich diesen Eindruck nicht. Was wir geteilt haben, ist wie eingebrannt, jede einzelne Sekunde, die ich mit ihm verbracht habe, steht überdeutlich in Farbe in mein Gedächtnis hineingeprägt!

Eins habe ich begriffen: ich bin erst dann vollständig in meiner Kraft, wenn ich mit der felsenfesten Gewissheit durch meinen Tag gehe, dass Kristian und ich eins sind und dass unsere Begegnung nur der Auftakt für etwas Grösseres in unserem Leben war. Kein anderer Gedanke bringt mich in dieses Gefühl, unbesiegbar zu sein. Daher ist es *für mich* das einzig Wahre. Diese Wahrheit ist nicht zu denken, nicht zu begründen, nicht zu analysieren, sondern nur zu fühlen und zu er-leben. Das macht es schwierig, sich mit anderen Menschen darüber zu unterhalten, und am besten lässt man es ganz sein. Der Grund, dass ich es dennoch versuche, ist mein Wunsch, andere Menschen bezüglich ihrer spirituellen Entwicklung zu motivieren und zu unterstützen. Und ich kann mir nichts motivierenderes vorstellen als *Liebe* bzw. eine Liebesgeschichte!

Eben drum!

Kristian ist also *meine Wahrheit*. Für diese Erkenntnis brauchte ich zwei Jahre, in denen ich alles andere Denken ausprobiert und vorübergehend allen möglichen anderen Stimmen geglaubt habe. Dies musste getan werden, es war sinnvoll im Zuge meines persönlichen Prozesses. Ja, ich bin jetzt wieder dort, wo ich am allerersten Tag eigentlich bereits war. Aber ich bin jetzt dort mit einer ganz anderen inneren Sicherheit. Somit ist nichts im Leben vergebens, kein (scheinbarer) Umweg ist ohne Sinn! Aber das weiss man ja immer erst in der Rückschau ...

Der Sinnspruch für diese Woche auf meinem Küchenkalender lautet daher auch folgerichtig: „*Wer zu sich selbst finden will, darf andere nicht nach dem Weg fragen.*" (Paul Watzlawick). Und so fügt sich wieder wie gewohnt entlang meines Buches alles fein säuberlich in gefälliger Synchronizität zusammen. Gott *geht wieder zu Werke*, er *synchronizitiert* [3] wieder.

Hape Kerkeling beschreibt das in seinem Buch „Ich bin dann mal weg“[4] so, dass das Vorhandensein von Schmetterlingen ihm immer gezeigt hat, dass er auf dem richtigen Weg war. Blieben die Schmetterlinge aus, war er vom Weg abgekommen ...
Nun zu Gott ... Gott war zwangsläufig von Anfang an in unserer Dualseelengeschichte mit dabei, und ich war an jenem wunderbaren sicheren Ort bereits einmal gewesen: in Gottes Händen, und das war ganz am Anfang der Ereignisse, aber aufgrund der Ent-täuschung durch den abrupten Abschied von Kris hatte ich *den Anschluss* verloren, sprich: meinen Glauben und mein Vertrauen in die göttliche Macht und Magie.
Ich hatte Kris an Ostern geschrieben, er könne mich in Zukunft nur noch über mein Herz erreichen, nicht mehr und nicht weniger. Wir sind ja immerzu verbunden, das weiss er so gut wie ich, wir fühlen uns über unsere Herzen. Schlagartig wurde ich nach dieser Entscheidung wieder gesund, nachdem mich eine fiese Nasennebenhöhlen-Entzündung eine harte Woche lang vollkommen niedergestreckt hatte, während ich mit meinem Entschluss rang, ihn vollends loszulassen- oder doch noch einmal alles zu versuchen. Alle Medikamente halfen nichts, als wäre da eine Blockade in meinem Kopf, die mich am Atmen hinderte. Mir wurde schnell klar, dass meine Seele diesen körperlichen Ausdruck benötigte und sich auf keinerlei Diskussionen einlassen würde. Ich musste handeln, um wieder gesund zu werden!
Und daher schloss ich die Türen der äusseren Kommunikation mit Kris, damit in meinem Inneren die Türen (wieder) aufgehen konnten. Ich hatte nach diesem Einschnitt mehr Energie als je zuvor!
Ja, ich hatte den deutlichen Eindruck, dass sich auf der Stelle in einer Art inneren Vision das Kommende wie eine ganze Landschaft in Weitwinkel-Optik explosionsartig vor mir ausbreitete. Es riss mich schier davon. *Zukunft* – ungeahnte Möglichkeiten! Ein inneres Tor war aufgegangen, ich fühlte es ganz klar. Ich sehe diese Dinge tatsächlich, sie sind nicht metaphorisch gemeint. Es ist dann, als ob ich auf eine Art Kino-Leinwand hier innen hinter meiner Stirn schaue, während meine

offenen physischen Augen in die Gegend gucken. Das Bild ist innen und doch auch irgendwie gleichzeitig aussen.

> **Und was hast du weiterhin getan mit deiner neu gewonnenen Energie nach eurem Schlussstrich?**
> **Du hast also dein Buch „Sanft wie Schafe" veröffentlicht, und was geschah dann?**

Die folgenden Monate standen ganz im Zeichen der Vorbereitung meiner beruflichen Selbständigkeit. Ich wollte mich endlich mit dem, was ich so gerne und sowieso ständig tat, nämlich andere Menschen spirituell beraten, *ganz offiziell* beschäftigen ... Das Thema Beruf drängte sich also sofort in den Vordergrund. Es hingen fiese Lernaufgaben daran ... Es ging für mich darum, meinen Selbst-Wert nicht (wie anerzogen) von einer Arbeitsstelle abhängig zu machen. Es ging darum, meine zeitweise vermeintliche „Arbeitslosigkeit" anzunehmen und schlussendlich zu erkennen, dass jemand, der tagaus, tagein in Hingabe für seinen höheren Lebenssinn werkelt erstens niemals wirklich arbeitslos sein kann. Und dass es zweitens an mir selbst liegt, ob und wie ich entlohnt werde. Und noch radikaler: Selbst wenn du einfach gar nichts tust, vermindert das deinen Wert kein bisschen, denn nicht auf dein Tun kommt es an, sondern auf dein Sein! Mein Fazit: Niemand kann den Reichtum von mir fernhalten, nur ich selbst. Aber dieser Erkenntnisprozess dauerte ein ganzes Jahr. Anfangs jedoch ahnte ich natürlich noch nichts von den Hürden, die da auf mich zukamen ...
Verschiedene Begebenheiten und persönliche Umstände machten diesen Entschluss zur Selbständigkeit für mich immer drängender. Dafür brauchte ich jedoch einen klaren Kopf und eine gerade Linie in meinem Leben, denn wie sollte ich andere Menschen beraten, wenn ich in allerlei ausweglose Emotionen wegen eines blonden Engländers verstrickt war? Ich hatte bereits vor einiger Zeit eine Reikigrossmeisterin gefunden, die mich in Reiki einweihen würde. Ich buchte ein Seminar in Kartenlegen, um ein schickes Zertifikat zu erwerben; etwas Neues lernte ich in

diesem Kurs jedoch nicht. Denn alles Wissen hatte ich natürlich bereits in mir.
Meine eigene spirituelle Beratungs-Praxis wurde unmittelbar zu einem ganz entscheidenden Teil meines Lebens. Ja, ich liebe sie, auch wenn es schwer ist, weil es in einem kleinen verklemmten Dorf eine geradezu waghalsige Unternehmung darstellt, Menschen dieses angebliche *Hexenwerk* frecher Weise als Dienstleistung anzubieten. Nun, ich kann nicht anders, denn ich fühle, dass dies genau das ist, was ich tun möchte und was mein Talent ist, mein zweiter *Beruf* neben dem Schreiben ... in wahrstem Sinne von Beruf-ung!

Ich richtete meinen Blick in dieser Zeit also immer mehr nach innen, denn es öffneten sich in mir Schlag auf Schlag neue Türen, und die Räume dahinter waren magisch und wundervoll. Damals ging ich noch in einen Meditationskreis, der mir einige unglaubliche Erfahrungen in den vierzehntägig stattfindenden Ssitzungen bescherte. Dass ich so gut wie keine Erdung hatte, war mir nicht bewusst, und so kam es zu einigen Entgleisungen. Manchmal brauchte ich tage- oder wochenlang, um herauszufinden, was ich da wieder erlebt oder gesehen hatte.
Meine Hellsicht nahm nämlich ebenfalls zu; manchmal sah ich einen Freund an und *wusste* ein ganzes Panoramabild seiner Gedanken, welches ich *nur noch* in Worte übersetzen musste (na klar, nichts leichter als das ...). Mit Kris hatte ich vom ersten Tag an diese Telepathie, doch *mit anderen Menschen* war das eine ganz neue Erfahrung für mich. Oder ich sah sie an und wusste, sie würden bald sterben, was dann auch kurz darauf geschah. Oder ich sah, dass sie schwanger sind, bevor sie selbst es wussten. Und ich hatte weitere Wahrträume, wie schon in der Anfangszeit mit Kris ... immer häufiger geschah dies!
Es kamen luzide Träume[5] hinzu, die mich in Angst und Schrecken versetzten, bis ich durch einen einfachen Trick herausfand, wie ich im Traumzustand feststellen konnte, ob ich wache oder wirklich träume. Schön fand ich das alles nicht, und ich bat darum, es abzustellen, und seitdem ist *gottlob* Ruhe.

Ein sehr wichtiger Meilenstein waren für mich die *Gespräche mit Seth*[6] des Channel-Mediums Jane Roberts, denn dieses Buch öffnete meine erwachende Wahrnehmung noch mehr, es erweiterte mein gesamtes Bewusstsein um ein riesiges Stück, einfach so beim Lesen! Seitdem ich angefangen hatte, in diesem Buch zu lesen, lief ich tagelang mit einem imaginären fussballfeldgrossen Trichter über dem Kopf herum, der mich manches Mal vor Türen stoppen liess mit der bangen Frage: *Passe ich da überhaupt durch, mit diesem Trichter über dem Kopf?* Der Trichter ist zum Universum hin geöffnet, und wenn ich den Blick aufwärts wende, kann ich bis zu den Sternen schauen. Seths Worte fielen beim Lesen buchstabenweise in diesen Trichter hinein und mitten in mein Bewusstsein. Mich berührte über alle Massen, dass Seth durch Jane anfangs Gedichte gechannelt hatte; so war es auch mir mit meinen Gedichten ergangen: oft wusste ich gar nicht, woher der Anfang dieses Gedichtes oder jener Satz oder dieses Wort stammte. Das machte mich betroffen. Es gab also einige Parallelen, und so wurde *Channeln*[7] für mich anscheinend ein neues Thema, über das ich mich daher zu informieren begann. Nun, so einfach war das nicht mit dem Channeln – und in Wahrheit war es eben doch ganz einfach, es geschah einfach nicht auf die Weise, *wie ich es mir vorstellte*. Es waren *ihre* Gedanken in meinen Gedanken, Gottes Gedanken in meinen Gedanken - völlig natürlich und unspektakulär, aber aufgrund all der Bücher darüber erwartete mein Ego weltbewegende Erlebnisse mit verstellten Stimmen und nicht zu steuernden Trance-Zuständen. Entsprechend zog ich Menschen in mein Leben, die mir wie eine Litanei vorbeteten, dass Channeln nicht einfach sei und man jahrelang zuerst *seinen Kanal reinigen* müsse.
Einem jeden geschehe nach seinem Glauben ...

Wenn du nun meinst, dass ich diese vielen wichtigen Themen in einem Affenzahn runtergerasselt habe, dann stimme ich dir zu! Es geht mir in diesem Buch nicht darum, auf alle möglichen und unmöglichen spirituellen Themenbereiche ausführlich einzugehen; es gibt zu einem jeden dieser Themen bereits

wunderbare Literatur. Dieser persönliche Zeitraffer soll dir nur einen kleinen Eindruck geben von der rasenden Geschwindigkeit, mit der sich mein Bewusstsein erweiterte ...

Ich komme so gerade noch mit!

Gut! Eins muss ich dir noch erzählen, das ist etwas aus der beliebten Kategorie „Magisches & Wunderbares":
Im Mai begann das *Phänomen der einzelnen blauen Augen,* die ich bis heute noch beinahe täglich irgendwo sehe! Es gab so viele unendlich tröstliche Situationen mit diesen blauen Augen, mir geht noch heute das Herz auf, wenn ich an sie zurückdenke!
Tja, wir haben dich im Auge, Kleine!
Eine Hörgerätefirma hatte einen pfiffig gestalteten *Flyer* an die Haushalte verteilt, so dass ich eines morgens ein einzelnes „Ohr" in meinem Briefkasten vorfand. Ich schlussfolgerte, es gehe jetzt in meinem Leben um das Thema *Hören.* Am nächsten Tag sah ich beim Einkaufen neue Werbeplakate, an jedem Strassenbaum ein anderes: Schild Nr. 1 riet passender Weise: „Zuhören",
was natürlich perfekt zum Channeln passte. Schild Nr. 2 empfahl: „Hinsehen!", und ein einzelnes blaues Auge war dazu abgebildet. Sofort musste ich an das Foto denken, das Kris mir einmal gemailt hatte, unterschrieben mit *„Ich habe ein Auge auf dich"*, und man sah auf dem Bild nur seine rechte Gesichtshälfte mit einem seiner wunderbaren himmelblauen Augen. Zuerst war ich noch amüsiert, aber als am gleichen Tag zusammen mit einer Rechnung die Visitenkarte einer Druckerfirma kam, fühlte ich mich schon wieder mehr als seltsam berührt: Auf der fesch gestalteten Karte prangte ... *ein einzelnes blaues Auge*!
Wie es sich in diesem Universum gehört (du weisst ja: aller guten Dinge sind ...), fand ich das dritte Auge abends bei meinem Vater: überdimensional und blau starrte es mich herausfordernd von einem weiteren Werbeblättchen an, das mitten auf seinem Wohnzimmertisch lag. Was um alles in der Welt sollten nur diese Augen bedeuten? Hatte Kris immer noch ein Auge auf mich? Oder *jemand*? Am nächsten Tag stellte ich fest, dass auf dem Umschlag meines gerade per Post eingetroffenen neuen Buches

ein einzelnes blaues Auge abgebildet war. Das Buch handelt von der Entwicklung des multidimensionalen Bewusstseins, sein Titel lautet: *Das Seth-Material*[8], von Jane Roberts.

Es hängt diese Vielzahl spiritueller und esoterischer Themen an der Dualseelen-Geschichte, denn sie dient in erster Linie dem Aufwecken aus dem spirituellen Bewusstseinsschlaf und setzt dabei verborgene (und dennoch natürliche!) Fähigkeiten frei, lenkt ruckartig unseren Blick auf all die vielen Wunder *der Welt hinter dieser offensichtlichen Welt* und soll uns zunächst einmal nur in Gang bringen, was unsere persönliche spirituelle Entwicklung betrifft. Wir alle sind mehr als der Mensch, den wir im Spiegel anschauen, wenn wir nach einer merkwürdigen Nacht morgens wie gerädert im Badezimmer stehen und uns fragen, warum um alles in der Welt wir *schon wieder* um drei Uhr in der Früh wach geworden sind ...
Den Sommer über quälte ich mich überdies mit allerlei physischen Symptomen des sogenannten *Lichtkörperprozesses*[9] herum; ich kam mir vor, als wäre ich erneut in der Pubertät, denn mein Körper schien mir nicht mehr zu gehören und äusserte sich durch unaushaltbares partielles Hautjucken, Gelenkschmerzen, Übelkeit, Schwindel, Kopfdrücken, Rückenschmerzen, Messer in der Stirn, Quaddeln an Armen und Beinen, Messer in der Kopfmitte, Pickel auf der Stirn, übermässiges Schwitzen, Pfeiftönen in den Ohren - um dann wieder vorne beim Hautjucken zu beginnen. Es war sehr unschön, und mehrmals täglich betete ich mein Mantra: *Ich vertraue dem Prozess, ich bin einverstanden und lasse alles durch mich durchfliessen.* Das nenne ich vorbildlich, nicht wahr! ... wenn ich ehrlich bin, betete ich jedoch viel häufiger: *lieber, lieber Erzengel Michael, BITTEEEE - DAS SOLL SOFORT AUFHÖREN!!! TU ETWAS!!!*
All diese Erlebnisse beschäftigten mich ganz schön, und Kris geriet darüber beinahe in Vergessenheit. Aber nur beinahe natürlich ... Es war einfach wichtig anzufangen, mich in *meinem* Leben umzuschauen, statt immer nur nach England zu schielen!

Stecken denn alle Dualseelen in diesem Lichtkörper-Prozess?

Sogar *alle* **Menschen stecken mittendrin! Aber die meisten wissen es nicht bewusst. Je bewusster du den Prozess wahrnimmst und aktiv unterstützt, desto schneller schreitet er voran. Dem entziehen kann sich niemand, der auf diesem blauen Planeten umherwandert. Mitgefangen ...**

... mitgehangen!

Genau!

Ist das denn nicht schrecklich?

An machen Tagen denke ich noch so darüber, ja. Aber alles in allem weiss ich ja, wofür ich da durch gehe, und die schönen Phasen begannen tatsächlich eines Tages zu überwiegen. Wie sagt die Fitness-Lehrerin auf meinem Homevideo? ***Zähne zusammen,*** **es** ***ist für einen guten Zweck!***
Was Kris und mich anging, hatte ich die Möglichkeit eines Wiedersehens längst abgehakt ...

Kris ist innerlich immer dabei, aber ich glaube mittlerweile keine Sekunde lang mehr daran, dass ich ihn jemals *in der Welt* wiedersehen werde. Dieses Ziel ist dermassen weit aus meinem Sichtfeld geraten, dass ich mich endlich davon verabschiedet habe. Und es tut nicht einmal weh!

Heute weiss ich, dass er mir meine eigene innere Entfernung all die Monate im Aussen spiegeln musste, erzeugt nämlich hatte ich sie, ganz allein, aufgrund des permanenten Hörens auf andere Meinungen und fremde Stimmen, die mir weismachen wollten, dass ich Kris völlig überwinden müsse. Dies stimmt so nicht, wie wir noch erfahren werden. Ich dachte damals, die Sehnsucht muss sterben, weil sie aus dem Ego kommt.
Sehr viel später sollte ich in einem Buch von Safi Nidiaye folgenden Satz finden:

„Sehnsucht macht lebendig. Sehnsucht verbindet uns mit dem unendlichen Kraftreservoir unserer Seele. Seine Sehnsucht zu fühlen bedeutet, eins mit dem innersten Bestreben seiner Seele zu sein und somit glücklich, auch wenn das äussere Ziel der Sehnsucht nicht erreicht ist." [10]

Sehnsucht *ohne Schmerz* ist der richtige Weg. Wahre Sehnsucht tut nicht weh, sie beflügelt. Ich jedoch war bestrebt, die Sehnsucht komplett auszumerzen, weil mir Menschen, die (genau wie ich damals) keine Ahnung hatten, mir dazu applaudierten ... Niemals darf die Sehnsucht sterben! Aus heutiger Sicht schlichtweg verrückt, aber genau so war es. Und es war wie immer – lehrreich!

> **Hast du dir nicht manchmal gewünscht, dein Weg mit Kris wäre einfacher? Ist das nicht irgendwie ungeheuer gross, was du dir da vorgenommen hast?**

Ich habe mir anfangs sogar permanent gewünscht, ich könnte einfach in mein altes Leben zurück. Aber trotz mehrerer Versuche ist es mir nicht gelungen. Gott sei Dank nicht! Das Ego möchte natürlich lieber seine Ruhe haben, es möchte nicht dauernd nachdenken und hinterfragen müssen. Es möchte den Reihenhaus-Lover und ein Leben à la trautes Heim – Glück allein. 17 Uhr Feierabend, und nach dem Essen vor die Glotze. Konsumiere und halte die Füsse stille! Die Seele jedoch ist eine lodernde Flamme, die nicht atmen kann, wenn Harmonie-Kochtöpfe mit der Aufschrift „Faule Kompromisse" darüber gestülpt werden.

Die Seele braucht keine äusseren Sicherheiten; nur das Ego, das ja aus ständiger Angst und Besorgnis besteht, will sie haben. Egal ob es sich um finanzielle Sicherheit oder um eine sichere Arbeitsstelle handelt oder um eine sichere Partnerschaft – es gilt, dies alles zu erkämpfen und dann festzuhalten. Wer diese drei besitzt, hat „es" geschafft, hat das Klassenziel erreicht in diesem Leben. Die Vorstellung, dies alles loszulassen und sich dem Fliessen des guten göttlichen Geistes anzuvertrauen, löst anfangs

blanke Panik aus. Ich habe das alles erlebt, ich kenne diese Panik, die Todesangst, das Gefühl von Aussichtslosigkeit, Haltlosigkeit die einen beinahe umbringt, so bodenlos scheint sie zu sein!
Mein Vorteil war, so sehe ich das heute, dass mir all diese Sicherheiten *vom Leben selbst* weggenommen wurden, und ich war daraufhin gezwungen, loszulassen. Ich musste das nicht entscheiden, die Ent-scheidung wurde mir, Gott sei Dank, abgenommen.
In dem Begriff steckt das Wort Scheidung, scheiden, sich trennen – eins muss zugunsten eines anderen losgelassen werden. So war es im Endeffekt viel leichter für mich ... doch anfangs dachte ich immer, ich hätte es so viel schwerer als meine Freundinnen. Das sagte natürlich nur mein neidgewohntes Ego! Die Menschen klammern sich also an ihre äusseren Sicherheiten, glauben, ihr Leben kontrollieren zu können ... und auf diesem Nährboden (jetzt hätte ich beinahe „Mist" geschrieben!) gedeihen die heute so beliebten Wunsch- und Bestellungsbücher. Ich für mich habe verstanden, dass sie für Menschen geschrieben sind, die (noch) nicht vertrauen können. Es kommt der Tag, an dem machen diese Bücher für dich keinerlei Sinn mehr.

Wie kam das denn dann eigentlich, dass du anfingst, auf andere Leute zu hören?

Das rät dir dein Ego, das dir einreden will, du müsstest andere Wesen um Rat fragen, weil du selbst keine Ahnung von deinem Leben hättest. Manche Leute gehen daher hin und fragen die Engel, manche fragen vermeintlich weise Menschen, wieder andere (und das sind heutzutage ganz schön viele) channeln irgendwelche Wesen aus anderen Dimensionen. Das ist ziemlich schick, und ich hatte kurzfristig auch überlegt, meiner inneren Stimme in diesem Buch einen illustren Namen zu verpassen. Aber sie beteuerte, das sei nicht not-wendig und eher hinderlich statt hilfreich für den Zweck dieses Buches.
Ich liess mir von all den fremden Menschen Zweifel einreden und begann, meine innere Stimme gar nicht mehr wahr-zu-nehmen.

An Silvester hatte ich auf Empfehlung einer sehr guten Freundin aufgrund meines mangelnden Vertrauens also ein Channelmedium per Email kontaktiert, die mir daraufhin über einen langen Zeitraum mit ihren Durchsagen grosse Dienste geleistet hat; allerdings weniger durch den Inhalt der Durchsagen als dadurch, dass ich am Ende wieder lernen konnte, auf mich selbst zu hören.
Sandra wurde zu einer wichtigen Begleiterin auf meinem Weg, und ich danke Gott, dass er uns zusammengeführt hat! Am Neujahrsmorgen erhielt ich ihre erste Durchsage. Darin hiess es wörtlich auf meine altgewohnte bange Frage nach der Zukunft für Kris und mich:
Ja, ihr kommt zusammen, und ihr werdet als Paar durch das Leben gehen. **Ich weinte daraufhin tagelang!**
So fing das damals an mit den Fremddurchsagen, die mich immer wieder zweifeln liessen ... Aus meinem Tagebuch:

Eine Frage, die ich mir schon seit zwei Jahren immer und immer wieder stelle, ist: Warum nur muss ich diese enorme Selbstbemeisterung betreiben? Muss ich alle meine sehr menschlichen Wünsche denn wirklich ausmerzen? Warum um alles in der Welt muss dann dieses Gefühl für Kris immer wieder aufleben? Das macht es viel schwerer! Und es ist jedes Mal gleich wieder *so* stark, ach, ich fühle mich Kris *so* extrem innig verbunden! Puuhh, es ist sehr schwer, das jetzt wieder einzugrenzen, unmöglich gar, es abzustellen!
Dieses nicht abstellbare Gefühl ist deine Sicherheitsleine ...
Und wann fangen meine Geistführer endlich an, mit mir persönlich darüber zu sprechen, damit ich nicht immer auf Sandra, mein Channelmedium, den Unsicherheitsfaktor, angewiesen bin!? Wenn ich nur wüsste, wie sie sie kontaktiert, dann würde ich es selbst tun!
(Lautes Gelächter.)
Jetzt fängt es auf einmal wieder an, dieses Gefühl, als ob ich gleich Führerscheinprüfung hätte! Es gehen Wellen durch meinen Bauch und durch den ganzen Körper, und ich habe das Gefühl, etwas zerfliesst in meinem Herzen.

Das bin ich, Liebes! Deine Blockaden halten mich auf, sonst würde ich noch gewaltiger einströmen ...
Was passiert als nächstes? Geht denn unsere Geschichte wirklich weiter? Fragen über Fragen, werden sie denn niemals weniger?
Lieber Gott, gib mir endlich eine Antwort, bitte!
Ich bin doch schon die ganze Zeit dabei!

2. Kapitel
let´s sail away

Irgendwann im Herbst schlich sich ein neuerlicher Email-Dialog zwischen Kristian und mir in mein Leben ein, vollkommen unspektakulär, einfach wie selbstverständlich. Es wurde kein Wort mehr über unsere Trennung verloren, so als hätte sie niemals stattgefunden. Typisch Dualseele! Wir tauschten einfach nur Gedanken aus, und das ist es, was mir später, als unser Dialog ebenso plötzlich wieder aufhörte, so sehr fehlte. Nicht seine physische Anwesenheit war es, die ich jedes Mal zurücksehnte, sondern die Möglichkeit, meine Ideen mit ihm zu teilen, und es schmerzte, ihm von meinen Projekten *in der Welt* nicht erzählen zu können. Ja, das war es, was ich am meisten vermisste. Den ganzen Rest drum herum, den brauchte ich bald schon gar nicht mehr.

> **Du hast am meisten vermisst, *Ideen* mit ihm zu besprechen?!?! Ihr Dualseelen seid echt verrückt.**

Manchmal passieren noch diese wahnwitzigen Dinge, die mir immer vorkamen, als ob sich einer *da oben* einen Spass erlauben wollte. Jemand riet mir einmal, ich solle das doch einfach *ignorieren*. Wer ist nun verrückt? Ich oder die anderen? (lacht) Sieh zum Beispiel mal dies, wie sollte ich das ignorieren können:

Himmel hilf! Meine Tochter hat heute etwas gefunden, herrjeh - ich bin immer noch völlig von den Socken! Wir gingen mit einer Freundin in die Eisdiele, und draussen auf dem Spielplatz lag er: ein silberner Kettenanhänger, ein K! Sie brachte ihn sofort zu mir und meinte, das K bedeute Kristian, also sei der Anhänger wohl für mich. Mir wurde heiss und kalt, denn ich musste an den Herzanhänger meiner Mutter denken, den ich am ersten Tag mit Kris verloren hatte. Nun bekam ich als Ersatz ein K wie Kris. Was sollte das nun wieder bedeuten? Mit zitternden Händen hängte ich den Buchstaben an meine Kette. Es ist noch nicht vorbei mit dem Engländer ... raunte mir eine leise Stimme zu.

(PH klopft sich den Sandkastensand von den Hosenbeinen und spaziert lächelnd zurück in ihr Himmelreich.)

nachts, 03.03 Uhr, Email von Kris:

sorry, dass ich dich aufwecke. aber ich wurde plötzlich wach und musste sehr intensiv an dich denken. xxx

08. September

> *Kris, stell dir vor, ein flüchtiger bekannter hat mich öffentlich in seinem internet-blog als hexe gebrandmarkt! was sagt man denn dazu! ich bin wirklich wütend, also wundere dich nicht, was du vielleicht an gefühlen von mir abbekommst! xxx*

hexe??? nein, du bist eine hohepriesterin der liebe und des glücks xxx lass dich nicht ärgern, babe x

13. September

> *Hi Kris, neuerdings habe ich angefangen zu pendeln, mit gutem erfolg! in einer früheren inkarnation war ich ein seemann xx*

nun denn, besorg uns ein schiff und lass uns davonsegeln ... i´ll be your first mate xxx [11]

17. Oktober

Heute hat Kris eine dieser immer wieder auftauchenden Kettenmails an mich weitergeleitet, darin geht es um eine sehr herzanrührende Geschichte, in der jemand stirbt. Und mitten drin steht dieser Satz: „Bitte sag den Menschen, die du liebst, dass sie etwas ganz Besonderes sind und **wichtig**.

Erzähle es ihnen, bevor es vielleicht zu spät ist ..." Ich musste so sehr weinen und antwortete ihm unter Tränen:

> *geliebter Kris, du bist etwas* ***sehr*** *besonderes und überaus wichtig. xxx*

ich schicke dir küsse – und zwar einen mehr als du mir. xxx
denke an dich in jeder sekunde ...
Cat, du hast ein reines herz x

28. Oktober

> *C. ... diesen song werde ich nächste woche auf einer vorweihnachtlichen veranstaltung singen. enjoy xxx*

... und ich hörte eins der schönsten Weihnachtslieder, in dem alle meine Themen – unsere Themen – vorkommen: Schafe, der Hirte, Gott und Jesus, die Sterne - und am Ende entscheidet der Sänger, Gott sein Herz zu übergeben. Ich bin fix und fertig, das war diesmal mehr als ICH verkraften konnte! Diese Gefühle für Kris werden niemals kleiner, niemals niemals niemals!
(PH summt die Melodie des Weihnachtsliedes und nickt wissend Cat zu, aber die sieht das natürlich nicht.)

Der offene Dialog mit PH, meinem Höheren Selbst, bahnte sich hier bereits an ... Aber ich hatte noch meine Ohren auf Durchzug gestellt.

25. November

> *wenn du magst, hör dir bitte das neue interview auf meiner webseite an! ich hoffe, dir geht es gut, und falls möglich, lass uns weihnachten zusammen feiern hahaha xxx*

Was um alles in der Welt meint er bloss damit?
Das Interview dauerte eine ganze Stunde, und es war der reinste Himmel, seine Stimme zu hören. Und ebenso der reinste Horror;

denn die ganze Zeit über war mir bewusst, wer er ausser meiner Dualseele noch ist, dass er *berühmt* ist. Was will er ausgerechnet mit mir? Sofort fühlte ich mich wieder zu klein für dies alles.

> *oh Kris, manchmal fällt mir wieder ein, was du noch tust ausser mein seelenzwilling zu sein! es tat so gut, deine stimme zu hören, ich habe die meiste zeit gelächelt ...*
> *ich bin sehr stolz auf dich, Kris.*

danke, meine süsse xxx

Er hat das deutsche Wort „danke" geschrieben, warum um alles in der Welt muss ich denn jetzt so furchtbar weinen? Und ich fand noch etwas anderes auf seiner Webseite: den nächsten Konzerttermin. Er wird im März ganz hier in der Nähe sein ... Ich habe spontan kein Gefühl dazu.
(PH runzelt die Stirn und brummelt etwas in ihren nicht vorhandenen Bart.)

26. November

Gestern abend konnte ich nicht mehr aufhören zu weinen, ich musste immer wieder aufs neue losschluchzen, aus tiefster Seele, und währenddessen überlegte mein Verstand, welchen Grund es eigentlich dafür gab? Ich stand irgendwann im Badezimmer, hatte erst gerade mein verweintes Gesicht gewaschen, als es schon wieder losging! Ich lehnte erschöpft am Waschbecken, mit dem Rücken zum Spiegel, und auf einmal stand Kris vor mir, ich konnte ihn physisch wahrnehmen. Er nahm mich in die Arme und ich legte meinen Kopf an seine Brust und weinte noch mehr. Etwas sagte mir, ich solle sein Tshirt mit ins Bett nehmen, und daraufhin konnte ich vor Wonne und Weinen nicht richtig schlafen. Immer wieder wurde ich schweissgebadet wach, es war eine sehr anstrengende Nacht, weil ich Kris die ganze Zeit bei mir hatte. Was war nur los? Ich muss dringend Sandra eine Email schreiben!

(PH setzt sich in ihren bequemen bordeauxroten Ohrensessel im Himmelreich, stützt seufzend den Kopf in die Hand und schaut ihrem kleinen Mädchen nachdenklich zu.) Warum spricht sie nicht selbst mit mir! Ich sitze hier mit einer Million Antworten auf all ihre Fragen, aber sie fragt immer noch jemand anderen!

„Liebe Cathérine,
in der Nacht, als Kris bei dir war, wurden einige Verletzungen in seinem Aurakörper geheilt, das war nur im Zusammensein mit dir möglich, denn nur hier hat er genügend Vertrauen. Somit bist du sozusagen sein Heil, sein Glück und seine Liebe. Er hat noch einige Versperrungen, die beseitigt werden müssen, daher am Tag seine Angst; wie soll es weitergehen, wie kann es funktionieren? Du bist der Bezugspunkt für eure Verbindung: gehst du in die Liebe, geht er auch in die Liebe, gehst du auf Abstand, geht auch er auf Abstand. Du musst das Mass finden, dass er jeweils vertragen kann, und um das zu finden, musst du seine Zustände und Ängste tragen. Deine Geistführer wollen, dass du dies weisst. Er wird wieder zu dir kommen, gehe davon aus, dass alles **real** wird.
liebe Grüsse
Sandra."

> **Du hast doch eigentlich den Durchblick, warum hattest du dann eigentlich so viele Probleme und musstest dauernd Sandra fragen?**

Der Witz war, dass ich, sobald ich eine Bitte um Beratung erhielt, mit sehr klaren Gedanken und Worten antworten konnte. Nur mir selbst konnte ich nicht antworten. Mein Höheres Selbst kommt beim Schreiben immer durch, unvermeidbar, das ist bei mir gekoppelt. Aber da ich mir nie selbst *schriftlich* Fragen stellte und beantwortete, kam ich anfangs nie darauf, dass ich alles selbst wusste, was ich wissen wollte. Verrückt, oder! Das Ego redet uns Klamotten ein, es ist beinahe unfassbar! Ich dachte allen Ernstes, ich könne nicht channeln, dabei tat ich es seit der ersten Sekunde, seit diese

ganze Story angefangen hatte. Gleichzeitig war ich unendlich wütend, weil ich es so gerne und dringend selber können wollte. Siehst du, wie falsche Glaubenssätze Knoten in dein Gehirn machen können?
Email an eine Ratsuchende:

„... ich sage immer, es sind zwei, die zusammen ein grösseres ganzes bilden. es gibt die eine seele, und sie kam sozusagen in zwei körpern hier unten auf der erde an. dennoch ist sie mehr als die summe ihrer teile. viele sachverhalte kann man nicht beschreiben, sie sind völlig einleuchtend, aber es gibt hier in der dualität keine möglichkeit, sie in worten zu beschreiben, es ist unmöglich, als wäre da eine grenze. das ist die multidimensionalität, die da berührt wird, und der verstand reicht dafür nicht aus.
es ist auch oft so beim kartenlegen: mir wird ein eindeutiges bild gezeigt, so empfinde ich es, vollkommen eindeutig und einleuchtend, aber wenn ich es dann meinem gegenüber beschreiben bzw. es in worte fassen will, merke ich, das geht gar nicht, da ergibt sich ein scheinbarer widerspruch, der aber eigentlich nicht vorhanden ist, wenn ich das originalbild ansehe. man erlebt das auch oft beim träumen: manche traumbilder kann man trotz aller bemühungen nicht in worte kleiden. a passt nicht, c aber auch nicht, und es müsste ein drittes geben, welches aber nicht vorhanden ist. nicht ein mittelding - kein b, sondern ein separates drittes, um die gleichzeitigkeit zu beschreiben. das liegt an der hier herrschenden dualität, es gibt scheinbar nur a und c.
da sieht man, dass der verstand nur ein hilfsmittel sein kann. das erleben und wissen ist viel unmittelbarer und muss danach durch den verstand übersetzt werden. meistens geht dabei auf die oben beschriebene weise etwas verloren."

30. November

Der erste Song heute früh im Radio war *Hinter blauen Augen*. Somit hat der Tag gleich seine Programm-Überschrift bekommen.

Die einzelnen blauen Augen umkreisen mich noch immer täglich. Mein Weihnachtsgeschenk für Kris habe ich auch schon! Er bekommt ab morgen an jedem Tag eine Zeile eines Gedichts, das ich für ihn geschrieben habe, und am 24.12. hat er es dann komplett. Auf meine Ankündigung der Aktion schrieb er kurz und bündig wie immer :

yeah xxxxxxxxx

03. Dezember

Auf meiner Internet-Startseite ist heute das „Foto des Tages" ein einzelnes blaues Auge, dessen Pupille sich bei näherer Betrachtung als Sanduhr erweist ...
Wir hatten wieder einen längeren Email-Wechsel: Zuerst schrieb Kris, er habe ein paar meiner Emails gelöscht, *sorry*, er verstehe gerade nicht, was die einzelnen Sätze sollten. Ob das ein *Countdown* sei? Ich erklärte ihm also nochmals, dass ich ihm jeden Tag eine Zeile seines Gedichts schicke, welches er zusammensetzen muss, und an Weihnachten hat er den kompletten Text. Ich war ärgerlich, weil er es gewagt hatte, Emails von mir zu löschen! Mir war aber im selben Augenblick klar, dass er gerade wieder einen Knopf gedrückt und ein altes Programm bedient hatte. Daher schaltete ich den Computer aus, ging ins Bett und dachte bei mir, ich bleibe **nicht** wie früher stundenlang am PC sitzen und lauere, ob du noch einmal schreibst, die Zeiten sind vorbei! Tatsächlich verrauchte mein Ärger in dem Moment, als ich durchschaut hatte, worum es hintergründig geht. Ich reagierte daraufhin anders, *in Liebe*, sagte laut zu ihm: „Egal was du im aussen tust, ob du Mails löscht oder nicht, es spielt keine Rolle, diese Liebe bleibt immer dieselbe. Das habe ich mit dir gelernt Kris!" Sofort war die Liebe wieder vorherrschend, und der Ärger verflüchtigte sich wie Schnee in der Sonne. Daraufhin mailte er noch drei Emails, die ich am nächsten Morgen vorfand, was auch noch früh genug war. Er schrieb, dass es ihm so leid tue und er wolle selbstverständlich jede Zeile des Gedichts sammeln, er sei sehr im Stress und daher kam das, dass er die Mails gelöscht hatte. Mich interessierte seine Begründung gar nicht mehr, denn

ich brauchte seine Ent-schuldigung nicht – weil es keine Schuld gegeben hatte! Ich antwortete ihm lediglich, er solle halt nichts löschen, denn sonst bekommt er am Ende sein Gedicht nicht. Ich würde es ihm dennoch schicken, wenn er ab jetzt keine Zeile mehr sammeln würde, denn es gehört ihm ja schon längst. Aber dann würde er sich selbst um den Spass bringen. Seine Entscheidung! Ja, ich wusste schon als ich die Idee hatte ganz genau, dass es in ihm erst einmal einen Widerstand auslöst, jeden Tag eine Email von mir zu bekommen. Er **musste** also herumknatschen.

Von meiner Webseite:

„Dualseelen sind immer beisammen, und wenn sie nicht inkarniert sind, sind sie sich natürlich voll bewusst, dass sie niemals getrennt sein können, das ist klar. Daher sind wir also hier zusammen auf diese Erde des Vergessens gekommen, aus einem ganz einfachen Grund: ... weil wir *endlich einmal getrennt sein* wollten, getrennt sein, um separate Lernerfahrungen machen zu können, die dem ganzen Gebilde zugute kommen. *Es war unser ausdrücklicher Wunsch, getrennt hier zu sein.* Es ist also nicht so, dass wir uns ewig gesucht und hier in diesem Leben wie durch ein Wunder gefunden haben, sondern wir waren immer beisammen und haben uns hier endlich einmal getrennt. Denn die Seele will wachsen und lernen!"

04. Dezember
Email von Kris:

> *dieser song ist für eine wunderschöne frau, die die bedeutung von liebe und verlust, aber auch von perspektive kennt ...*
> *allerbeste gutenmorgen-grüsse für dich! xxx*

In dem Song, den er mir mitgeschickt hat, geht es darum, dass jemand die Sonne nicht kannte, bevor er das Strahlen der geliebten Person sah, den Mond nicht kannte, bevor das Mondlicht sich in ihren Augen spiegelte ... Ich antwortete:

und ich habe mich selbst erst verstanden, als ich dir begegnet bin. ich fühle dein herz schon den ganzen morgen! xxx

Daraufhin fuhr ein LKW am Fenster vorbei und wünschte mir optimistisch: „*Auf gute Partnerschaft*!" Heute fühle ich mich so überaus beschenkt und randvoll glücklich, und Kris ist in meinem Herzen, ich fühle ihn in jeder Sekunde. Wie soll ich das bloss weitergeben, und zwar schnell? Sonst laufe ich über!
Wie wäre es mit einem schlichten „Danke?" (PH nimmt den Pinsel wieder zur Hand und beschriftet weiter ihre LKWs.)

später

Jemand, der gar nichts mit Dualseelen zu tun hat, schickte mir per Email einen *Link* zum Thomas-Evangelium[12]. Thomas – *der Zwilling, alles klar!* Ich wurde natürlich gleich aufmerksam! Darin fand ich die folgenden Aussagen, die ich erst heute verstehe. Vor drei Jahren hätte ich nichts davon verstanden, gar nichts! Hervorhebungen sowie Anmerkungen von mir:

„Jesus sprach: Dieser Himmel und der über ihm wird vergehen. (Anm: 3 D und 4 D) Die Toten leben nicht, und die Lebendigen werden nicht sterben. (Anm: sie werden aufsteigen) Indem ihr esst, was tot war, macht ihr daraus etwas, das lebt.
Da ihr nun ins Licht geht – was wollt ihr tun? Obwohl ihr einer seid, wurdet ihr zwei (Anm: Dualseele); da ihr nun zwei seid – was wollt ihr tun?"

„Wenn ihr aus zwei eins macht; wenn ihr das Innere wie das Äußere, das Äußere wie das Innere und das Obere wie das Untere macht; **wenn ihr Mann und Frau vereinigt, so dass der Mann nicht Mann und die Frau nicht Frau bleibt**; (Anm: weil beide wieder beides = ganz sind) wenn ihr mit neuen Augen seht, mit neuen Händen handelt, mit neuen Füßen geht und ein neues Bild aus euch macht – dann kommt ihr ins Reich." (Anm: wenn ihr euren Blickwinkel ändert und in die Eigenverantwortung kommt)

Wenn ich mit Kris auf dieser Herzenswelle schwimme, habe ich immer den Eindruck, ich überwältige meine armen Freundinnen damit. Ich fühle mich dann selbst wie eine riesige Welle, die sie an die Wand drückt, wenn sie sich ihr nicht auf der Stelle ergeben. Das erschreckt mich beinahe selbst, aber es ist nicht aufzuhalten. Es ist fühlbar, wie ich die Energie im Raum mit dieser Liebe anhebe und das Tempo der Schwingung sich unaufhaltsam beschleunigt. Sie werden immer stiller oder laufen ihrerseits zur Höchstform auf, je nach Temperament, werden mitgerissen, wenn sie es zulassen. Als hätten wir hochprozentigen Alkohol getrunken, aber wir sind nüchtern ...

Heute habe ich mir einmal wieder die Karten gelegt. Im Haus der Frau lag die Frau – im Haus des Mannes lag der Mann, die beiden sahen sich direkt in die Augen. Sonne und Mond lagen ebenfalls einträchtig beieinander. Alles ist am richtigen Platz. So perfekt hat es sich in all den vielen Monaten noch nie angefühlt, so richtig war es noch nie in den vergangenen zwei einhalb Jahren! Ich weiss gar nicht wohin mit diesem Gefühl! Es wird vielleicht doch Zeit, dass wir uns wieder begegnen?
pfeif
Nun, in 3 Monaten ist es soweit, Mitte März hat er ja seinen nächsten Auftritt. Obwohl mir das Datum trotz allem so unwichtig wie nur irgendwas erscheint. Sehen wir uns dann oder doch nicht? Und warum fühle ich dabei nichts? Keinerlei Vorfreude! Mein Kopf ruft: *Freu dich endlich!* Aber ich kann nicht.

Ich war noch kurz mit Angie in der Stadt; die dortige LKW-Parade war wie für mich geschickt! „*Zwei Namen – ein Gesicht!*" hiess es da, und „*Erlebe die Sprache des Lichts*" (Lichtsprache ist das, was man beim Channeln empfängt!) auf einem LKW eines Lampen-Herstelles. Gerade fuhr denn ein Transporter hier am Fenster vorbei; darauf war ein riesengrosses Hufeisen abgebildet ... *Glück.*
(Upps - PH stellt fest, dass sie noch Farbreste an ihren Fingern hat.)

07. Dezember
morgens

Nächste Woche ist der 12.12., und laut eines Channelings von Erzengel Michael geht dann ein besonderes energetisches Tor auf, das Tor, *dass die Zwillingsflammenenergie in diese Realität einfliessen lässt*. Das sei die Zeit, in der die Herzenswünsche wahr werden und die einheitliche wahre Liebe sich in die Materie ergiesst. Das Tor zur einheitlichen Liebe, manifestiert in einer irdischen Partnerschaft. Das ist in wenigen Tagen, und wir werden es erleben, ob und wie das Wunder sich entfaltet.
(Erzengel Michael sieht in seinen Unterlagen nach, wann er das zu wem gesagt haben soll.)
Jetzt gerade, da ich dies schreibe, fühle ich wieder sein Herz. Mein physisches Herz stolpert dann jedes Mal, als gerate es einen Moment lang aus dem Takt.
Gerade fiel mir ein, was ich letztes Jahr an Silvester beim Bleigiessen herausbekommen hatte: einen Nikolausstiefel. *Geschenke*! Er liegt in meiner Vitrine, neben der Gabel, in deren Griff die Buchstaben „P.H." eingraviert sind – Prinzip Hoffnung, *das Beste kommt noch. Bewahre das Beste auf bis zum Schluss*, diese Zeile stammt aus dem Song, der nicht in der Playlist stand, den sie aber eines abends im Radio spielten, als ich just jemandem ausgerechnet die Gabelgeschichte[13] erzählte ...
Eine Mutter will immer nur das Beste für ihr Kind.[14] Und das erfordert manchmal längere Vorbereitungen, *sorgfältige* Vorbereitungen.
(PH setzt die Lesebrille ab.) Hat sie es nun? Hat sie sich erinnert? Kommt sie *endlich* zurück nach Hause?
Wenn wir beiden wirklich eines schönen Tages zusammenkommen, gibt das den Menschen unendlich viel Hoffnung, sie werden wieder anfangen, an die Liebe zu glauben, so wie ich es auch tue -tun muss, anders geht es dank Kris ja gar nicht. Sie werden wieder daran glauben, dass Märchen eben doch wahr werden, dass Herzenswünsche von Gott in uns hinein gelegt werden, dass sie keine Hirngespinste sind, sondern vom eigenen Herzen gewebt nach göttlicher Vorgabe.

Na, wenn du meinst, diese Kleinigkeit wäre dazu nötig ... ich behaupte: Nein!
Meine Herausforderung jetzt an dieser Station des Weges: nicht zuviel auf das Aussen schauen. Bei mir bleiben, indifferent bleiben trotz aller Vorfreude. Und doch nicht das Herz verschliessen! Ich sag dir was: mir ist es schnuppe, was passiert, es ändert nichts an meiner Liebe. Aber für das grosse Ganze mag es entscheidend und wichtig sein, dann will ich in diesem Märchen gerne weiter mitspielen.
(Cat übersah geflissentlich PH´s Winkerei mit dem Zaunpfahl. Das kommt dann, wenn das eigene Ego so gross ist, dass es einem die Sicht versperrt!)
Ich spiele ein schönes Spiel mit dem Universum. Hm... weisst du was? Es ist nicht von Belang, ob all das, was mir vorschwebt, wahr wird. Beim ersten Mal kam ein mehr als hilfreiches Buch dabei heraus, wenn jetzt ein zweites entsteht, umso besser! Ebenso ist nur das JETZT von Bedeutung, und JETZT verursacht das Spiel in mir riesengrossen Spass und Freude, Freude, die ich ausstrahle und weitergebe, die mich kreativ sein lässt. Das zählt, das ist wirklich wichtig, nicht das, was eventuell dabei herauskommt oder nicht herauskommt. Wenn es so unendlich wichtig ist, dass Kris und ich als Paar zusammen finden, werden wir das wohl kaum verhindern können! Und ich werde wieder meinen Platz in der ersten Reihe haben, auch wenn ich mir Sorgen darum machen würde ...
Merkst du nun, dass du IHN leben musst, um *du selbst* zu sein?
(P.H. legt den Zaunpfahl beiseite und lächelt.)

„liebe Cathérine,
nein da liegst du falsch, es wird nicht zwangsläufig so sein, denn du allein entscheidest, ob ihr es schafft, zusammen zu kommen.
liebe grüsse
Sandra"

... und ich hatte immer geglaubt, Gott tut das alles nach seinem wohlmeinenden ausgefeilten Plan? Ich fühle mich gerade irgendwie sehr allein gelassen ...

(PH seufzt auf und legt ihre Arme um ihr kleines Mädchen.)
Es ist nichts so, wie es scheint, Kleine! Bedenke, dass wir nicht getrennt existieren!

08. Dezember

Heute früh bin ich recht desillusioniert wachgeworden. Wer weiss, wo ich letzte Nacht wieder war und was *sie* mir erzählt haben. Ich hoffe, dass ich mich eines Tages einmal daran erinnern kann! Als nächstes konzentriere ich mich ausführlich auf meinen persönlichen Kontakt zu meinen Geistführern, damit ich nichts und niemanden mehr dazwischenschalten muss.
(Man hört entfernten Beifall und begeistertes Flügelschlagen.)
Dann will ich die Informationen, die für mein Leben wichtig sind, aus erster Hand erfahren! Es kann ja nicht sein, dass ich meinem Medium Erklärungen abgeben muss, damit sie versteht, was abläuft! Manche Dinge weiss ich einfach, und das wird immer so bleiben. Bisher lief es genau nach Plan, alles ist bestens. Und die meiste Zeit habe ich aufgrund meines eigenen Wissens gelebt!
Im neuen Jahr heisst es also: mich noch mehr aus dem Aussen zurückziehen und die inneren Kanäle freimachen. Daran werde ich alles setzen! Für die restlichen Wochen dieses galaktischen Jahres träumen wir das Märchen Kris & Cathérine weiter, weil es grad noch so schön ist. Es passt zur Weihnachtszeit!

später

So, ich habe mir drei Bücher über das Thema Channeling bestellt. Ich will alleine mit meinen Geistführern sprechen, ohne jemanden dazwischenschalten zu müssen. Ich kann es ja bereits ein bisschen, aber das muss noch besser werden. Und das ist mein nächstes erklärtes Ziel. Basta. Weisst du, ich schreibe hier und schreibe und schreibe, aber Kris wird nicht herkommen, und ich werde im März nicht hinfahren. Traurig bin ich deswegen nicht, ich erlebe gerade eine spannende Zeit! Wir lachen viel, auch und gerade darüber, meine Freundinnen und ich amüsieren uns gut und strahlen viel Freude aus. Das ist es, was zählt!

Heute habe ich in diversen Läden folgende Summen bezahlt: 18,06 Euro (Kris´ Geburtsdatum), 11,11 Euro und 8,88 Euro. Alles wie immer, als gäbe es nur noch verrückte Zahlen! Aber der Witz des Tages kam durchs Radio: Ich trage heute eine Hose, deren einziger Schönheitsfehler eine ausgefärbte Stelle am rechten Knie war, daher bekam ich sie im Laden sehr günstig, und ich habe kurzerhand schwarze Herztattoos meiner Tochter draufgebügelt. Heute früh sagte also einer im Radio in einem Sketch: „Du trägst ja Herzchenflicken am Knie!" Danke für diese weltbewegende Information! Auf diese Weise geht es munter weiter, der Irrwitz mit diesen Synchronizitäten nimmt wohl niemals mehr ein Ende!

Siehst du, heute weiss ich, dass ich damals bereits das Staunen verlernt hatte. Ich hatte es tatsächlich nicht mitbekommen, aber ich fühle heute den Unterschied. Ja, ich staune nämlich wieder, und zwar wie ein Kind, und nur so soll es sein, denn nur so ist es richtig. Diese abgeklärte Art, die ich damals angenommen hatte, stand mir überhaupt nicht. Alle möglichen Leute hatten mir das eingeredet, warum hab ich sie bloss gelassen? Im Nachhinein verstehe ich mich selbst nicht mehr. Sie rieten mir, ich solle nicht hinhören usw.

Wie, nicht hinhören! Kind!! Welch eine Schnapsidee! Und wofür mache ich mir dann all die Arbeit mit diesem Radiosender?!

Aber ich merkte damals zunächst nichts davon, wie schädlich diese Art und Weise für mich war. Ich hatte noch nicht gelernt, selbst für mich zu entscheiden, was gut für mich ist und was nicht.

> **Und wie genau kam das, dass du schon mal so weit warst in deinem Verstehen und doch wieder so sehr zurückfielst?**

Nun, die Zurückweisung von Kris hatte natürlich trotz aller Hoffnung und Zuversicht ihre leisen Abdrücke hinterlassen. Mein Ego arbeitete sich an diesen Trittspuren wieder empor. Wir sind eben Menschen und keine Roboter! Der Kopf meint, er habe das Ruder in der Hand, aber das innere Kind ist

weitaus mächtiger als er. Dennoch scheint es nur so, als ob dies Rückfälle wären, denn es gibt nichts, was uns nicht weiter voranbringt auf unserem Weg. Liebe strebt immer vorwärts, anders geht es gar nicht. Das ist wiederum dein Ego, das tadelnd von einem „Rückfall" spricht. Es redet dir ein, du habest versagt, aber in der Schule des Lebens gibt es niemals „Versager". Es will dich klein halten, um dich zu beschützen. Sei nachsichtig mit ihm! Für Gott jedoch gibt es kein Zurück. Und für mich gab es auch keins, das sollte ich schon noch merken ...

„Liebe Cathérine,
Antwort: wenn du Angst hast, dann wird gar nichts passieren.
Er wird seine Handlungen immer auf dich und dein Inneres abstimmen. Abwarten – glauben oder nicht glauben ist hier der Irrweg. Schaue, wie weit du bist, was du bereit bist zu geben und du weisst, was er dir entgegen bringen kann. Du bist die ursprüngliche Energie die führt, und er dehnt sich dementsprechend mit aus.
Liebe Grüsse,
Sandra"

Somit hatte ich es die ganze Zeit über richtig im Gefühl gehabt: je mehr ich mich öffnete, desto mehr öffnete sich Kris. War ich unsicher oder handelte aus dem Ego heraus, zog er sich entsprechend zurück. Die gesamte Verantwortung für unsere Verbindung lastet also auf mir, was eigentlich gut erdacht ist, und daher fällt mir auch der Part des Forschens und Verstehens zu. Natürlich liegt mir genau das, es ist meine Leidenschaft, dieser Angelegenheit auf den Grund zu gehen!
Aber - will ich das ganze Kris-Drama mit Anrufen und Treffen und Nervenflattern denn noch einmal wiederholen? Ich weiss es wirklich nicht.
Die lustige amerikanische Webseite[15] hat heute nach ewigen Zeiten mal wieder etwas passendes für mich: ein Werbeschild „open" – geöffnet, den Vorschlag: „lerne unter Meistern" sowie „dein neuester Bestimmungsort". Gut, ich beziehe das auf meine

Channeling-Pläne! Dazu spielt im Radio ein Song meiner Lieblingsband, gerade singt mein Lieblingssänger: „Bleib - geh nie wieder weg".
(PH ist zufrieden mit ihrer Radio-*Playlist*, und ebenso mit dem Kicher-Engel, der die amerikanische Webseite betreut.)

10. Dezember

„liebe Sandra,
seit ich erfahren habe, dass ich unser vorankommen allein steuere, durch meine gefühle der dualseelen-sache gegenüber, hab ich viel nachgedacht.
frage: was kann ich tun, um wieder in das gefühl reinzukommen? warum kann ich mich nicht auf die aussicht, ihn wiederzusehen, freuen? ich komme nicht mehr in die vorfreude wie damals im april und mai, als ich wusste, dass er herkommt. es geht nicht, auch wenn ich es mir tageweise einreden kann. ich habe zu lange darauf hin gearbeitet, dass es mir egal ist was kommt und was er tut. jetzt IST es mir egal, tendenz: ich will es gar nicht mehr. vielleicht bekomme ich noch einen der berühmten tritte in die richtige richtung. mir kommt es vor, als sei es eilig und wichtig, dass ich wieder in die spur komme. aber wie?"
(Und PH wird langsam des Winkens mit dem Zaunpfahl müde.)

Ich versuchte krampfhaft, die alte Glut in mir wieder zu finden, aber alles war total blockiert. Ich fühlte mich damit alles andere als wohl! Das hätte mir eigentlich alles erklären müssen, aber so weit war ich noch lange nicht! Dass ich auf mein Gefühl hören darf, hatte ich in unserer heutigen Gesellschaft erfolgreich dank Elternhaus, Schule und Beruf verlernt, so wie wir alle es verlernt haben. Dies ist nicht zu werten, es ist eben so. Wir können uns jederzeit wieder auf unsere Gefühle besinnen, uns auf sie einlassen und ihnen folgen. Die alte Sicherheit aus Kindertagen wird wieder auferstehen, ganz sicher. Ich habe es selbst erlebt, dass dies möglich ist!

lieber Kris,
vor einigen wochen kam ein kunde zu mir und wollte, dass ich ihm die karten lege. er war sich unsicher bezüglich seiner frau, die sich neuerdings befremdlich verhielt, sie hatte sich total verändert, und er wusste nicht, wie er reagieren sollte.
er fürchtete, sie zu verlieren und ebenso die liebe, die sie einst geteilt hatten als sie sich vor vielen jahren kennen lernten.
also erzählte ich ihm, was ich dank dir über die liebe gelernt habe. ich sagte, dass er sein augenmerk nicht auf die probleme richten solle, die sie scheinbar haben, sondern glücklich sein, stolz sein auf sie, denn sie verändert sich weil sie sich entwickeln möchte. sein ego fürchte jede art von veränderung und entwicklung, aber liebe würde jederzeit entwicklung unterstützen und ihr helfen zu wachsen.
keine liebe = keine entwicklung. nur weil sie sich seiner liebe so sicher ist, kann sie es wagen, sich so zu zeigen wie sie ist -ohne befürchten zu müssen, dass er sie ablehnt, wenn sie sich nicht so verhält wie er das gewohnt ist. liebe ist der nährboden, auf dem sie der mensch werden kann, der sie sein möchte. alles sei also in bester ordnung!
dann fragte er mich, warum ich eigentlich alleine lebe? wo die liebe in meinem leben sei? ich erzählte ihm, dass ich der liebe vor langer zeit begegnet bin und nicht weiss, ob ich den mann, der mein ganzes leben veränderte, jemals wiedersehen werde.
er konnte nicht glauben, dass das ein glückliches leben sein soll, und es war recht schwierig, ihm begreiflich zu machen, dass es einen unterschied gibt zwischen liebe und liebe ...
liebe aus dem ego und liebe aus dem herzen.
ich weiss ganz sicher, dass es in meinem leben keinen anderen mann mehr geben wird, niemals, denn der eine, der mein herz besitzt, würde immer zwischen uns sein. dies zu wissen macht mich jedoch glücklich, nicht traurig, denn dies ist die weisse linie in meinem leben, und so weiss ich immer, wo entlang ich gehen muss – immer den weg des herzens. er fragte mich, warum ich dann nicht versuche, dich festzuhalten und dich zu zwingen, uns wieder zu treffen. ich antwortete: weil ich Kris immerzu in mir fühle, er ist ja immer bei mir, und liebe würde niemals erwartungen haben. hoffnung ja, und auch herzenswünsche, aber niemals manipulation. nachdem er gegangen war, fühlte ich mich so dankbar, so berührt von meinen eigenen worten. und

ich fühlte, dass dies die wahrheit ist. ein paar tage später kam seine frau zu mir und erzählte, dass ihr mann sich verändert habe, dass sie sich sorgen gemacht hatte, was als nächstes passieren wird, aber neuerdings sei es einfacher, mit ihm zu reden. ich weiss nicht, was sie einander erzählt haben, aber ich hoffe, dass sie niemals aufhören werden, über ihre liebe zu sprechen.
heute fühlte ich mich danach, dir das zu erzählen, denn du bist der grund für alles, was ich tue und der grund, warum ich in der lage bin, anderen mit meinen geschichten über die liebe zu helfen. die meisten menschen würden nicht verstehen, auf welche weise ich mein leben führe. aber ich bin es gar nicht, die führt. und ich hoffe, dass auch wir beiden niemals aufhören werden zu reden.
xxxxxxx"

Ich fühlte mich nach dieser Email an Kris wie beflügelt <u>Klar, Cathérine, da habe ich dich auch einmal erreicht! Wer, glaubst du, hat sie mit dir geschrieben? Diese Energie, die du jetzt fühlst, ist deine eigene Kraft!</u> und stellte den Text gleich in meinem Internetblog[16] ein:

„heute früh wurde ich auf eine wichtige elementare wahrheit über die liebe gestossen, die ich mit dir teilen möchte.
manchmal höre ich von menschen, dass sie sich in ihrer ehe sorgen machen, weil der partner sich plötzlich verändert. vielleicht hat er ein neues ungewohntes hobby, macht plötzlich eine diät oder kauft sich kleidung in einem ganz neuen stil. sie fürchten sofort um den fortbestand ihrer beziehung und werden misstrauisch, beobachten den anderen argwöhnisch und sind sehr verunsichert. veränderung betrifft ja immer beide, die in diesem boot namens "partnerschaft" sitzen. sie zweifeln an ihrem wert und vermuten das schlimmste. ich schaue bekanntlich immer aus dem blickwinkel der liebe und möchte dir daher dies dazu sagen:
hast du es schon mal so betrachtet: dass der andere sich nur aus einem einzigen grunde so verändern und so anders verhalten kann? weil er oder sie sich in eurer liebe so sicher fühlt, dass er es überhaupt wagt, so zu sein? wenn er/sie (in) deiner liebe nicht

sicher wäre und sie nicht deutlich fühlen würde, dann würde er/sie sich angepasst verhalten um dich an sich zu binden. aber liebe bedeutet IMMER grenzenlose freiheit, nicht im sinne von fremdgehen oder sonstwas, sondern im sinne von: ich kann so sein wie ich bin, so sein wie ich mich gerade fühle, auch wenn es unbequem ist oder ich gerade probleme aussitze. liebe ist die absolute gewissheit: der andere läuft nicht weg, wenn er meine schattenseiten sieht, und ich kann mich neu ausprobieren ohne angst.
auf diese weise entwickelt sich das ganze, wenn ein teil sich entwickelt, und statt besorgt zu sein solltest du die veränderung mit all deiner liebe unterstützen, dich freuen, dass dein partner in seinem leben und in seiner entwicklung vorankommt. denn das ist nur IN LIEBE möglich.
schiele nicht angstvoll auf das endergebnis, denn liebe kennt keine furcht. wahre liebe dient dem partner, sie steht hinter ihm bei allen seinen entscheidungen und fördert ihn, wo sie nur kann. einzig das ego will den status quo beibehalten, denn für das ego ist entwicklung bedrohlich. liebe und entwicklung sind jedoch untrennbar miteinander verbunden. kein kind entwickelt sich auf gesunde und natürliche weise, wenn es sich nicht in der liebe seiner eltern sicher und aufgehoben fühlt. das würde niemand bezweifeln! und selbst wenn das kind eines tages auf seinen eigenen flügeln davonfliegt, so bleibt die liebe doch bestehen, denn die liebe ist ewig, sie hat immerwährenden bestand. gibt es eltern, die ihrem kind seine persönliche entwicklung versagen würden, damit alles bleibt, wie es ist? wer will für immer ein unmündiges baby behalten? sind wir nicht stolz, wenn wir sehen, wie unsere kinder anfangen zu laufen und erwachsen werden? in einer liebe-vollen verbindung werden auch wir endlich erwachsen und bekommen flügel. und wenn Gott will, dann fliegen wir allein oder zusammen weiter. und die liebe lächelt dazu.
ich wünsche euch allen einen grandiosen tag voller unbegrenzter liebe!“

C, dies ist einer deiner schönsten briefe.
ich werde ihn ausdrucken und bei mir tragen xxx

Kris, ich weiss du wirst ... wünschte ich könnte da sein an weihnachten.
bleib nahe bei mir xxx

11. Dezember

Gestern war ich den ganzen Tag nicht wirklich bewusst anwesend, ich war wie unter einer Glocke, das kenne ich schon. Das ist der Zustand, den es braucht, um wahnwitzige Entscheidungen zu treffen, denn mein Verstand ist dann nicht ganz dabei. Heute früh bin ich immer noch in dieser Verfassung. Ist vielleicht ein Teil meines Bewusstseins in England? In höheren Sphären? Beides? In diesem Zustand schreibe ich meine Emails an Kris – von denen ich hinterher oft denke, was hast du denn nun wieder angestellt? Es gibt heute ein neues Channeling im Internet, bezüglich 12:12 morgen am 12. Dezember und die darauf folgenden neun Tage bis zum 21.12. bezüglich der Zwillingsflammen-Energie. Mittendrin beim Lesen kamen mir die Tränen, und so sitze ich hier schon um halb zehn morgens und weine. Und der Tag hat gerade erst einmal angefangen! In dem Text geht es um Mutter Mond und Vater Sonne, das war alles sehr nahe am Wasser für mich ...

Damals saugte ich fremde Channelings ungeprüft und ungefiltert auf wie ein Schwamm. Ich merkte gar nicht, dass das für mein Vorankommen nicht wirklich förderlich war!

Aber du kannst doch nicht alle Texte über einen Kamm scheren!

In dem Sinne, dass sie alle von Herzen geprüft werden müssen und sie alle nicht für jeden Menschen gleichermassen angemessen sind, in dem Sinne kann ich das sehr wohl tun! Es ist sehr wichtig, dies immer zu beachten!

Wenn der Erzengel Michael dies und jenes sagt, fühlt sich der eine Leser davon beflügelt, den nächsten reisst es runter.
Es gibt nicht einen einzigen Text auf dieser Welt, der jeden Menschen gleich positiv berührt. Ausgenommen natürlich die Songs der Beatles ...

3. Kapitel
I love you

12. Dezember

Gestern habe ich das zweite Buch über Channeling in einem Rutsch durchgelesen, unterwegs kamen mir mehrfach die Tränen. Ab jetzt werde ich jeden Tag üben! Die Botschaft des gestrigen Tages für mich lautete auf Anhieb: VERTRAU DICH – vertrau und trau dich. Wenn das mal kein Ansporn ist! Ich wünsche mir so sehr, meine Geistführer hören zu können – nicht nur wie bisher zufällig in extremen Situationen, sondern regelmässig. Ich glaube mein Problem liegt noch immer darin, dass ich nicht glauben kann, dass ihnen etwas an mir liegt. Ich empfinde das als einseitig und habe den Eindruck, sie zu nerven. Natürlich habe ich schon selbst erlebt, dass sie mich auffangen, wenn ich nahe daran bin unten aufzuschlagen!
(PH hat mittlerweile den Zaunpfahl dem herbei geeilten Erzengel Michael in die Hand gedrückt, um ihren müden Arm ausruhen zu können, aber Cat springt auf das Stichwort Vertrauen noch immer nicht an.)

14. Dezember

Kris, was weisst du über 2012? über die 11:11 sternentore? xxx

ich weiss nichts darüber xxx

ok, ich werde dir darüber erzählen, sobald ich nachgefühlt habe, was ich dir darüber sagen soll xxx

i love you my dear Cat xxx

15. Dezember

„Liebe Cathérine,
danke für deine Homepage über Dualseelen! Ich leide gerade so sehr, weil ER mich Hals über Kopf verlassen hat. Deine Hinweise zu den Lernaufgaben haben mir einiges klar gemacht. Nun weiss ich, wie ich damit umgehen kann.
herzliche Grüsse"

Sandra hatte mir gestern gechannelt, dass viele Menschen gar nicht wahrhaft lieben können. Dieser Satz geht mir seitdem nicht mehr aus dem Sinn! Wie ist das möglich, nicht lieben zu können? Ist denn das, was ich durch Kris fühle, gar nicht das, was alle anderen Menschen auch fühlen? Ich war immer der Meinung, dies findet jeder Mensch eines Tages in sich, ja, die meisten hätten es bereits gefunden! Ich kenne allerdings tatsächlich kaum jemanden ausser mir, wenn überhaupt jemanden, die so radikal alles aussortiert hat, was nicht zu dieser Liebe „passt". Mein ganzes Leben ist auf sie abgestimmt, wie soll ich es in Worte fassen? Ich habe mein Leben endlich *in dieser Liebe* untergebracht. Der Irrtum ist zu glauben, dass man diese Liebe in seinem Leben unterbringen müsse – aber Liebe ist grösser als ein Leben!
Mir schwebt immer dieser Satz aus der Bibel im Kopf herum, der da aussagt: wer mir nachfolgen will, muss alles hinter sich lassen. Ich bin wirklich ein Schaf! Auf eine Art habe ich immer gedacht, das wäre selbstverständlich, aber anscheinend ist es das eben nicht. Deswegen versteht mich auch niemand aus meinem Umfeld, sie hat es einfach nicht erwischt! An Ostern habe ich mein Leben zum ersten Mal in Gottes Hände gegeben. Mit allen Konsequenzen. Und seitdem öffnen sich wahrhaftig lange verschlossene Türen ... Es hat wirklich funktioniert! Kris wird niemals ermessen können, was er für mich bedeutet, was unsere Begegnung für mich bedeutet – und was alles Gutes daraus entstanden ist. Ich habe mein ganzes Leben verstanden, nur weil ich ihm in die Augen sehen durfte, und ich wünschte, ich könnte ihm all das irgendwie zurückgeben.

Vermutlich tue ich das bereits. Vielleicht muss ich das auch gar nicht tun, denn es würde ja nichts ändern!
Und noch eins habe ich somit erkannt: es gibt nur eine einzige Wahrheit in meinem Leben, eine Wahrheit, die jenseits aller Illusion steht und auf die ich mich immer, in jedem Augenblick, zurückfallen lassen kann: Ich liebe Kris. Punkt.
Diese Liebe ist die einzige unveränderliche Grösse, alles andere mag variieren, sich wandeln, zum Guten oder Besseren, vielleicht auch zum Schlechten, alles andere mag grösser werden oder kleiner, alles andere mag kommen und gehen, auftauchen oder verschwinden. Aber diese Liebe, sie bleibt bestehen, sie ist die einzige *absolute* Wahrheit in meinem Dasein. Sie ist nicht einmal an diesen speziellen Mann als Person gebunden, er mag hier sein oder fern, mag mit mir reden oder nicht, ich könnte ihn niemals mehr wiedersehen – es ändert nichts an der Liebe. Sie ist da, immer, sie ist. Ob ich es will oder nicht! Jenseits meines Willens.
Gerade fällt mir ein, was Sandra mir noch durchgegeben hatte ... *Dein Leben fängt jetzt erst an. Das alte Leben ist endgültig vorbei, es ist erfüllt.* Was bedeutet das?

17. Dezember

Heute finden bezüglich meines Internet-Blogs wieder hitzige Diskussionen statt: Ich werde ausgefragt, woher ich wissen will, dass Kris wirklich meine Dualseele ist. Ach herrjeh! Da stosse ich mit Erklärungen an heftige Grenzen! Nun, Gott sei Dank habe ich diese Zweifelei für mich persönlich hinter mir gelassen.
<u>(Es ist ein Räuspern aus der Wolke zu hören.)</u>
Was mich derzeit vielmehr aufregt, ist nach wie vor das Thema Channeling. Ich habe das Gefühl, ich bin SO nah dran, vernünftige Durchsagen zu bekommen, stehe mir aber selbst irgendwie im Wege. Nun ja, erzwingen kann ich wie immer nichts, also abwarten und Tee trinken, auf die gute alte englische Art.

Die erwähnten eifrigen Verfechter anderer Sichtweisen traten wie Schauspieler immer mal wieder auf meiner Lebensbühne auf. Sie halfen mir nämlich an schwierigen Wegstellen, meiner Sache nach neuerlicher Prüfung umso sicherer zu sein. Im Endeffekt erreichten sie vermutlich (aus menschlicher Sicht gesehen) genau das Gegenteil ihrer missionarischen Absichten, aber sie hatten einfach nicht berücksichtigt, dass Gott aus allem etwas Sinnvolles macht. Und für mich war dies die willkommene Festigung meines Glaubens an mein eigenes inneres Wissen.

Und wenn diese Leute doch recht haben?

Aber sie haben ja *ganz sicher* recht! Für sich selbst in ihren Lebenszusammenhängen haben sie das, denn sonst würden sie nicht darüber schreiben, wenn sie sich ihrer Sache nicht sehr sicher wären. *Mein* Leben jedoch, das wissen sie nicht. Das ist eine Privatsache zwischen Gott und mir. Wie bei jedem Lebewesen auf diesem Planeten! Niemand kann den Inhalt meines Herzens kennen, und ebenso wenig den Inhalt *deines* Herzens ... Der liebe Gott schaut nur ins Herz – ich formuliere um: Nur der liebe Gott schaut in dein Herz! Und dein Seelendual, denn die beiden sind bekanntlich nicht zu trennen.

Ich habe nach höherem Plan einen Weg beschreiten dürfen, der dazu geeignet ist, Menschen aus ihrem selbstgewählten Leid wieder herauszuhelfen. Ich kann daher mit meinem Beispiel ein Licht für sie anzünden, und das tue ich – u.a. durch meine Bücher und durch meine Webseite. Das ist alles. Das ist, was zählt, und was ich immer weiter tun werde!

Gott sei Dank!

20. Dezember

Gerade fiel mir aus heiterem Himmel der Trauspruch ein, den ich damals vor 100 Jahren anlässlich meiner irdischen Hochzeit ausgesucht hatte, wie immer nicht ahnend, wie sehr er für mein Leben Gültigkeit haben würde: „Der Mensch macht Pläne – ob sie ausgeführt werden, bestimmt Gott."
Ja, ab und zu konnte ich zu dir durchdringen. Was meinst du wohl, wie froh ich bin, dass wir jetzt bald vernünftig miteinander reden können!
Trotzdem - heute zweifle ich plötzlich mehr an allem denn je.
Mädchen, es wird wirklich Zeit für dich, dass du in deine Mitte kommst.
Mein neues Buch über Channeling hat mich fix und fertig gemacht. Irgendwie scheint Channeling nicht jedem wirklich gut zu tun. Für mich ist das vielleicht doch nichts – und für die Buchautorin jenes Buches wäre es sicher auch besser, die Finger davon zu lassen! Ich habe in dem Buch die bewusste Herzensschwingung *nicht* wiedererkannt, so wie ich sie aus meinem Erleben mit Kris kenne. Gott, war dieses Buch anstrengend!
Auch Bücher haben eine bestimmte Schwingung, Herzchen!
Mein Fazit aus all dem ist: Finger weg von dem ganzen Channeling-Unsinn. Das ist nichts für mich.
Nein, kein bisschen. (Kichern)
Und mein eigenes Buch hat auch nach Wochen noch keinen Sinn bekommen. Kris ist so weit weg, raus aus meinen Gedanken, raus aus meinen Gefühlen, ich habe keinerlei Bedürfnis ihn zu sehen oder sonst etwas. Es scheint tatsächlich hier vorbei zu sein. Jahr zu Ende - Unfug zu Ende. Also doch im neuen Jahr neue Themen! Niemand, den ich frage, kann mir die Wahrheit sagen, also spiele ich da nicht mehr mit.
Du fragst einfach die falschen Leute, Kleine.
Ich bekomme keine gescheiten Antworten, und solange ich die nicht bekomme, mache ich was anderes. Ich lasse mich nun einmal nicht mit Unwahrheiten abspeisen. So bin ich eben! Und -

eines Tages gelange ich so oder so endlich auf die andere Seite, und dann verlange ich meine Antworten!
(PH hält mit dem Rosenzüchten inne und spitzt die Ohren.)

22. Dezember

Also gut, ich versuche es noch einmal. Und ich werde nichts erwarten! Nun denn, wer seid Ihr? Erzählt Ihr mir etwas über Euch?

wir sind hier oben, verwoben
wie kannst du dich erkennen im körperkleid?
warte ab, es wird sich enthüllen!
wunderbare sanfte flügel
frag nicht so viel!
antworten suchen – sie finden dich!
wollen dir helfen dich selbst zu begreifen.
lass doch mal den kopf da raus, mädchen!
gutes gelingen!
jetzt hast du was erfahren
deinen namen, so soll es klingen
warte ab wie die antwort lautet
schwebe über den dingen
hundert lieder singen
kris bringt dir ein kleines geschenk vorbei
oder auch zwei – einerlei!
lass ihn niemals los, er gehört dir ...
an der abzweigung treffen wir uns
frag mal ein weilchen
das ist ein spiel
höhere dimensionen
wird sich das lohnen
es gibt überhaupt keine zeit
das einzusehen ist nicht schwer
musst uns mut entgegenbringen
du hörst uns singen
frag uns mal wie wir heissen!

weißt du nicht, wen du da siehst?
wir sind sternenwesen wie du
jeder sieht das
was willst du wissen?
sei nicht so verbissen
du suchst die antwort, aber die Antwort findet DICH.
du würdest es so gern verstehen.
fang mal bei kris an!
es gibt ein kleines kästchen,
was meinst du wohl, wem das gehört?
brauttechnisch gesehen gibt es keinen grund, das abzulehnen.
die kleiderfrage ist gelöst.
während du dir sorgen machst haben wir gearbeitet.
du musst noch so viel lernen.
wir unterstützen dich dabei nach kräften.
erschöpf dich nicht
bilder sprechen bände!
es ist unsere pflicht dich daran zu erinnern,
dass du dich ausruhst.

Ich danke euch für dieses Gespräch!

es ist uns eine freude, wenn du mit uns kontakt aufnimmst!

Seufz, richtig gut channeln können eben nur die anderen.
Und wer Kartoffeln isst, wird mehlig.
Aber glücklich sind auch immer nur die anderen, das passt dann zusammen. Ich tue jetzt gar nichts mehr. Es hat alles keinen Sinn, weil es niemals wahr werden KANN. Basta.
(PH pfeift ein Liedchen, während sie ihre Rosensträuche begutachtet.)
Warum Gott mir diesen Mann präsentieren musste weiss nur Er allein.
Ja, das weiss ich tatsächlich noch ganz genau, als wär es gestern gewesen! Ach ja, hier oben bei mir gibt es ja auch keine Zeit! Aber sag doch bitte nicht immerzu „ER"!
Vielleicht, damit der Rest meines Lebens noch mehr weh tut als der Anfang, weil ich jetzt bewusst verstehe, was alles hätte sein können und was doch nicht möglich ist auf dieser Erde. Vielleicht

hat Gott sich auch gar nicht so viel gedacht wie ich immer vorausgesetzt habe. Kann schliesslich ein einzelner Mensch so wichtig sein? Ich glaube nein.
Und ich sage: JA.
Es wird schon seinen Sinn haben, ich sehe leider keinen, das heisst aber nicht, dass es keinen gibt. Nun, es kommt der Tag der Antworten, der kommt bei jedem Menschen irgendwann.
Ich könnte dir das Datum jetzt bereits nennen, Schätzchen, aber ihr Menschen liebt ja über alles die Spannung.
Ich war so wunderbar aus all dem raus, bis Sandra anfing, mir wieder unnütz Hoffnungen zu übermitteln von angeblichen Wesen irgendwo im Weltraum. Nun, ich werde es auch ein zweites Mal schaffen, da raus zu kommen. Wir werden sehen, was die nächsten Jahre bringen, und entweder bin ich am 21.12.2012[17] noch da oder tot. Dann gibt es auf jeden Fall meine Antworten. Die paar Jahre werde ich irgendwie überleben.
Und ob du wirst, dafür werde ich höchstpersönlich sorgen. Ich habe hier noch etwas Bestimmtes mit dir vor mein Schatz. Kneifen gilt nicht!

24. Dezember, Heiligabend

hier ist die letzte zeile deines gedichts ...
ich wünsche dir frohe weihnachten lieber Kris, und möge das neue jahr DEIN jahr sein, möge dir Gott glück und liebe auf deinen weg schicken.
danke für zwei einhalb jahre lieben und lernen
nur das beste für dich, jetzt und für immer.
C.

Glück und Liebe, ok, alles notiert. Hätte ich aber sowieso getan, Schätzelein!
Gestern hatte ich von jetzt auf gleich eine so schlimme Migräne, dass ich dachte, ich muss sterben. Und mein vorweihnachtlich aufgekratztes Kind spielte natürlich unpassender Weise vollkommen verrückt, es war kaum auszuhalten. Ich lag halbtot auf der Couch und konnte weder Licht noch Ton ertragen. Ein Alptraum! Heute sehe ich ziemlich verweint aus, aber das

Weinen hat wieder sehr gut getan, etwas löst sich dabei immer. Es wird schon irgendwie weitergehen. Kris liebe ich trotzdem, das kann niemals mehr aufhören. In einem Weihnachts-Channeling auf meiner Lieblings-Channelseite las ich gerade diesen Satz von Sananda[18]:

„Freut euch ihr Kinder Gottes, ihr wahren Lichtarbeiter, denn es ist angebrochen die Zeit der wahrhaft dienenden „Aschenbrödel". Und so manches „Aschenkind" (Aschenbrödel) wird sich noch in einen wunderschönen Schwan oder wahre Königin verwandeln."

Ach, ich glaube, ich kann nie mehr aufhören zu weinen.

abends

Es ist unfassbar, unfassbar! Ich bekam heute mitten in meine Schwermut hinein von meiner lieben Freundin Angie die Rettung in Form eines Weihnachtsgeschenks:

an der abzweigung treffen wir uns ...

Ein Buch über Einhörner und dazu passende Karten, nett verpackt in einer kleinen Box. [19]

es gibt ein kleines kästchen, was meinst du wohl, wem das gehört?

Im Sommer hatte ich eine geführte Meditation gemacht, in der man seinem Krafttier begegnen konnte. Ich sah damals ein Einhorn in einem Märchenwald, obwohl ich alles versuchte, um diesen kitschigen Wald zu verscheuchen, das Bild ging nicht weg. Das ist eher Terrain meiner kleinen Tochter, die Barbie über alles liebt! Danach hatte ich mich nicht weiter damit beschäftigt.

wunderbare sanfte flügel ...

Das Einhorn auf dem Buchcover schaut so majestätisch und wissend drein, ich konnte meinen Blick kaum abwenden!

bilder sprechen bände ...

Der Untertitel des Buches lautet: „Begegnung mit den erleuchteten Wesen der siebten Dimension".

höhere dimensionen ...

Bevor ich mir die Karten ansah, fischte ich eine heraus, meine erste Botschaft der Einhörner an mich: Karte Nr. 22 „Eine neue Tür öffnet sich Ihnen". Und mir war sofort klar, dass das für mich mit dem Channeln zu tun hat, und dass die Einhörner mir gerade

die Tür zu ihrer magischen Welt aufgestossen hatten! Ich war auf der Stelle fasziniert und wusste, das ist die Rettung aus meinem Selbstwerttief, die Rettung, die mir der Himmel als Weihnachtsgeschenk gesandt hat.
Nichts zu danken!
Mir ging es schlagartig besser, ich fühlte eine wunderbare Energie, und mein Herz fing an zu pulsieren, als ob mich jemand wiederbelebt hätte. Ich war glücklich, das genaue Gegenteil von meinem Zustand am frühen morgen!
antworten suchen – sie finden dich.
Dann zog ich, wie im Begleitheft vorgeschlagen, drei Karten: Vergangenheit - Gegenwart - Zukunft. Es kam heraus:
Was hat mich an diesen Punkt geführt? - 29, Bestimmung
Wo stehe ich gerade? - 22, Eine neue Tür öffnet sich Ihnen
Wohin führt mein Weg? - 44, der Christus.
Ich sass mit offenem Mund am Tisch und war baff wie nie zuvor! Das zugehörige Buch über die Einhörner schlug ich auch an irgendeiner Stelle auf und hatte eine Übung vor mir: dort steht, sie ist besonders geeignet, sie an Weihnachten oder Silvester durchzuführen! Ich dachte, ich lese nicht richtig! Heute IST Weihnachten!
wir unterstützen dich dabei nach kräften ...
Als ich später eine Weile Ruhe hatte, setzte ich mich hin und machte die Übung. Ein Blatt in der Mitte falten und in die linke Spalte schreiben, wofür ich im ausklingenden Jahr dankbar war, in die rechte Spalte, was ich mir für das Neue Jahr wünsche. Das Blatt reichte kaum aus, mir fielen so viele Erlebnisse ein, für die ich dankbar bin! Mir liefen schon wieder die Tränen, es war so voller Magie, dort zu sitzen und mit den Einhörnern diese Liste zu schreiben!
es ist uns eine freude, wenn du mit uns kontakt aufnimmst ...
Als ich fertig war, sah ich nach Emails. Und siehe da - Kris hatte geschrieben!

danke meine süsse für deine worte, deine fürsorge, deine liebe und deine zeit. du bist ein grosser teil von mir xxx deine letzten briefe haben mich sehr aufgewühlt, ich lese jetzt alles was ich bekommen kann. wunderbare weihnachten für dich und deine familie. Kris xxx

lass ihn niemals los, er gehört dir ...
Daraufhin suchte ich ihm noch im Internet ein Video heraus über die Maya und 2012 und schickte es ihm. Darin heisst es, die Maya begrüssten sich mit dem folgenden Satz: *I am another you* -
Ich bin ein anderes du.

alles was ich über energien, telepathie, intuition und verbundensein weiss wurde mir enthüllt allein dadurch, dass ich dich kenne.
danke dir Kris, du hast mich aufgeweckt xxx

25. Dezember
in aller Herrgottsfrühe
Es gibt hier keine Zeit, mein Häschen.

Mein Einhorn ist sehr präsent, und mir fallen nun tausend Gelegenheiten ein, bei denen mich in den letzten Wochen weisse Pferde verfolgt hatten. Hier kommt wieder mein Lieblingsmärchen ins Spiel ... insbesondere eine bestimmte Verfilmung, die natürlich vor Weihnachten immer *zufällig* gerade auf dem Schirm ist, wenn ich nichtsahnend den Fernseher einschalte. Ich habe den Film noch in keinem Jahr verpasst, als ob *sie* dafür sorgen, dass ich ihn mir immer wieder anschaue. Und ich weine jedes Mal wieder. Aschenbrödel ... und der Prinz beginnt zu lesen ... endlich!
Ja, im Geschichtenbasteln stehst du mir wahrlich in nichts nach! Der Apfel fällt eben nicht weit vom Birnbaum!
Dies ist anscheinend ein Buch über die Welten, die neben dieser Welt noch existieren, aber nicht von ihr zu trennen sind. Als ich anfing es zu schreiben, dachte ich eigentlich nicht, dass es einmal von Geistführern, ollen Ägyptern und Einhörnern handeln würde! *Das ist Ihr Leben ...*
Wenn du wüsstest, wovon es *eigentlich* handelt!
Ich fühle mich aber ganz und gar nicht oll, also hör mal!

es ist uns eine freude, wenn du mit uns kontakt aufnimmst ...
Hey, redet doch nicht alle gleichzeitig!
Aber in Wahrheit IST doch alles gleichzeitig?!

Und übrigens: ja, alles was ich hier tue, ist tatsächlich für die anderen. Oh, ich habe das aus Ego-Sicht sehr negativ bewertet, aber es ist *wirklich* meine Aufgabe hier; Dualseelen sind zum Dienen hier auf Erden unterwegs. Oder wie Ephides[20] dichtet: *zu geben, nicht zu fordern bist du da.* Der Satz klingelt seit dem schrecklichen Durchhänger wie eine Glocke in meinem Kopf. Es müssen natürlich immer die anderen sein. Genau so ist es richtig!
... nun ja, wenn du meinst, dass ich nur *für dich* keine Geschenke habe, ok! Dein Wunsch ist mir Befehl! Schade, aber ich richte mich da natürlich ganz nach deinen Anweisungen!

„Das Einhorn fordert dich auf, dich wieder an deinen Ursprung und deine geistige Heimat zu erinnern, dich von Karma, Lastern und schlechten Eigenschaften zu befreien und dein Selbst wieder ins Licht zu stellen. Es bringt dir Erlösung, die göttliche Gnade und die Kraft der Umwandlung aller negativen Einflüsse. Es verleiht dir die Kraft der Selbsterneuerung und verbindet dich mit dem höchsten Potential, der geistig-göttlichen Führung, der Gabe des Empfangens, der Unschuld und Reinheit und dem Mitschöpfertum. Du bist aufgerufen, dich wieder an dein wahres Selbst anzuschließen, geistige Botschaften zu empfangen und in die Welt zu geben, zu vermitteln zwischen den Licht- und Sternwelten, den Lebensformen und den Menschen. Deine Aufgabe ist, den Menschen die Augen wieder zu öffnen, und, wenn sie bereit dazu sind, sie einzuweihen in den göttlichen Plan."[21]

mittags

... gerade schaltete ich den Fernseher ein ... und es lief (welch ein Zufall) das Märchen Aschenputtel! Am Schluss sagte der Prinz zu ihr: „Ich gebe dir alles, was ich dir bieten kann – meine Krone, meine Hand und mein Herz." ... und sie reiten *auf einem weissen*

Pferd davon. Gigaseufz, das passt zu den Einhörnern im Zauberwald! Einmal wieder Kind sein!
Nur zu!
Wir haben gerade die Weihnachtsfotos von der Kamera auf den PC überspielt. Dabei ist ein merkwürdiges Foto von mir, auf dem ist ein riesiges halbmondförmiges leuchtendes *Etwas* wie ein Schutzschild vor meinem Herzen zu sehen. Ich weiss, dass es viele Menschen gibt, die das als irgendeine technische Erscheinung abtun, aber ich stelle mir lieber vor, dass ich gestern abend nicht alleine war ... *Bringen Sie Magie in Ihr Leben!*

Neiiiiin! Ich gerate gerade zurück ins Wohnzimmer, da ist ausgerechnet Anselm Grün im Fernseher zu sehen und spricht über das Herz und über seine Bücher.
Sein *Buch der Sehnsucht*[22] hat mir damals so wunderbar weitergeholfen! Danach sangen zwei Tenöre Weihnachtslieder von Gott in der Höh´, ich schaltete um und – sah geradewegs in das Gesicht einer Maya-Gottheit. BUMM! Genau das Bild, das in dem Video zu sehen ist, das ich mir gestern abend angesehen hatte bevor ich es Kris mailte ... Wir sind wieder in der richtigen Spur, es *synchronizitiert* wieder!
Übrigens hat mich vorhin eine Glühbirne angegriffen. Ich plauderte mit meinem Vater, und während ich auf der Treppe stand und gerade etwas antworten wollte, schaltete er das Licht ein - und aus dem Dreierstrahler im Treppenhaus schiesst mit lautem PENG eine Birne heraus, genau auf meinen Arm, die Fassung sitzt noch in der Lampe, die Birne ist heil geblieben. Ich dachte sofort, das muss an meiner heutigen Energie liegen!

4. Kapitel
a part of me

26. Dezember

Gestern abend wunderte ich mich, dass ich innerhalb von zwei Stunden mehr als 200 Seitenzugriffe auf meine Dualseelen-Webseite hatte, und heute früh bekomme ich den *Newsletter* des Seitenanbieters: ich wurde innerhalb von 2 Monaten zum 2. Mal vom Zufallsgenerator für die zehn Top-Zufallsseiten ausgewählt! Wie hoch ist wohl die statistische Wahrscheinlichkeit, dass so etwas passiert? Das zeigt mir, dass ich sehr wohl Hilfe im Rücken habe, und dass in meinem Leben alles möglich ist, wenn Gott es will. *Wenn* er es will ...
Meine Liebe, was sollte ich sonst wollen? Und sag doch nicht immer „er", bitte!

„guten morgen liebe Angie!
meine güte, meine güte gerade habe ich erstmalig so richtig durchsagen bekommen, sogar *mit ankündigung von wem.*
es war so einfach dass ich schon wieder beinahe nicht glaube, dass es wahr ist, aber ich sage mir einfach, es IST wahr. basta.
jemand sagte: es steht jemand neben dir, *es ist erzengel azrael.* ich hab ewig nicht an den gedacht, ehrlich nicht!
er sagte: „ich bringe dir eine botschaft über deinen vater."
(gestern machte ich mir sorgen und fragte mich wie viele weihnachten wir wohl noch mit ihm haben werden!)
azrael sagte: *„es ist wichtig, dass du bei ihm zur schule gehst."*
sowas! auf so eine formulierung würde ich doch selbst niemals kommen! was denn für eine schule?!
dann sagte jemand *„Gott zum grusse"* – oha, ich hab gemerkt wie ich erstarrte. ich dachte au backe, das hab ich schon mal irgendwo gelesen. leider habe ich ihn damit abgewürgt.
weiter sagte jemand *„Sananda"* und: ich bringe dir eine mitteilung über dich. er sagte nur positives, was mich wohl aufbauen sollte. dass überall im haus engel stehen, die bereit sind hervorzutreten und so etwas. die einhörner haben wirklich geholfen. sie sagten

dann richtig freudig: „was meinst du wohl, wofür einhörner alles nützlich sind!" sie sind immer alle so lieb und loben mich und versichern immerzu, dass alles gut ist und ich mutig sein soll, das ist mir beinahe verdächtig, weil mir das relativ fremd ist. lob gab es bisher doch nur in der schulzeit für gute noten.
„der schnee auf deinem dachfenster taut", sagten sie noch. einhörner öffnen angeblich das scheitelchakra. dachfenster, die sind ja drollig! ich bin ziemlich beeindruckt und habe ein paar wirklich wichtige sätze geschenkt bekommen. ich hoffe, ihr habt schöne magische feiertage!"

Seit die Einhörner da sind, geht es mir physisch sehr merkwürdig. Es ist ein bisschen das Gefühl, wie wenn Kris an mich denkt und an meinem Herzchakra andockt. Aber dies hier geht den ganzen Tag lang, nicht nur ein paar Stunden, und ich bin heute früh bereits wieder damit aufgestanden. Es ist ein Gefühl wie wenn man morgen etwas ganz Tolles vorhat und unterschwellig immerzu voller Vorfreude ist, aber ich habe nichts Konkretes vor. Als ob ich auf irgendwelchen Wellen schaukeln würde und das macht mich ein wenig lala. Manchmal scheine ich zu schweben statt zu gehen, und manchmal wache ich morgens mit Wadenschmerzen auf, als ob die ganze Nacht Muskelübungen gemacht hätte.

Ähem, du glaubst doch nicht wirklich, dass es Einhörner gibt, oder?

Das will ich dir wie folgt beschreiben: Ich glaube daran, dass es eine Energie gibt, die die Menschen „Einhörner" nennen, um damit ganz bestimmte Qualitäten dieser Energieform zu betonen. Ebenso gibt es Feen und Elfen. Und Engel. Ob sie so aussehen, wie wir uns das ausmalen, spielt keine Rolle. Die gewählte Form, das uns allen bekannte Aussehen scheint die Menschen besonders anzusprechen. Vielleicht hat sich in früherer Zeit (als sie noch *sehen* konnten) diese Energieform auch den Menschen genau so präsentiert, und dies hielt dann

Einzug in die Sagen der Menschheit. Wer weiss? Aber ist das denn wichtig?
Ja, für den Verstand ist das wichtig, der will mitreden können. Wenn du es aber genauer wissen möchtest: Lass dich auf „Einhörner" ein, rufe sie herbei, und dann *fühle*. Fühle diese Energie, und erlebe am eigenen Dasein, was sie dir Gutes bringt. Du kannst sie weiterhin „Einhörner" nennen, denn dann ist es leichter für dich, dich mit anderen Menschen darüber auszutauschen und verständlich zu machen, da sich jeder unter „Einhorn" etwas vorstellen kann. Doch der Name ist wie bei allem anderen auch letztlich nur Schall und Rauch.
Über meine Dualseelen-Verbindung geriet ich an allerhand interessante Themen, und ich habe sehr, sehr viele Bücher gelesen. Was zu mir passte und mir auf Anhieb gut tat, das nahm ich mit in mein Leben und arbeite noch heute damit. Den Rest habe ich erst einmal beiseite gelegt oder gleich ganz aussortiert. Einhörner tun mir gut, die Beschäftigung mit Geschichten über sie fühlt sich heilsam an. So einfach ist das! Niemand muss daraus ein Glaubensbekenntnis machen. Es ist ja wie immer alles viel einfacher, als es zunächst den Anschein hat. Jeder trifft für sich seine Entscheidungen.

> **Na gut, das verstehe ich. Und wie ging es in deiner Geschichte weiter, lass mal schauen!**

In meinem neuen Gedichtband[23] von Ephides habe ich ein ganz wunderbares Gedicht gefunden. Das geht so:

„Ohne Grenzen ist das Hoffen,
Alle Himmel stehn ihm offen.

Und du meinst, Gott mangeln Räume
Zum Verwirklichen der Träume?

Brennend Herz, was dich entfacht
Ward vor dir für dich erdacht."
(Sag ich doch!)

Das berührt mich genauso unendlich wie das andere Gedicht mit dem Mondenlicht-Strahl: *Du wärest so allein, wenn ich nicht bliebe.*[20]
Nun, zum jetzigen Zeitpunkt sehnt da nichts, ein Fünkchen vielleicht, ansonsten geht es mir bestens in der neu gefundenen Gesellschaft mit der geistigen Welt. Fühlt sich nicht so an, als ob irgend etwas fehlen würde.
Wir tun unser Bestes, Mädel!
(PH kramt vorsichtshalber schon mal den Zaunpfahl aus der hinteren Schrankecke hervor.)
Ich habe dem Mangeldenken den Garaus gemacht und brauche mich daher jetzt nicht zu wundern, dass ich Kris nicht hinterher weinen kann, denn ich fühle ja, dass ich bereits alles habe.
Bist du dir da ganz sicher? Bist du sicher, dass du überhaupt noch etwas fühlst?
Also ist es wieder mal gut so, wie es ist. Diese neue Gedankenwelt ist noch etwas ungewohnt. Geh mal durch den Tag und beobachte dich, wie voreilig du ständig alles und jeden bewertest – die guten ins Töpfchen, die schlechten ins Kröpfchen. Und dann hör mal damit auf, nur für zehn Sekunden! Es fühlt sich seltsam an, da ist so eine Art Leere, wenn du jemanden siehst und nichts Wertendes denken sollst. Was sollst du dann stattdessen denken? Ah, ein Mensch? Dein Gehirn verknotet sich beinahe! Nun, du könntest stattdessen zuhören, was Mensch sagt oder zusehen, was Mensch tut.
Und das wird dann aber spätestens bewertet, nicht wahr?
Mein Leben ist echt nicht mehr das, was es einmal war ... Was denke ich für Gedanken, woher kommen die auf einmal?!
Morgens um 5 Uhr springe ich aus den Federn und freue mich auf einen neuen Tag voller Bücher, Channeln und Schreiben. Das ist das Leben, das ich immer gewollt habe! Wer braucht Kris?
DAS nehme ich dir nicht ab!
Lesen, schreiben, lernen. Deshalb war ich auch gern in der Schule, obwohl ich sie damals naturgemäss nach Schülerart gehasst habe. Was noch mehr werden kann, ist der Zulauf in meine Praxis, ich würde auch gern mehr mit Reiki arbeiten. Sicherlich hat es einen triftigen Grund, dass es hier zur Zeit so ruhig ist.
Darauf kannst du wetten!

Also auch da kein Anlass zur Sorge. Was tut man den ganzen Tag ohne Sorgen? Geld zählen kommt hier nicht in Frage. Also weiterlesen.
Ähem, wie wäre es, wenn du mal wieder mit mir sprechen würdest?
Gerade lief ein wunderschöner Märchenfilm im Fernsehen, und am Ende sagte jemand: *„Du selber bist das Ende der Geschichte."* Was mag das nur bedeuten?
Ja, was denn nur ... ?

29. Dezember

Heute früh fiel mir wieder das ein, was ich ganz zu Anfang einmal in einem wissenschaftlichen Buch gelesen hatte, dass nämlich Zwillingsphotonen sich immer nur in eine Richtung bewegen können, und der eine dem anderen unwillkürlich folgt. Ja das haben wir mittlerweile am eigenen Leibe erfahren, Kris und ich. *Du bist die Energie, die führt.*
Gerade kam eine Rundmail von ihm. Er kämpft mit einem Schnupfen und wünscht uns allen *eine grossartige Zukunft*. Na, die werden wir haben! Ich antwortete:

betr.:: das neue jahr
wie du einst sagtest: lass es uns glücklich machen!
all the best, Cat. xxx

Denn wenn wir es nicht tun, wird es auch kein anderer für uns tun! Jedenfalls bin ich mir sicher, dass ich in seinen Zukunftsplänen keine Rolle spiele. Spielt er denn eine in meinen? In ferner Zukunft, ja, aber nicht in naher. Übrigens bekam ich heute diesen herrlichen Satz bei meinem allmorgendlichen Channeling geschenkt:
Ferne Welten sind so lange fern, wie du sie in deinem Inneren noch nicht erforscht hast.
Das leuchtet mir ein! Apropos, ich hoffe, dass meine neuen Meditations-CDs von Thoth, dem Atlanter[24] heute mit der Post kommen!

(Der zuständige Engel schaut sofort diensteifrig durch die Wolkendecke, wo der Postwagen sich gerade befindet.)

Das Jahr neigt sich seinem Ende zu ... Es war überaus wichtig, das wichtigste wohl bisher, und das, obwohl es ohne eine einzige Kris-Sichtung verstrichen ist! Ein ganzes Jahr ohne ihn, und natürlich die 7 Monate des vorhergegangenen, und weisst du was? *Mir geht es gut.* Dennoch weiss ich, dass das kein Dauerzustand sein kann. Wir werden ja sehen, wie es weitergeht.
Dir geht es gut? Dann ist es ja gut! (PH schmunzelt, und Erzengel Michael schmunzelt mit. Die Einhörner schnauben und scharren mit den Hufen.)

30. Dezember

Mir wird gerade auf unheimliche Weise bewusst, dass alles, was ich morgens bei meinen Channelversuchen aufschreibe (und vorsichtshalber nicht so ernst nehme), tagsüber in irgendwelchen Büchern oder TV-Sendungen auftaucht. Ich glaube es ist an der Zeit aufzuhören, sich zu wehren. Gut, hiermit beschliesse ich also, mich dem Ge-schehen endgültig zu fügen, irgendwoher bekomme ich all diese Informationen (ich weiss das alles schon, z.B. was in dem Buch über den Lichtkörperprozess steht, ich hatte sogar meine Symptome richtig gedeutet und weiss somit weit mehr, als mein Kopf glauben mag.), und daher gibt es etwas in mir, der oder das Zugriff auf all das hat. Wozu also versuchen, es besser als ich selbst zu wissen, indem ich beständig darüber nachdenke. Wie zur Antwort startet gerade draussen eine erste Silvesterrakete. Helau, jetzt feiern wir!
Hahaha, und ob! Na, wenn das mal nicht noch zu früh ist. Aber wir werden sehen ...

31. Dezember

Gestern abend sehr spät bekam ich aus heiterem Himmel eine SMS von Kris – die erste SMS seit dem *crash* an Ostern! SMS – *save my soul.*

nun, Cat, ein jahr ist um, es war ein schweres jahr. aber spirit *treibt mich immer vorwärts. ich hoffe dass du ein friedliches neues jahr hast ...*

Gerade hörte ich Kris' song im Radio – *The light of stars* ... LoSt. Wir sind wieder in der Spur!
Fragt sich bloss, in welcher!
Meine Intuition sagt mir: Das Motto des neuen Jahres lautet für mich „Was will ich in meinem Leben haben und was nicht?"
Ich allein entscheide. Ich darf mich ausschliesslich mit Menschen beschäftigen, die mir ein gutes Grundgefühl bestätigen und mit denen zusammen ich eine angenehme Zeit verbringen kann. Alle anderen darf ich SEIN lassen. Es gibt genug Menschen auf dieser Welt, und ich wähle aus, wer von ihnen an meinem Leben teilhaben darf. Ein wirklicher Freund zieht mich nicht energetisch runter. Wir fangen uns in schlechten Zeiten einfach gegenseitig wieder auf, und dann geht es weiter. Aber es gibt Menschen, die einen wahnsinnig machen können, und die sortiere ich jetzt alle konsequent aus. Das neue Jahr wird ein glückliches sein, weil ICH es mir selbst glücklich mache. Ich glaube, ich beginne zu verstehen, wie das in der neuen Zeit abläuft. Und dass ich tatsächlich ganz allein für jeden Aspekt meines Lebens verantwortlich bin. Was will ich in meinem Leben haben, was darf gehen, und womit soll das Universum die entstandene Lücke füllen? Ich darf glücklich sein und mir nur Gutes gönnen, und diese Erkenntnis verursacht eine ganz wunderbare Aufregung in mir. Das neue Jahr fängt wirklich bestens an, so mag es weitergehen! Schlimm genug, dass ich bisher in einem anderen Glauben gelebt habe ...

Ich darf heute, wiederum kurz vorm Jahreswechsel, anmerken: das neue Jahr wurde sogar noch wichtiger, und es endete ebenso bestens, wie es begonnen hatte. Es hat mir am Ende das grosse Glück und ein ausgefülltes, rundes Leben beschert, ganz so, wie es von Anfang an versprochen war! Und doch ganz anders, als erwartet ...
04. Januar

… erster Song heute früh im Radio: *Light of stars* ...
Mir wurde während der letzten Tage eines klar: ich habe leider ganz aufgehört zu träumen. Weil ich meine Erwartungshaltung vernichtet habe, habe ich auch die Tagträume eingestellt. Nun wurde mir mehrfach innerlich gesagt (vermutlich von mir selbst), dass ich das Träumen bloss nicht einstellen soll. Das ist natürlich gefährlich, weil ich nicht wieder in die alte Schiene zurückfallen will. Aber ich werde damit experimentieren.
(WINK! WINK! WINK!)

Ich war also dabei, mein Inneres auszubalancieren in Bezug auf das duale Geschwisterpaar gesunder Zweifel – gesunder Glaube ...

Neben einzelnen blauen Augen gibt es nun anscheinend auch noch dies: Seit ich an Neujahr beim Bleigiessen den Buchstaben „V“ gegossen habe, verfolgt er mich wo ich gehe und stehe. Eben fiel mir auf, dass selbst die weisse Linie auf der Fahrbahn vor unserem Haus aus lauter VVVV besteht. Was soll das nur wieder bedeuten?
Kris hat übrigens nicht geantwortet, und ich frage mich von Stunde zu Stunde mehr, wie das alles jemals was werden soll!

Meine Tochter bat mich gerade, ihr einen bestimmten Sender im TV zu suchen. Ich schalte also um und sehe gleich eine Werbung für Kino-Filme. Fette Überschrift in Grossbuchstaben:
DEIN TRIP IN FERNE GALAXIEN BEGINNT! Ach du je!
Über nacht hat es mächtig geschneit, und alles ist nun mit einer fetten Schneeschicht überdeckt. Sieht sehr rein und klar und sauber aus! Habe heute früh gechannelt und mir wurde gesagt, ich solle *präsent bleiben*, und Kris schiebe alles beiseite, was nicht in seine Gehirnschubladen passt. Gut, das wussten wir ja immer schon, nicht wahr? Dazu braucht niemand ein Channeling. Habe ihm eine Mail geschickt und ein paar Schneefotos angehängt, ganz alltäglich.

und der winter kam ... über nacht. also lass uns die zeit zurückdrehen und glückliche weihnachten haben! hoffe, alles ist in ordnung drüben, weit weg in GB xxx

Wie innen – so aussen, Winter in euren Herzen ...
Eigentlich habe ich gar keine Lust, mich mit ihm auseinander zu setzen, denn ich weiss ja, was ich habe und dass ich so, wie es jetzt ist, glücklich sein kann. Dennoch bleibt das Unerledigte im Nacken, dieses da-war-doch-noch-was-zu-tun, und das hängt mit Kris zusammen. Da er sich in Schweigen hüllt, weiss ich nach wie vor nicht, was es ist und wie wir jemals dahin kommen sollen. Nun, vielleicht muss ich es jetzt noch nicht wissen und Gott ist es genug, dass ich als Erinnerung mahnend im Hinterkopf behalte, dass da noch etwas Vergessenes ist, etwas, das wir zu erledigen haben, irgendwann eines Tages.
Nicht wirklich, meine Liebe, nicht wirklich! Das ist NICHT genug – denn du bist in der Pflicht, etwas zu verändern! Und zwar JETZT!

„liebe Anne,
vielen dank für deine nachricht und positive rückmeldung zu meiner webseite. zu deiner frage möchte ich folgendes antworten:
wenn es dem göttlichen plan der seelen entspricht und sie auf erden eine partnerschaft leben sollen, dann wird sich ganz sicher daraus eine weitere gemeinsame aufgabe abzeichnen. der leitsatz ist immer: *zum wohle aller und zum besten des ganzen.*
in einem sehr hilfreichen buch von deepak chopra (das buch der geheimnisse)[25] habe ich den vergleich mit den körperzellen gefunden:
jede zelle erfüllt ihre aufgabe selbstlos nach ihren talenten zum wohle des gesamtorganismus. doch nicht die zelle entscheidet, wo ihr bestmöglicher platz ist. fest steht, dass bei der begegnung von dualseelen immer ein grösseres drittes erschaffen wird, das von allgemeinem wohle ist. dazu muss keine weltliche

partnerschaft eingegangen werden, kann aber - siehe oben – und zwar nur dann, wenn es höchste weisheit für alle seelen darstellt. das ist auch der grund, warum dualseelen sich mitteilen müssen, die liebe ausdrücken müssen in kunst, musik, literatur – kreativität! diese liebe ist <u>immer für alle da</u>. und das göttliche kind hat viele gesichter!
auch denke ich, dass diese irdischen DS-Partnerschaften weitaus seltener sind als allgemein angenommen, man muss dafür schon sehr stabil sein, denn die anziehung ist wirklich extrem und man ist nicht wie sonst, wenn der andere physisch im selben raum ist. ohne eigene erdung geht man da leicht im anderen verloren. die lernaufgaben, die man in der physischen trennung erleben kann, sind ausserdem zu wertvoll, als dass seelen sich DAS entgehen lassen würden. zusammen ist man überall, nur nicht auf erden, da nur hier das lernfeld der scheinbaren trennung in der dualität gespielt werden kann. das ist die grosse chance hier unten! was in wenigen jahren sein wird in bezug auf DS und dimensionswechsel - da dürfen wir wohl gespannt sein. ich hoffe, ich habe deine frage damit zufriedenstellend beantwortet.
einen wunder-vollen tag wünsche ich dir!"

... vielleicht sollte ich einmal selbst auf meine Worte hören?
<u>(Donnernder Applaus aus einer uns wohlbekannten Wolke.)</u>

Ich sagte ja bereits, dass ich zu wenig träume, will heissen: ich habe all meine Visionen aus den Augen verloren. Es ist gut, keine Erwartungen zu haben, ja sicherlich, aber es ist fatal, keine Träume zu haben! Und das ist immer noch mein derzeitiger Zustand. Was anderes sollte er mir also derzeit spiegeln als mein eigenes Desinteresse?
<u>Gut erkannt!</u>
Er macht wie immer alles richtig. Indem ich seine Reaktionen beobachte, beobachte ich natürlich in Wahrheit nur mich selbst. Dazu benutzt man ja gemeinhin einen Spiegel. Ich kann nichts geben (Sehnsucht, Visionen) aber im Gegenzug von ihm Handlung erhoffen.

Denken, Fühlen UND Handeln muss im Einklang sein, das habe ich gestern noch gelesen. Ich handle aber derzeit anders als ich denke und vielleicht fühle. Der Ein-klang fehlt in mir, daher fehlt er auch in der Verbindung im Aussen.

Und was wirst du nun unternehmen?

Ich weiss also, dass ich an meinen Visionen festhalten sollte, derzeit weiss ich aber nicht, wie ich mich wieder auf die Wünsche einschwingen soll. Sehr schwierig. Ihn kann ich nicht belügen, und selbst wenn ich hundert Emails schreibe, so fühlt er doch meine Abwehr dahinter. Ich kann diesem Mann nichts vormachen, denn er hat Zugriff auf mein Sein. Und weil er es mir so wunderbar als Spiegelbild präsentiert, habe ich die Chance, schneller dahinter zu kommen, was ich vor mir selbst verheimliche. Was wäre ich ohne meinen perfekten Spiegel! Vielleicht gebe ich ihm einfach nicht mehr das Gefühl, das Wichtigste in meinem Leben zu sein?

ich bin eine reife spirituelle seele und ein fortgeschrittenes beispiel für bedingungslose liebe ohne erwartungen. die andere hälfte der wahrheit ist: als eine frau auf dem planeten erde vermisse ich dich wie die hölle. xxx

Im Augenblick als ich die SMS abgeschickt hatte, begann im Radio *Light of stars.* Jedenfalls hätte ich nicht gedacht, dass ich ihm DAS noch einmal eingestehe. Schon explodierte passend eine übriggebliebene Feuerwerksrakete hinter den Nachbarhäusern in allen Rottönen! Was ist denn nun wieder in Gang gekommen?

Gerade bekam ich eine Antwort von Kris! Kris erzählt mir darin munter, was er die nächsten Wochen vor hat und was er gerade macht, ganz alltäglich, genau wie ich es in meinen letzten Nachrichten getan habe. Es ist wahr – er gibt mir genau das, was ich ihm auch gebe. Ich schrieb ihm zurück, dass ich an meinem neuen Buch arbeite, Autorenkontakte knüpfe, und er soll bitte an die Tickets für sein Konzert im März denken, denn ich möchte noch einmal in seine Augen sehen.

Sein Leben ist mir ebenso fern, wie er selbst mir nahe ist. Sein letzter Satz lautet: *Ich hoffe, es ist ein besonderes Jahr für dich.*

Gestern abend vor dem Einschlafen hatte ich ein wunderbares Erlebnis: Ich habe erstmalig seit langer Zeit wieder ausdrücklich zu Gott gebetet, innerlich, und zwar habe ich mein Bewusstsein an die mir höchstmögliche Stelle gerichtet.
Das Gefühl, das sich einstellte, war eine Grenzenlosigkeit und Freiheit, ein Auftrieb, innerliches Aufsteigen – ich kann es kaum in Worte fassen. Alles wurde ganz leicht und zog in eine Höhe, die kein Ende nahm. Es war atemberaubend. Früher hörten meine Gebete kurz nach der Stirn auf, da war die Grenze, ich möchte sagen: die Grenze meiner Glaubenssätze und Auffassung, was und wie Gott ist. Gestern abend, das war ein ganz einzigartiges Erlebnis. Dass so etwas möglich ist! In mir gab es keine Grenzen mehr.
<u>(Räuspern.)</u>
<u>Ich würde dir gerne deine ganze gewaltige Grenzenlosigkeit zeigen, aber du bist noch nicht bereit dazu ...</u>

Übrigens bin ich dabei, wieder nachts im Traum einige männliche Anteile zu versöhnen; dargestellt z.B. durch meinen Exmann und meinen Ex-Schwager. Diese Träume hinterlassen friedliche Gefühle. Man bekommt ja gar nicht immer mit, was man jenseits des Tagesbewusstseins alles be- und verarbeitet. Auch wenn man meint, auf der Stelle zu treten, tut sich hinter den Kulissen dennoch etwas!

08. Januar

Hm, habe irgendwie jegliches Vertrauen in meine geistige Führung verloren, fühle mich verraten und verkauft. Ihre neueste Mitteilung: Ich könne ja das Band kappen, das Kris und mich auf Erden zusammen hält.

Warum musste ich auch so dämlich sein und dieses Medium wieder einschalten? Sie kennt nichts von Dualseelen und bringt nur die Hälfte rüber. Jetzt muss ich wieder herausfinden, was wahr ist und was nicht. Als ob man als Mensch mal eben so eine DS-Verbindung kappen könnte! Das weiss ja selbst ich heute schon besser! So wütend und enttäuscht war ich ewig nicht mehr! Ich habe das Gefühl, dass ich alles, was ich mit Kris durchgemacht habe, jetzt auf einer anderen Ebene noch einmal mit meinen sogenannten Geistführern durchmachen muss. Eine Ent-täuschung nach der anderen.

Meinst du, sie merkt es jetzt? fragt der Sirianer. Da ist noch viel zu tun! (PH lacht und lehnt sich in ihrem Schaukelstuhl zurück.) Ist eigentlich noch Popcorn da?

PH, du willst Popcorn essen, während sie fast am Boden liegt?

Ja, denn ich habe genug Vertrauen in sie, sie macht das schon. Nun schau nicht so, ich werde nachher, wenn ihr Ego schläft, mal mit ihr reden.

09. Januar

Heute früh wurde ich wach und hatte das Gefühl, alles sei in allerbester Ordnung. Dann fiel mir der gestrige Horrorabend erst wieder ein. Vielleicht haben sie des nachts mit mir geredet? Ich erinnere mich ja immer an nichts. Prompt fand ich eine Mail von Kris vor:

lese jedes wort, das du mir sendest. versuche dies alles zusammen zu kriegen xxxxxxxxx

danke, Kris xxx auch ich lerne noch. Cat. xx

„guten morgen liebe Inga,
es ist vollkommen normal, dass die DS unsere erwartungen nicht erfüllt, denn wir wollen ja gerade lernen, keine erwartungen mehr zu haben, und so tun sie genau das richtige, wenn sie uns *nicht* zum geburtstag schreiben. meiner weiss gar nicht, wann ich geburtstag habe, und er fragt auch nicht. die letzten zwei jahre hat er allerdings an weihnachten und silvester geschrieben, nämlich seit es mir wurscht ist, ob er das tut. sobald ich mit erwartungen an ihm ziehe, spürt er das und lässt seine seite des seils ganz los. da hilft dann auch kein festeres ziehen mehr! fühlt er, dass ich nicht ziehe, kommt er fröhlich auf mich zu gesprungen. energetisch seid ihr in jeder sekunde verbunden und er fühlt haargenau, was in dir vor sich geht. er weiss, wann du leidest, wann du aussteigen willst, wann du glücklich bist. bewusst weiss er das vielleicht nicht, aber seine seele weiss alles über dich. ihr seid ja eins!
Kris ist ziemlich spirituell und offen für alles, aber er ist zu sehr in die materielle welt und seine arbeit verstrickt, als dass er wirklich die zeit hätte, komplett da einzusteigen. das ist mein part. er hat auch zeitweise gelitten, aber nicht so wie ich, da ihm das komplette hintergrundwissen fehlte. er konnte sich fein mit der materiellen welt ablenken. wir haben uns die lebensumstände also perfekt erschaffen, um grösstmögliche entwicklung zu gewährleisten.
ob es ein happy end gibt? kommt drauf an, was du darunter verstehst. mir ist es egal, ob ich ihn je wieder sehe, denn es kommt mir mittlerweile auf ganz andere dinge an. wichtig ist, wie ich mit dem HEUTE zurechtkomme. ich muss ihn nicht physisch in meiner nähe haben, denn er ist nie von mir getrennt gewesen und das wird auch nicht deutlicher, wenn ich ihn physisch anfassen kann. ich wollte einfach immer nur wissen, ob ES wahr ist, nicht mehr und nicht weniger.
mein rat gegen die verzweiflung ist dieser: lesen, lesen, lesen, sich informieren, seine eigene entwicklung absolvieren, und dann den grösseren zusammenhang verstehen. solange dieser mann der einzige brennpunkt deines erlebens ist, leidest du. erkennst du,

dass du lediglich eine wichtige funktion in der gesamtheit dieser welt ausübst, indem du diesen mann liebst, so rückt sich die perspektive gerade. dualseelen sind immer in dienender funktion in dieser welt. sie dienen dem ganzen, denn wahre liebe beschränkt sich niemals nur auf eine person, das kann sie gar nicht. alles liebe"

„guten morgen liebe Ulrike!
das, was du das normale leben nennst, ist nur eine illusion, eine art hologramm. dualseelen kann man nur verstehen, wenn man selbst im thema drin steckt. freundschaften entstanden und vergingen darüber. das argument ist immer, dass manche leute schon 15 jahre spirituell arbeiten oder 20 oder 30 und es daher angeblich besser wissen müssten als ich, aber ich stelle auf diese weise immer wieder fest, dass lange zeiträume nicht automatisch entsprechend mehr erkenntnisse garantieren ... für die seele gibt es keine zeit!
man kann sich von anderen ausgangspunkten her dem spirituellen nähern, aber die dualseele ist ein ganz besonderer weg, denn sie ist der direkte, der highway zu Gott. die liebe "lernen" andere auf ihrem weg, irgendwie gelangen sie womöglich eines schönen tages dorthin; wir aber haben diese liebe am anfang des weges stehen und daher geht alles viel schneller. es tut aber auch ein bisschen mehr weh. wir zäumen quasi das pferd von hinten auf!
dein DS spürt haarfein, wann du wirklich bereit dafür bist, und dann fädelt ihr beiden das hinter eurem rücken auf seelenebene passend ein.
deine angst wird ihn bis zu einem gewissen zeitpunkt von dir fernhalten, und das ist das geschenk, dass er dir macht. er schenkt dir deine zeit, die du brauchst, um deine angst zu erkennen und zu erlösen. stell dir einmal vor, er würde dich bedrängen, so wie es in irdischen bzw. karmischen partnerschaften der fall wäre. es ist wichtig, das zu sehen, was wir haben und nicht das, was wir nicht haben. anderer blickwinkel = mehr verstehen!
alles liebe!"

11. Januar

Momentan ist es wieder sehr schwierig, jemanden zu finden, der oder die mich versteht. Vermutlich wird es niemals jemanden geben, der mich wirklich richtig versteht ... na ja, ausser einen. Sofern ich die richtigen Vokabeln gebrauche. So war es letztlich schon mein ganzes Leben lang! Die Leute finden mich dann anstrengend oder was weiss ich. Sie werfen mir vor, ich rede zuviel, aber wenn ich dann nichts erzähle (weil ich mittlerweile schon aufgegeben habe, ihnen alles zu erklären), dann geht gar nichts voran. Jedenfalls sollte ich dieses Wochenende schweigend verbringen, das sagen mir die beginnenden Halsschmerzen nach dem Quasselmarathon mit meinem Besuch. Das Problem ist, dass ich eine der ganz wenigen in meinem privaten Umfeld bin, die sich beinahe vollkommen aus der materiellen Welt ausgeklinkt und daher wirklich viel freie Zeit hat, um sich in aller Ausführlichkeit mit ihren spirituellen Themen zu befassen. Was heisst Problem, aber es ist manchmal frustrierend, wenn wirklich interessante Leute sich immer und immer wieder hinter ihrer Arbeit verstecken: „Och, ich hatte noch gar keine Zeit, das Buch über das innere Kind zu lesen!" – und du weisst genau, die Person hat nur Angst. Und du weisst ebenso, dass es ihr Weg ist, aber es ist dennoch zum Haareraufen ...
Als ich noch arbeiten ging, am Anfang meiner Geschichte mit Kris, hatte ich dazu noch den Haushalt mit Kind und mein erstes Buch zu schreiben - und dennoch konnte ich alle Emails beantworten, Bücher lesen und mir selbst unzählige Fragen stellen. Mir ist das Verhalten der anderen also unverständlich, wie so vieles, was sie sagen und tun. Ich glaube, meine seltsame Art aus der Jugendzeit kommt jetzt wieder völlig hervor. Diese Schwierigkeiten hatte ich früher in der Schulzeit auch schon mal, bevor ich mich - zu Tarnungszwecken - in das allgemein übliche Larifari-Leben stürzte und meine Zeit fortan mit Männern und in Discos verbrachte. Heute kann ich diese vielen verrückten Energien auf einem Fleck nicht mehr ertragen!

Was erwarten wohl meine Leser? Einige sagten mir vor Beginn dieses Buches: *Wir wollen wissen, wie es weitergegangen ist!*
Was meinen sie damit? Na ist doch klar, „es" ist der Ablauf der Ereignisse zwischen Kris und mir. Und nun haben sie bis hierher gelesen und in der Richtung ist nichts wirklich passiert.
Was bedeutet das? Die Liebe IST, sie ist quasi der Nährboden, die Grundlage für das Sich-Entfalten *anderer* Ereignisse, Lernaufgaben und Erkenntnisse. Da geht nichts weiter, es ist ja alles schon vorhanden und komplett. Wohin weiter? Das ist eine Illusion, genau die Illusion, die vielen das Leben so schwer macht. Sie hetzen von einer Begegnung zur nächsten und erhoffen sich stetige Verbesserung der Situation.
Aber die Verbesserung kann nur in ihnen selbst stattfinden, in dem Sinne ist Verbesserung natürlich eine unangemessene Bezeichnung, da immer alles zum Besten ist. Die Wandlung findet in ihnen statt, nicht draussen auf der Weltenbühne. Was also erwarten sie sich von diesem Buch? Dass ich beschreibe, wie Kris mit wehenden Fahnen zurückgeeilt kommt und mich auf Knien bittet, seine Frau zu werden? Fühlst du dich jetzt ertappt? Was ich hier also beschreibe, nur beschreiben kann, sind die Entwicklungsthemen, die diese Erkenntnis der Liebe mit sich brachte und noch bringt. Ich frage mich ja selbst, womit ich dieses Buch abschliessen werde!
Das wirst du noch merken. Es ist nichts so, wie es scheint!
Ich habe vielmehr das Gefühl, ich sei uralt und hätte dies schon alles gesehen, es gäbe nichts mehr, wohin zu gehen ist und nichts mehr zu erledigen. Lebe ich überhaupt noch?
Das ist die erste vernünftige Frage seit Monaten!
Gerade kommt die Tagespost: eine Ansichtskarte aus dem Urlaub von meiner Cousine, mit dem *Kennedy Space Center* vorne drauf, dazu in riesigen Lettern: NASA, und eine startende Rakete, dazu kam eine Werbung von einem Fernstudien-Institut mit dem Titel: *YES YOU CAN!*

16. Januar

Es ist schon wieder etwas Unfassbares passiert! Ich wurde gleich nach dem Einschlafen wieder wach und hatte folgenden Traum gehabt:
Ich sehe unterwegs einen Mann, er hat Probleme mit der Atmung, sagt, dass es sich anfühlt, als ob er keine Luft mehr bekommt, weil ihn etwas zusammendrückt.
Ohne nachzudenken gleite ich in den Körper dieses Mannes und fühle die gesamte Wucht, wie er zusammengedrückt wird. Furchtbar! jemand ruft: Atme, atme!, aber es ist zu stark, ich schaffe das nicht, und laut sage ich in plötzlicher Erkenntnis: ICH BIN Cathérine und entscheide, diesen Traum zu verlassen! Da zieht mich Erzengel Michael aus dem anderen Körper heraus, lächelt und sagt: **Wir brauchen dich noch.**

Den ganzen Tag war ich daraufhin missgelaunt und depressiv, es war ein sehr anstrengender Tag. Am frühen Abend auf einmal kam mir in den Sinn, ob es Kris vielleicht nicht gut ging? Was, wenn er der Mann aus meinem Traum war? Und ich erzählte ihm die Geschichte per Email. Postwendend kam seine Antwort, er hatte auch gerade am PC gesessen! Wie gut ich ihn kennen würde, er sei um 22 Uhr schreiend aufgefahren und hatte das Gefühl, von einer Energieblockade total zusammengedrückt zu werden. Das war genau die Zeit, als ich aufwachte. Eine Welle von Mitgefühl, Mitleid und Erkenntnis riss mich davon!
Abends vor dem Einschlafen schlüpfte ich bewusst in sein Körpersystem, hüllte uns in Licht und atmete in ihm, vom Himmel in die Erde und wieder zurück, mehrmals. Es fühlte sich sehr ruhig und friedlich an. Heute früh fand ich eine Email vor, die er nachts noch geschrieben hatte. Es sei ihm schlagartig viel besser gegangen, als habe jemand einen Schalter umgelegt.
Was um alles in der Welt ging da vor sich? Er klang wieder wie der alte, Gott sei Dank. Gerade habe ich ihm eine weitere Mail geschrieben und ihm beschrieben, was ich vor dem Einschlafen getan habe. Inmitten dieser ganzen Aktion und den vielen Tränen verstand ich plötzlich auch die Warnung, die der zweite Traum

jener Nacht mir vermitteln wollte ... Aus meinem Traumtagebuch:

Es ist gerade 2012, und die Verschiebung hat stattgefunden. Ich stehe mit einer handvoll Menschen und einigen Sirianern auf einem einsamen Feld. Die Sirianer[26] erklären uns, dass es nun soweit ist und öffnen die grosse Tür zu einem Flughafengebäude. Darin sieht man massenweise tote Menschen mitsamt ihren Koffern liegen. Ein einziges schreckliches Chaos aus Koffern und toten Menschen. Die Sirianer sagen bedauernd: „Nur sehr wenige Menschen sind übrig geblieben." Die gesamte Atmosphäre ist merkwürdig und drückend. Ich denke ach herrjeh, wir allein mit den Ausserirdischen, nur so wenige Menschen, und das ist jetzt, wie unsere Welt weitergeht!? Und ich fühle, dies ist das, wie unsere Welt nun ist: wenige bauen etwas Neues auf.

Der Traum war vom Gefühl her wie die Geschichte mit dem Geist der zukünftigen Weihnacht und dem alten *Scrooge*! Ja, genau daran erinnert er mich. Also gut, das heisst für mich und meine Arbeit: weitermachen! Nicht für Kris, aber die Vorstellung es sei für Kris macht es mir leichter. Ich habe das Gefühl, etwas oder jemand treibt mich an, damit ich meine Entwicklung nicht vernachlässige. Die Menschen in meinem Traum haben alle nicht in ihre Koffer gesehen, sie wollten ihr Gepäck auf die Reise mitnehmen, aber das geht nicht. Sie haben ihre Lernaufgaben nicht angenommen ...

„guten morgen liebe Sabine,
dualseelen sind für die anderen menschen hier, nicht für sich allein und auch nicht nur für den dualseelen-partner. in vollkommener selbstlosigkeit hierher gekommen. selbst auf alles verzichtet und keine weiteren fragen dazu gestellt. und dann sitzt man hier, eingezwängt in dieses viel zu enge erdenkleid, in dieser gruseligen welt mit all den schlafmützen. weil man es vor lauter liebe im 5 D-fell nicht ausgehalten hat. von seiner besseren hälfte keinerlei hilfe zu erwarten, ausser dass er perfekt zurückwirft, was du ihm zuwirfst. er verhält sich wie der mond, reflektiert nur

dein licht. volle verantwortung! das ist für den normalen verstand nicht zu begreifen, niemals. aber das ist die einzige logische erklärung für mein leben seit unserer ersten begegnung. die belohnung wartet später - das beste kommt noch (denk an die frau, die mit der gabel beerdigt wurde). nicht auf erden, aber „im himmel" (also in 5 D) gibt es die belohnung. willkommen in der realität!"

Im Briefkasten war gerade eine Werbung von (der) Quelle: *Raten Sie mal, welche Überraschungen wir für Sie haben!* Ich habe ganz ehrlich keinen blassen Schimmer?!
(*pfeif*)
Ich hatte kaum den Computer eingeschaltet, als eine Email von Kris kam. Seit zwei Stunden sei ES wieder im Gange. Ich beschrieb ihm, wie er atmen soll und dass er um Pause bzw. langsameres Tempo bitten kann. Und ich habe wieder in ihm geatmet. Wir sind uns so nahe wie ewig nicht mehr, es ist einfach nur schrecklich schön. Lange habe ich das Einssein nicht so intensiv gefühlt. Egal was ich dann versuche, ich kann nur seinen Namen denken und sehe ihn vor meinem inneren Auge. Sobald ich das zulasse, habe ich das Gefühl, nach vorne weg in einen Mittelpunkt von irgendwas gezogen zu werden. Jetzt bin ich beim Herzklopfen angelangt, das wird ein intensiver abend werden! Nun Gänsehaut und leichtes Frösteln, also die gesamte Palette mal wieder im Schnelldurchlauf ... Glühkopf und Eishände! (Das wäre auch ein witziger Titel für mein Buch ...)

17. Januar

Heute mailte Kris, dass es ihm gestern wiederum schlagartig besser ging, nachdem ich bei ihm war und geatmet hatte.

ja, Kris, ich weiss, denn ich habe dich gestern den ganzen abend bei mir gefühlt. xxx ich denke, ich beginne zu begreifen, wie dies alles funktioniert.
Aber ich frage mich doch allen Ernstes, wie das weitergehen soll?

Sobald ich mein Herz verschliesse, leidet er unter der Blockade. Sobald ich mein Herz öffne, geht es ihm hervorragend. Was ist wahr? Können Dualseelen nur zusammen den Frieden auf Erden finden? Angeblich soll doch das Glück niemals in Zusammenhang mit einem anderen Menschen kommen? In allen Weisheitsbüchern dieser Welt steht das. Und was, wenn es bei Dualseelen eben doch anders ist?
Als ich das Küchenradio einschaltete, spielten sie unseren Song – *Kleine Wunder*[27]. Damals war er sehr wichtig für Kris und mich. Merkwürdiger Weise wurde eine Stelle zweimal gespielt, das war ein ganz merkwürdiges Gefühl, weil ich das Lied so gut kenne und es auf einmal nicht so weiterlief wie gewohnt. Es war die Stelle, wo er singt: *am Ende ist es nur das Herz, das wirklich zählt.*
Als ich gerade überlegte, ob ich ihm doch einen Video-Clip über *Twinsouls* schicke, ging draussen schon wieder ein Feuerwerk los! Das gibt´s doch gar nicht! Haben die da oben denn alle nichts anderes zu tun?
Nö.

18. Januar

Kris,
heute bekam ich erneut eine mitteilung, die da sagt: „ich danke dir für deine webseite und dein blog. jedes mal wenn ich in meinen problemen feststecke, schaue ich dort nach und finde meine antworten. mein leben verbessert sich und mit jedem wort verstehe ich mehr. es scheint beinahe, als ob du nur für mich schreibst!"
kannst du dir das vorstellen? so viele menschen sind dankbar, weil WIR uns begegnet sind. wir sind in der lage, anderen zu helfen, sich selbst besser zu verstehen und lösungen zu finden, wie sie aus ihren depressionen herausfinden können, aus ihren ängsten und zweifeln.
und sie werden stark und frei.
ich bin es, die diese seiten schreibt, aber DU bist es, der mich lehrt. hast du das gewusst? somit möchte ich dir noch einmal danken, du machst deinen job gut, auch ohne es zu ahnen. und ich hoffe, dass du dir eines tages über all dies bewusst sein wirst. xxx

Ja, der Dank dieser vielen Menschen gebührt eigentlich ihm, in all seiner Unwissenheit. Er ist der wunderbarste Mann, den ich kenne, und er weiss es nicht. Dabei habe ich es ihm schon hundert Mal gesagt! Das ist ebenfalls Tragik.
Kommt mir sehr bekannt vor!

später

Jetzt geht das schon wieder los, ich wollte nur einen kitschigen Herzschmerzfilm anschauen, einen ganz normalen Fernsehabend haben. Aber gleich beim Vorspann erwischte es mich wieder eiskalt: Auf dem Fernsehbildschirm steht, dass die weibliche Hauptperson KATE heisst. Als ich gerade anfangen will zu denken, dass das jetzt schon wieder losgeht mit den Namen, erscheint der Name des männlichen Hauptdarstellers: KRISTIAN. Ich kann nicht mehr, Hilfe! ... jetzt nimmt er einen Liebesbrief zur Hand, den er in seiner Jugend an Kate geschrieben hatte, datiert: 18. Juni, Kris´ Geburtsdatum! Das kann es doch gar nicht geben! Was geht hier wieder vor sich? Da der Film in England spielt, ist der Brief in englischer Sprache. Er beginnt mit den Worten *To my dearest Kate.*
Nachbarin, mein Fläschchen!
Er schreibt: *Ich werde dich lieben bis ans Ende meiner Tage, Kate.*
Die Tränen fliessen wieder, ich kann es nicht verhindern. Da ist es wieder, dieses gruselige Gefühl, dass das gesamte Universum MICH anschaut! In diesem Moment wird das auch wohl genau so sein.
Du hast vollkommen recht, genau so ist es. Für diesen besonderen Moment in unserer besonderen Beziehung bist du wahrhaftig ALLES.

5. Kapitel
yes we can

Eine Werbemail ermahnt mich gerade: *Letzter Aufruf an Passagier Cathérine!* Heute geht alles nur sehr schleppend voran, so scheint es jedenfalls, wo stecken denn wieder alle? Merkwürdiger Tag. Und inmitten meines Kopfes reisst es wieder.
Jetzt ist alles im Aussen leer, von meinem Bankkonto angefangen; ich frage mich, was mir das sagen will!? Meine Gefühle sind stellenweise so leer, sie sind innen drin unauffindbar, so wie gestern abend. Dann stolperte ich heute im Internet über einen Buchauszug, in dem es gleich zu Anfang um Gott und das grosse Nichts ging. Mein magisches Küchenradio kommentiert das so: *Geniesse die Ruhe*!

"Hallo liebe Angie,
... meine praxis ist leer ... kein kunde weit und breit. meine kaffeedose war sogar leer, musste mir welchen ausborgen, das ist mir noch nie passiert! mir fällt immer noch mehr ein! das ist echt verrückt! ich sass beinahe in einem loch, weil scheinbar alles stehenblieb, und das parallel! aber ich sagte mir goldrichtig, ruhig bleiben, alles hat immer seinen grund und sinn. meine güte, also sowas! das universum atmet gerade ein .. TIEF ein. neulich sprach ich noch von ebbe und flut. meinst du denn, das geht alles jetzt ganz schnell?"

Jetzt läuft schon wieder der Song - *Kleine Wunder*: Lass es los, der schlimmste Teil ist vorbei! Und schon wieder zweimal die bewusste Stelle ... *es ist das Herz, das am Ende zählt*. WAS geht hier vor sich? Und jetzt: *Wenn ich könnte, würde ich einen Handel mit Gott abschliessen.* Dieses Radio!
Diese Cathérine!

21. Januar

Gestern hatte ich Kris den folgenden „Spruch des Tages" gemailt:

„Wenn du nicht weißt, was du als nächstes tun sollst und die Welt dir unerträglich vorkommt, nimm einen tiefen Atemzug, sieh dich um und erkenne, was du bereits in deiner Welt hast, das ein Segen für dich ist. Dann wirst du in Frieden sein."
Letzte nacht antwortete er (das war die Uhrzeit, als ich aufwachte), das erste Wort schrieb er wieder in Deutsch:

***danke** liebste C. ich tue das bereits an den meisten tagen, doch von JETZT an werde ich mich jeden tag erinnern. xxxxxxx*

22. Januar

„ ...was für dich jetzt am wichtigsten ist - so glaube ich: die besondere verbindung, die ihr habt, über sich selbst hinauszutragen. du erwähnst, dass ihr hellfühlige und telepathische erlebnisse habt. das zeigt, wie sehr euer bewusstsein sich durch die begegnung bereits erweitert hat. ihr unterstützt euch gegenseitig bei dem prozess.
in den celestine-büchern[28] geht es ja auch genau darum! um die bewusstseins-evolution der menschen. im zugehörigen film[29] ist das wunderbar dargestellt: das leuchtender aura um die pflanzen, wie die menschen sich energetisch beeinflussen und helfen. wir wir alle verbunden sind. es ist also wichtig zu erkennen, dass die seelenverbindung kein selbstzweck ist, in dem sinne, dass es nur um die frage „beziehung oder keine beziehung" ginge. die liebe, die ihr in euch gegenseitig freigelegt habt, die strahlt ihr beide in diese welt, ihr speist sie in das gitter ein, das die gesamte menschheit verbindet!
es ist für ALLE menschen von fundamentaler wichtigkeit, dass es menschen gibt, die bedingungslos lieben. wir alle bauen zusammen an diesem gitter, an diesem bewusstsein, jeder einzelne mensch leistet seinen beitrag dazu. und dann kommen welche, die SO sehr lieben! da geht gleich ein glühen durch alle gitterstränge! was ihr da tut, ist also für alle menschen wichtig. heikel ist natürlich der punkt: werden andere (ehepartner) dadurch berührt?

man richtet sich immer mehr danach aus, was für einen selbst wahr ist, man muss und will die absolute eigene wahrheit leben, denn wenn man der liebe ins auge gesehen hat (*Gott* ins auge gesehen hat!) kann man nicht mehr anders. aber die ehen aus einem scheinbar vergangenen leben sind noch existent, es sind kinder involviert. fest steht: die menschen, die du direkt vor deiner nase hast, die sind in deinem aktuellen leben für dich immer die wichtigsten (spiegel).
vor dem ehe-problem stehen sehr viele seelenpartner-verbindungen. ich denke, es muss barrieren geben, eben DAMIT wir erkennen, dass es um etwas anderes geht als um die zweierbeziehung. es geht nicht um das persönliche glück in trauter zweisamkeit, es geht immer und bei allem in diesem leben um das grosse ganze, um die gemeinschaft, um die menschheit, um die erde. dies besonders für dualseelen.
wenn der schritt geschafft ist vom *wir beide* zum *wir alle*, dann hört der schmerz auf, die heiligkeit der verbindung tritt noch deutlicher hervor, und sie wird noch mehr respektiert, geehrt und gepflegt, im sinne von gegenseitiger wertschätzung und dankbarkeit, dass Gott diese verbindung erschaffen hat. das ist der eine schritt, der gemacht werden muss. und es ist möglich, ihn zu tun. die liebe bleibt."

> *ich muss ins krankenhaus wegen meines herzens. wünsche mir glück xxx*

ich werde bei dir sein Kris ... sende dir liebe xxx
...vielleicht solltest du dich mit deinem herzchakra befassen, denn alle schmerzen und krankheiten rund um das physische herz haben ihren ursprung im herzchakra. es ist die mitte, die verbindung zwischen himmel und erde ...

Ich hoffe, er überlebt das! Passend dazu kommt draussen Sturm auf, das hatten wir lange nicht.
Noch passender dazu spielten sie heute früh erneut im Radio: *Geniesse die Ruhe ...* (vor dem Sturm?). Wie konnten wir nur jemals

auf diese Schnapsidee kommen, in irdischen Körpern herumzuspazieren! Immerhin weiss ich jetzt, warum ich seit drei Nächten kaum noch schlafen kann. Und immer wieder singt mir mein Radio den Song *Kleine Wunder* vor – *das Herz ist es, was am Ende zählt*. Ich habe eiskalte Hände, hoffentlich geht das alles irgendwann gut aus. Gestern abend habe ich Kris immer gesehen, wie er vor mir stand und mich traurig ansah. Warum kapiere ich nicht endlich, dass es wahr ist, was ich alles sehe! Ich sehe sie alle, ich sehe auch Kris, aber ich habe irgendwann mal gelernt, es nicht ernst zu nehmen.
Mir wurde immer eine „blühende Fantasie" bescheinigt. Dabei ist es die Realität! Warum muss das alles so schwer sein! Und ich habe das dringende Gefühl, *sie* stehen die ganze Zeit hinter mir, aber ich sehe sie nicht wirklich – siehe oben - und sie erklären mir nicht, was hier vor sich geht. Vorhin war Angie zum Frühstück hier, und wir haben auch Karten gezogen. Ich hatte Jesus gezogen: „öffne dein Herz für Liebe". Warum sagt ihr das nicht mal meiner schnuckeligen Dualseele? Die Post brachte mir mitten drin das nächste Werbe-Schild von der Bank: *Dies wird mein Jahr!*

23. Januar

Habe Kris gerade noch einmal gesimst und gefragt, wie er sich heute fühlt ...

> *es ist ein kleines wunder, ausgeglichen und gleichmässig, wunderschöne sanfte energie. danke Cathérine xxx*

kein wunder – einfach liebe xxx

Mein Schicksal scheint es zu sein, diesen Mann in aller Stille zu lieben, damit es uns beiden gut geht. Das ist wohl alles.
Na dann werde ich die nächsten Jahre mal so weiter machen und beten, dass ich den Job irgendwann erledigt habe. Mehr will Gott nicht von mir. Gut, dann soll es halt so sein. Ich darf ihn nicht absägen, mehr erwarten darf ich aber auch nicht. Ich werde den Rest meines 3D-Lebens anscheinend so daher fliessen müssen.

Eigentlich müsste ich mit ihm telefonieren wollen und all das, wie früher, aber ich fühle kein Verlangen danach. Keine Ahnung ob das gut ist oder schlecht. Vielleicht ist es wirklich nur so gedacht, dass wir in Verbindung bleiben, ich meine Lehren lerne, er so weitermacht wie bisher, und ansonsten alles vor sich geht wie immer?

Mein Ego wollte partout, dass Kris ebenso seine Lektionen lernen und ruhig auch ein bisschen leiden muss und dass er ebenso wie ich mit Zeichen verrückt gemacht würde. Ich habe bis heute nicht erfahren, ob es in seinem Leben wirklich so geschehen ist. Es spielt auch keine Rolle mehr für mich, denn das ist *sein* Leben. Es spielt einzig eine Rolle, was in *meinem* Leben für *mich* geschieht. Es ist ja so viel einfacher, immer und immer wieder von sich weg und auf den oder die anderen zu schauen. Es ist so viel einfacher, das eigene Glück, den Ausgang des eigenen Lebens, den eigenen Lebenserfolg von einem anderen Menschen abhängig zu machen, Dualseele oder nicht. Aber ich persönlich erlebe es so: Gott will, dass wir auf UNS schauen, dass wir in uns selbst nach dem Rechten sehen, und nicht ausserhalb irgendwo anders. Mir jedenfalls hat diese Einstellung Frieden gebracht und glückselige Momente, die mit Worten kaum zu beschreiben sind.

> **Ist das nicht nur Wunschdenken? Gibt es ihn überhaupt? Den in sich ruhenden glückselig lächelnden Lichtarbeiter?**

Zeitweise, ja, und diese Zeiträume werden häufiger und länger, je weiter du innerlich voranschreitest. Wenn du erst aufhörst, die Welt persönlich zu nehmen, bist du nah dran. Jeder kann es ja leicht für sich selbst ausprobieren!
Aber Achtung: das geht nicht ex und hopp, wie sonst in unserer Konsumgesellschaft üblich. Seelenbelange erfordern etwas mehr Durchhaltevermögen und eine gehörige Portion

Eigeninitiative. Das ist die einzige Hürde, aber sie ist für manch einen von uns riesig. Wir sollen Löwen sein!

„danke der nachfrage liebe Sabine,
es geht Kris heute viel besser. weisst du, er wird zur tagesordnung übergehen. ich glaube langsam, so ist es gedacht, dass ich lerne, und er nicht, dass er mir nur zeigt, wie ich mit meinen energien umgehen muss usw. und dass sein leben weitergeht wie bisher. ich habe auch kein verlangen, ihm jetzt mehr druck zu machen oder so. wenn die da oben ihn aufwecken wollen, werden sie das tun, denn das können sie. da sie es aber nicht hinkriegen, muss ich davon ausgehen, dass es auch nicht so gewollt ist. also gut, dann gehe ich auch zur tagesordnung über - und liebe ihn weiterhin im stillen, den dummen alten bären. sanft wie schafe, und das grösste aller schafe sitzt vor diesem computer."

Kris bringt mir wahrhaftig bei, bedingungslos zu lieben, mehr tut er wirklich nicht – und nicht weniger. Wäre ich anderweitig verheiratet oder wäre meine Dualseele verheiratet, wäre es (für das Ego) leicht, „bedingungslos" zu sein, denn man hätte ja seine Verpflichtungen dem jeweiligen Partner gegenüber. Gute Ausrede, um sich nicht völlig einlassen zu müssen! Aber ich in meiner Situation hätte allen Raum der Welt, mir zu wünschen, mit Kris zusammen zu sein. Ich bin frei, und er ist es auch. Er lehrt mich, ihn bedingungslos zu lieben, eben nicht mehr zu wünschen, und ich fühle unter den Schichten von Trotz und Beleidigtsein die Dankbarkeit für diesen Liebesdienst.
Er hat eingewilligt, hierher zu kommen, in dieses Leben und alles Wissen wieder zu vergessen, so lange, bis **ich** mich an alles erinnert habe. Und vielleicht darüber hinaus ... Das ist unsere Seelen-Vereinbarung gewesen. *JETZT werde ich mich an jedem Tag erinnern* – oh ja, ***ich*** werde das. Das mindeste, was ich ihm dafür zurückgeben kann, ist meine Liebe. Ich schicke ihm jetzt einen schnulzigen Song, basta.

wundervoller song ich habe auch so einen xxx

kenne ich ihn?

nein er ist neu x

Kris, würdest du mir erlauben ihn anzuhören? xxx

noch nicht, ich arbeite noch daran x

ok, ich werde warten. bitte vergiss es nicht x

Walgesang ...
Und mitten in dem besagten Song singt er: *bist du glücklich?* Er hat den ganzen Abend mit mir verbracht. Welches Glück ich doch habe! Ich sollte wirklich aufhören zu glauben, ich hätte nichts, denn ich habe alles, was man auf dieser Welt nur haben kann!
Ich bin die reichste Frau der Welt.

25. Januar

Ermüdend finde ich das, immer und immer wieder in den Beratungsmails ganz vorne in meiner Geschichte anfangen zu müssen. Ich bin nicht mehr ganz vorne in meiner Geschichte, warum muss ich also immer und immer wieder dahin zurückwandern?
Ist das eine ernstgemeinte Frage? WINK WINK Was meinst du, warum all diese Menschen mit ihren „Anfängerfragen" ausgerechnet zu dir kommen?
Es x-mal im Geiste durchgehen, es damit immer wieder ins Leben zurückholen?
Das nennt man Wiederbelebung, sozusagen lebensrettende Massnahmen! Aber du begreifst es nicht!
Kris und ich haben uns auf eine neue Stufe begeben, nun zumindest ich habe das getan, was er tut ist ja zweitrangig. Und

ich beabsichtige, noch weiter zu gehen. Was soll ich da viel Zeit mit Grübeln in Anfängen vertun?
Manchmal muss man eben zurücklaufen und noch einmal von vorn beginnen ...
Meine persönliche Planung reicht übrigens derzeit immer nur bis zum nächsten Tag, ich bekomme nicht mal einen Friseurtermin auf die Reihe. Da bleibt zu hoffen, dass der Friseur flexibel und spontan genug ist. Was weiss ich, wo ich heute in einer Woche bin! Vielleicht schon in England, hahaha. Im Ernst, wer weiss das alles schon? Mich zeitlich festlegen zu müssen fühlt sich auf einmal entsetzlich an, da will doch so viel Schönes auf uns zukommen, so viele Wunder, ich lasse mich lieber überraschen! Meine Güte, wenn dies jemals mein Exmann liest; er hat sich immer beschwert, dass ich alles ellenlang im Voraus durchplanen musste ... das wäre mir heute jedoch ein Greuel. Ich vertraue heute darauf, dass es dann, wenn es so weit ist, schon irgendwie gehen wird. Das Finanzielle betreffend *musste* ich die letzten Jahre so denken, sparen war mir nicht möglich, und es ist *natürlich* immer gegangen. Dadurch begann ich, ein gewisses Vertrauen ins Leben zu entwickeln. Ja, es war wirklich eine sehr lehrreiche Zeit! Es ist immer für alles gesorgt, und was wir nicht haben, das brauchen wir nicht. Alles wie immer ganz einfach!
Es gab schon mal eine Zeit, in der ich so lebte und dachte - eigentlich gar nicht viel nachdachte ... Gestern wurde mir eine exemplarische Szene in der Meditation mit meinem inneren Kind gezeigt: Ich sah mich als 8jährige auf der Schaukel im Nachbarsgarten, ich hatte plötzlich wieder dieses Gefühl absoluter Freiheit – beim Schaukeln musste ich immer singen, und es war wie fliegen, ohne Kontakt zum Erdboden, völlig die Zeit vergessend und nicht an morgen denkend.
Das schönste Gefühl der Welt! Das ist es, genau das ist es.
Zu wissen, wenn ich genug geschaukelt und gesungen habe, gehe ich einfach wieder zurück nach Hause, dort gibt es alles, was ich brauche, es ist alles da und wartet auf mich, bis ich ausgeschaukelt habe. Und morgen kann ich wieder hierher kommen, aber daran denke ich jetzt noch gar nicht, jetzt ist nur

das Singen und Fliegen wichtig ... Manche würden diese Lebenseinstellung verantwortungslos finden, aber ich persönlich merke, es ist die einzig wahre und angemessene Einstellung.
Ich vernachlässige nicht meine Pflichten, aber ich erledige sie dann, wenn sie dran sind, und nicht schon Wochen vorher in meinem Kopf, denn dort können sie gar nicht erledigt werden. Es gibt eine Instanz in mir, die mich immer rechtzeitig erinnert und mich auf zu erledigende Dinge rechtzeitig hinweist, ganz so, als ob ich einen persönlichen Berater hätte, einen Assisstenten, der mich erinnert, wenn es soweit ist, etwas zu tun. Bei allem soll ich mich fragen: *Ist dies genau das, was ich JETZT am liebsten tun möchte?* Und meistens gibt es eine Auswahl. Dazu gehört auch bügeln und Wäsche waschen und putzen, ja, tatsächlich entscheide ich mich auch für diese Dinge, aber zum rechten Augenblick. Alle Aktivitäten finden ihren Platz, auch die, die ich auf den ersten Blick als nicht so attraktiv eingestuft hätte. Alles hat seine Zeit. Und meistens singe ich bei all dem, eigentlich singe ich den ganzen Tag. Habe ich einmal keine Lust auf Musik, weiss ich sofort, da muss ich jetzt genauer hinschauen, warum singe ich nicht mehr? Dass es so einfach ist, ist schon beinahe verblüffend! Fühlt sich fremd an, aber eben doch altbekannt und vertraut, denn ich habe eine Menge Jahre meines Lebens so verbracht, schaukelnd in einem Nachbarsgarten mit einem Lied auf den Lippen. Diese Welt ist echt verdreht! *Noch sitzt du in der letzten Reihe, aber bald wird sich alles umkehren, und dann sitzt du in der ersten!* Das sagte mir einmal zu Beginn meiner Zeit mit Kris eine Lehrerin im Traum, und zwar so eindringlich, dass ich es bis heute nicht vergessen habe. Dieser Traum von einem Schulbesuch gab mir damals wahrhaftig mein persönliches Programm vor!
Diese Email fand ich nach einem wohligen Mittagsschläfchen in meinem Postfach vor:

hi liebste C, seit 2 tagen ist alles gut, sehr bemerkenswert! wie ein schalter, der an- und ausgeknipst wird. heute geht es mir gut und ich gehe mit dem hund in den park. love x und was immer du für richtig hältst, sende es mir, über die Geistführer, bitte schick es mir x

Ich habe vor Erleichterung geweint. Kris will endlich hinter den Vorhang schauen! Alles ist gut, schreibt er! Es ist ein einziges grosses, ganz grosses Wunder! Als ich geschlafen habe, müssen sie irgendwie die Realität verändert haben. Ich schickte ihm als *song of the day*: *Ferne Sterne.*

> *hey, dies ist mein lieblingssong seit drei monaten. Cat, versuchst du mir etwas zu sagen? hahaha x*

nein, das ist MEIN lieblingssong seit drei monaten. ja ich versuche dir etwas zu sagen haha xxx

Als seine Mail kam, lief der Song, den ich ihm geschickt hatte, *zufällig* parallel dazu hier im Radio ... Aber wirklich nur rein zufällig! Mein Herz rast wie nach einem Sprint, ich hoffe, es geht ihm gut. Ich MUSS an etwas anderes denken, sonst leidet er wieder. Meine Hände sind eiskalt, mein Kopf glüht. Ich glaube, ich gehe am besten in die Badewanne.

später

Ich habe Kris eine SMS geschrieben und ihn gefragt, ob es ihm gut geht. Seine neuerlichen Herzprobleme fingen exakt zur selben Uhrzeit an wie meine, schreibt er. Wie soll das weitergehen?
Mitten drin erscholl es aus meinem magischen Küchenradio: *the light of stars* ... lalala.
Ich sag dir was, wenn ich jetzt solche Schnulzen höre wie *Zwei Herzen*, oder jemand singt schmachtend *fühlst du dasselbe?*, dann reicht es bei mir nicht mal mehr für einen Lacher. Von Romantik ist echt in einer Dualseelenverbindung kaum eine Spur! Das Einssein ist knallharte Realität!

27. Januar

Erster Song heute früh in meinem magischen Radio: *Hinter blauen Augen.*

Kris, ich erinnere mich, dass du damals bei unserer vorletzten begegnung sagtest: mein herz ist wieder gesund, ich lebe wieder, brauche keine tabletten mehr. was ist passiert seitdem? ich mache mir immer noch sorgen x

Sandra schrieb mir auf meine verzweifelte Frage gestern abend Folgendes:

„Du hast es richtig gemacht. Die geistige Welt sagt, dass es nötig ist, ihm die volle Wahrheit zu sagen. Erzähle ihm ruhig davon, dass man dir gesagt hat, dass zwischen euch beiden einmal mehr werden wird. Mit der Atmung hast du ihn in einem schwierigen Moment getragen. Dein Körper macht dies sehr oft in anderen Bereichen des Lebens einfach so. Diese Erfahrung solltest du bewusst machen, damit du bewusst erlebst, wie es ist. Es ist nicht nötig dich auf allen Ebenen zu disziplinieren. Heute wurdet ihr neu aufeinander abgestimmt. Jetzt ist die Schwingung wieder überein. Negative Schwingung der Außenwelt wird euch beiden nichts anhaben können und auch nicht die Liebe schmälern oder verändern können."

„Gott stehe uns bei, Sandra, ich habe ihm also per email alles gesagt, was ich weiss und was ich ihm bisher vorenthalten hatte. jetzt nimmt das schicksal seinen lauf, und ich hoffe wirklich, dass die da oben wissen, was sie tun.
danke nochmals, liebe Sandra. falls wir die welt retten, hast du erfolgreich daran mitgearbeitet ;-) falls nicht, wünsche ich dir noch ein schönes leben. alles liebe,
Cathérine"
(Man erahnt, wie ein Eimer Popcorn weitergereicht wird.)

Natürlich hatte mein Ego nur deshalb die Flucht nach vorn angetreten, um dem Ganzen zu entfliehen, nicht etwa, um der Einheit näher zu kommen. Es war doch klar, dass Kris nicht auf soviel Druck eingehen würde, denn sein Ego ist bekanntlich noch grösser als meins!

> **Wieso, hatte das alles denn etwa nichts mit Liebe zu tun?**

Nein.

Kris, ich hoffe du wirst frieden finden so wie ich, und hoffentlich werde ich lernen mit deinen herzattacken zu leben ...
meinst du, wir werden das eines tages hinbekommen?

> *kein problem süsse x*

danke Kris ... und, glaubst du, was ich dir über unsere geistführer erzählt habe?

> *ich versuche es, so lange es nicht zu weit hergeholt ist und nicht zu unglaublich. danke für alles. aber bitte werde nicht besessen davon haha*
> *xxxxxxxxxxxxx*

.

.

.

.

.

... besessen? spinnt der?!?!

die dinge, die sie uns sagen ... du solltest sie nicht mit deinem kopf lesen sondern mit deinem herzen, und das weisst du. niemand würde unsere geschichte je glauben, aber sie passiert. erzähle irgend jemandem, dass ich in deinem körper atme während ich nachts träume. wer würde das glauben? aber es passiert.
wenn du nur mein buch lesen könntest, dann würdest du es verstehen. aber es wird schon seinen sinn haben, dass du es nicht kannst. ich bin nicht besessen, ich bin mit meiner dualseele verbunden. wir sind numerologisch 11:11, haben konstante telepathie, wir teilen uns ein komplettes chakra system. ich konnte hunderten von menschen helfen indem ich ihnen erzählte, was wir beiden erleben. und wir sind nicht die einzigen. kein grund also, besessen zu sein!

verstanden x

Ich weiss nicht, was geschah, aber angesichts dieses einen lapidaren Wortes gingen mir die Lichter endgültig aus! WUT!!! Aus heiterem Himmel explodierte ich innerlich! Später wurde mir klar, dass das *seine* Wut war, die auf mich übersprang. Und doch auch gleichzeitig meine Wut, weil ich erneut mit dem Unglauben konfrontiert wurde, diesmal ausgerechnet dem Nicht-Wahrhaben-Wollen von dem Menschen, dessen Zustimmung mir am wichtigsten war.

mein lieber Kris, ich erinnere mich, dass du es warst, der es zuerst eine spezielle verbindung nannte. du warst es, der zuerst von der gewissen elektrizität zwischen uns sprach. du warst es, der mir zuerst am telefon erzählte, dass er mich bei sich fühlt und dann laut mit mir spricht als ob ich wirklich da wäre. zu dem zeitpunkt würde ich das niemals erwähnt haben, denn ich fürchtete, du würdest mich für verrückt halten.
du warst es, der mir haargenau wort für wort in einem brief das erzählte, was ich nachts zuvor geträumt hatte.
und du warst es, der mir schrieb: denke nicht so energiegeladen, nachdem ich gerade diesen doofen stern namens sirius angesehen und mit dir geredet hatte. ich habe all deine emails auf meinem PC gespeichert. ich träume das definitiv nicht!

ich wünschte ich könnte genau so schnell vergessen wie du. das leben muss so viel leichter sein damit. bist du also glücklich? nein bist du nicht, oh warum denn nur?

halt endlich die klappe du bescheuerte kuh

Schock.

gut, wie du es willst. im märz werde ich also nicht da sein, gib die tickets jemand anderem. ich könnte es nicht ertragen, in deine augen zu sehen und dabei zu wissen, was du von mir denkst. wenn du wirklich denkst, ich wäre besessen, muss ich das akzeptieren. du kennst die wahrheit und bist zu ängstlich sie anzuschauen.
ich fürchte du wirst niemals das finden, das dir fehlt und dass dich so fühlen lässt, als wärst du nicht vollständig. denn was du suchst bist ganz einfach DU. es ist das wahre DU – und du versuchst, es vor dir selbst zu verstecken. während du mich ansiehst, kannst du es sehen, denn ich bin dein spiegel.
und das ist nicht meine besessenheit, sondern ein spirituelles gesetz. ich verlasse dein leben auf der stelle. good bye.

> *oh mein Gott, das ist unglaublich! nun, alles was ich sagen kann ist: verzeih mir Cathérine, ich habe keine anderen worte. also hab ich wieder mal alles weggeworfen, nicht wahr? danke, dass du mich auf diese weise entlässt. ich verstehe es nicht. sorry, sorry!*

dies ist eine automatisch erstellte elektronische antwort. die original nachricht wurde am 28 januar um 19:39:15 generiert. es tut uns leid Sie informieren zu müssen, dass diese nachricht an eine oder mehrere zieladressen nicht übersandt werden konnte, da der empfänger die nachricht blockiert hat.

Sekunden später, SMS von Kris:

sorry, sorry, sorry, sorry x

Am nächsten Tag

Nachdem ich drüber geschlafen habe ... *Niemals* hätte ich ihn so sehr bedrängen dürfen. Gott allein weiss, wie mein Leben jetzt weitergehen wird nach diesem Schock.
Und jetzt schreibe ich ihm noch einmal, er hat es trotzdem nicht verdient, dass ich ihn so sitzen lasse.
Ja, das tue ich. Ja, das tue mal!

Kris,
es wäre keine wahre liebe, wenn ich nicht auch deine wut akzeptieren könnte. also, kein grund etwas zu vergeben oder sich zu entschuldigen. du hast mir nur eine weitere seite von dir gezeigt, und ich glaube, das würde jemand nur tun, wenn ein gewisses mass an vertrauen vorhanden ist. ABER ich weiss wer ich bin, und niemand auf dieser erde darf mich so beleidigen, wie du es gestern getan hast, ausgeschlossen.
es existieren keine worte in diesem universum, die jemals wahre liebe zerstören könnten.

liebe ist ein zwilling, sie hat zwei gesichter. zwei seiten wie ein januskopf, die berühmten zwei seiten der medaille. was bedeutet das?
es ist leicht, jemanden zu lieben, der einem schöne worte sagt, der einem komplimente macht und dabei auch noch hübsch aussieht. ja, das sind flitterwochen-gefühle pur. aber es gibt den berühmten magischen satz, und das nicht ohne hintergrund: *in guten wie in schlechten zeiten.* kannst du deinem geliebten fest ins auge blicken, dich von ihm beleidigen lassen und dabei wahrhaft weiterhin fühlen: *ich liebe dich unendlich*?
erst, wenn du das kannst, mit reinem herzen, dann ist es wahre liebe. erst wenn du seine dunkle seite vollkommen *in liebe in dir selbst* annehmen kannst, dann ist es liebe. ich liebe dich in deinem so-sein, egal was du sagst oder tust. ich liebe dich, weil du du bist. auch wenn du mich beleidigst, beschimpfst, mich verletzt, denn so bin auch ich. im zweifelsfall werde ich eine räumliche distanz zwischen uns bringen, aber die liebe, sie bleibt davon unberührt. dennoch und gerade *weil* ich diese liebe in mir fühle, setzte ich jedoch mich selbst und mein eigenes wohl an erste stelle und ziehe meine konsequenzen aus deinem verhalten.
das fällt vielen menschen schwer zu verstehen. bei den meisten hört das verständnis eben schon bei ihrem partner auf. in dieser dualen welt kann es niemals nur licht geben, der schatten muss da sein, und je mehr licht du wirfst, desto stärker wird der schatten des anderen hervortreten. du liebst die schatten aus ihm heraus, damit sie angesehen werden können. alles darf angesehen werden, dazu ist es erschaffen worden. und liebe macht sichtbar, das ist ihr wesen. das ego prallt entsetzt zurück, denn es erwartet beim thema „liebe" beständige heile welt im sinne von *alles ist rosarot.* esoteriker würden es als „lichtvoll" bezeichnen, aber der volksmund nennt es eben rosa.
doch die liebe zeigt uns, dass ein ganzes hier in der dualen welt immer schwarzweiss ist, versinnbildlicht im yin und yang-zeichen. es muss immer der schwarze fleck im weissen sein, und ebenso der weisse im schwarzen.

dann erst ist es vollständig, eins, ein ganzes und in sich in der einheit. nehme ich nun den schatten im partner an, nehme ich gleichzeitig den schatten in mir selbst an, denn mein partner spiegelt mich selbst, er zeigt mir mein eigenes inneres, und je näher er mir steht, desto deutlicher spiegelt er.
danke also deinem partner, wenn er in grösstem vertrauen sein dunkles gesicht zeigt. nur dem menschen, dem man hundertprozentig vertraut, kann man sein ganzes wesen zeigen ohne fürchten zu müssen, dass er sich abwendet. das thema hatten wir hier schon einmal.
liebt einander!“

Jetzt verstehe ich den Satz: *Gott macht aus Niederlagen Siege.* Zumindest aber macht er gute Texte daraus.

„guten morgen Maya,
gestern abend im bett hab ich geatmet und dann darum gebeten, dass erzengel michael, meine geistführer und sananda zu mir kommen, weil ich die bänder zu Kris durchtrennen will, und zwar alle, die möglich sind.
schwupp, sassen sie da wie ein gremium, und ich hab mein ansinnen vorgetragen. als wir gerade anfangen wollten, sprang einer der sirianer auf und rief: *halt, das verstösst gegen göttliches dekret*! (was ist denn das für ein ausdruck?)
den zweiten satz habe ich vergessen. es wurden dann nur die üblichen fäden getrennt.
ich brech zusammen, wenn das so weitergeht. hab ich mir das nun auch nur eingebildet? es lässt mir keine ruhe. wenn dieses leben doch nur zufallsgewürfel ist, warum hatte ich immer den platz in der ersten reihe? vielleicht erhellt mein horoskop noch zusätzlich die situation, das hoffe ich sehr. danke, dass Jan es für mich erstellen wird. das ist sehr lieb von ihm. vielleicht sind wir doch keine dualseelen? mein Gott, ich hatte nicht gedacht, dass ich daran jemals wieder so stark zweifeln würde. aber es war klar, ich war endlich ganz sicher – da musste die prüfung ja kommen, und diesmal auf die weise, wie es mir am meisten weh tun konnte: indem Kris selbst mich beleidigt und allesnoch

einmal kräftig leugnet. nach allem, was war! ach Maya, ich wusste endlich, wer ich bin, alles war komplett seit Kris aufgetaucht war. das hab ich mir nicht eingebildet. er war nicht mein erster mann, wie du weisst. ich kenne den unterschied, wie sich das sonst anfühlt und wie sich dies dagegen anfühlt, bin ja kein kind mehr! wie sollte eine lüge unzählige menschen berühren, ihnen helfen und sie verwandeln? so wie meine bücher und webseiten? die beste seite über dualseelen im internet, das wurde mir mehrfach gesagt. wie sollte das sein, wenn wir keine dualseele wären? drück mir die daumen, dass ich dahinterkomme. am endergebnis mit Kris ändert das zwar nichts, aber ich will meinen glauben nicht verlieren!"

„hallo lieber Mark,
zu der herzensfrage will ich dir folgendes sagen:
all mein leid und meine vielen abstürze rühren aus genau der tatsache, dass ich vom ersten augenblick an gewusst habe, dass das der mann meines lebens ist - und ebenso hat vom ersten augenblick an alles dagegen gesprochen, inkl. ALLER menschen die mir bisher begegnet sind, inkl. mein eigener verstand, meine familie, alle. was also ist wahrscheinlicher, wahr zu sein?
die äusserliche beweislast ist erdrückend, und ich muss ein normales leben führen, sonst ende ich vermutlich wirklich einsam. mein herz schwört vor jedem gericht Gottes, dass niemals ein anderer mann in frage käme. aber wir leben hier auf der erde und nun einmal nicht im himmel. ich würde für diesen mann sterben, ich verzeihe ihm alles, immer, seit anfang, ja ich weiss dass es nicht mal etwas zu verzeihen gibt, und ich will vor allem anderen *seine* gesundheit, *sein* glück. und ja, ich würde ewig auf ihn warten. aber so funktioniert das in 3 D eben nicht. mein herz muss sich irren, denn es können sich ja nicht alle anderen irren. oder doch?
absolutes vertrauen und hingabe zählen in dieser welt nicht, liebe zählt nicht, leider. ich bin ein ausgestorbenes exemplar oder so, ein dinosaurier. nicht von diesem planeten eben. ich verdanke diesem mann alles, meine fähigkeiten, mein bewusstsein, er nämlich hat es mir in mir gezeigt, ohne ihn konnte ich mich selbst

nicht sehen. was würdest du nun tun? niemand will das hören, dass man sich nur *einem* anderen herzen in hingabe verpflichtet hat. bis über den tod hinaus. das ist unmodern! aus dem himmel schauen sie alle auf mich herunter und fragen stumm:
was wirst du nun tun?"

01. Februar, 01:12 Uhr nachts

> *C., ich habe niemals über UNS gelacht oder über diese bezaubernde neue geschichte. ich respektiere dich und niemand wird mich jemals wegschicken. xxx*

Neue Geschichte? Nicht wegschicken???? Oh, er hat mitbekommen, dass ich erneut versucht habe, das Band zu trennen und darum gebeten habe, dass Erzengel Michael ihn wegschickt ...
Oh mein Gott, mir war wirklich nicht bewusst, dass es für ihn alles neu sein muss, er hat die letzten zwei einhalb Jahre ja gar nicht bewusst erlebt, er beginnt tatsächlich erst jetzt, aufzuwachen. Ich habe ihm vollkommen unrecht getan. Oh mein Gott, Kris. Als er letzte nacht diese Email schrieb, wachte ich auf und notierte einen Traum, und zwar genau um 1:09 Uhr. Ich hatte geträumt, das er mir schreibt, er sei mir nicht mehr böse ...

02. Februar

momentan geht es mir gut, süsse. wenn ich so darüber nachdenke ... sende dir küsse auf dein zauberhaftes gesicht xxx

„liebe Sabine,
... jetzt weiss ich auch, was das für eine gewaltige energie war, vorgestern auf der couch als ich mir den einen schwachen moment gegönnt und trotz allem in liebe an Kris gedacht hatte. in dem moment habe ich mein herz geöffnet. das war es! es ging einen spalt auf und sofort wuuusch wurde alles geflutet! Kris hat nämlich geschrieben, er war es nicht. es ist ein einziger wahnsinn,

was ich hier erlebe, wirklich. aber es geschieht. wir haben uns also wieder vertragen, natürlich – was auch sonst? ich konnte ihm von herzen vergeben, und er kam pfeilschnell wieder zurück. warum muss das alles so schwierig sein? lachen die da oben schon über uns?"
(Wir lachen seit dem ersten Augen-Blick, aber wirklich nur, weil wir euch lieben.)

sehr spät abends

Heute war also Jan, der Astrologe hier, den meine Freundin aufgetan hat, und der schaute für mich in mein Horoskop. Vielleicht wäre ein neuer Mann für mich auf dem Plan und er würde ihn im Horoskop sehen, so meinte er.
Bevor der Astrologe kam, mailte mir Kris einen Song, Titel: *Bleib bei mir*. Ich hätte so gern geweint, aber da schellte es auch schon an der Tür. Als mein Besuch gerade Platz genommen hatte, fing im Küchenradio *Light of Stars* zu spielen an. Kris war also ebenfalls anwesend ...
Der Astrologe schaute den ganzen Abend angestrengt in meine Daten und sah alles – den Tod meiner Mutter, meine Ehe und ihr Ende, die schwere Geburt meiner Tochter. Nur Kris, den sah er nicht. Nein, da sei keine karmische Beziehung, denn die würde man im Horoskop sehen, wurde mir erklärt. Wie kann der wichtigste Mensch in meinem Leben nicht im Horoskop erscheinen! Im Mai und Juni stehen die Chancen gut für einen neuen Partner, meinte der Astrologe. Blablubb. Ich hörte ihm schon kaum noch zu. Wie sollte ich ihm auf die Schnelle erklären, dass es für mich mal eben so keinen anderen geben wird – geben *kann*? *Bleib bei mir* ... Dann sei der Mars im Haus der Venus oder was weiss ich. Von mir aus, dachte ich, nur zu. An mir wird das spurlos vorübergehen! *Bleib bei mir ...*
Und auf einmal kapierte ich die Botschaft des Astrologen für mich: Er hat mir aus Versehen bewiesen, dass Kris meine Dualseele ist, denn er ist nicht separat in meinem Horoskop zu finden, ***weil er ICH ist***. Und wir haben kein Karma miteinander, wir sind ja *aus einem anderen Grunde* zusammen hier auf der Erde

... Meine Theorien bestätigen sich gerade auf unvorhergesehene Weise! Er hat meine anderen - karmischen - Seelenpartner alle gesehen. Nur den Mann nicht, der mein Leben verändert hat ... den gibt es angeblich gar nicht in meinem Leben. *Bleib bei mir ...*

Ihr reist inkognito unter einem schützenden Stern, was dachtest du denn!

6. Kapitel
stand by me

Das Gefühl, das die Erkenntnis gestern abend begleitete, war unbeschreiblich: eine Kombination aus Herzklopfen und ein sofortiger Eindruck absoluter innerer Klarheit. Der Astrologe hat ja keine Ahnung von Dualseelen – er weiss nicht, dass gilt: *es KANN nur einen geben*. Wie soll man das einem Aussenstehenden erklären? Immerzu redete er von einem Mann, den ich auf einer Party kennen lerne. Ich gehe gar nicht mehr zu Veranstaltungen mit vielen Menschen, weil ich die Energien derzeit nicht handhaben kann. Alles und jeder andere kann ausserdem immer nur ein Abklatsch vom Original sein. Es ist so ... du suchst immer nur IHN in jedem anderen Mann, suchst eine Spur von ihm in dessen Augen, dessen Gang, seiner Stimme, seiner Kleidung, so, wie du es dein Leben lang getan hast. Es ist, wie es ist. Eher lieber alleine weitergehen, aber keine Kompromisse mehr! Du hast die Wahrheit gesehen, und nichts anderes kann sie ersetzen!
Ich wünsche mir, dass eines Tages *der* Tag da ist, an dem ich der Welt sagen kann: *Seht ihr, ich habe die ganze Zeit gewusst, dass es wahr ist, und ich habe nicht vergebens vertraut*! Nicht, um mir Kris zu angeln, nicht um unbedingt Recht zu haben, sondern weil es anders nicht sein kann, oder die ganze Welt ist verrückt.
<u>Das wirst du auch eines Tages sagen, aber nicht so, wie du dir das jetzt aus deinem engen Blickwinkel heraus vorstellst ...</u>

„liebe Maya,
wenn du jemals mit deinem dual physisch auch nur im gleichen zimmer warst, wenn du diese vollständige perfekte energie erlebt hast, dann weisst du, dass jegliche regung richtung „anderer mann“ nur aus den unteren chakren kommen kann. das sind die letzten reste alter energie, die da erlöst werden wollen, aber du würdest es nie mehr ausführen. es reizt dich einfach nicht mehr, kein bisschen.
ich kann es dir nicht besser beschreiben, aber die energie ist sagen wir mal - GANZ wenn *die beiden* physisch zusammen sind. das geht mit keinem anderen, kann ja gar nicht. und wer im himmel

war, will auch nur noch dorthin zurück. dieses gefühl, dass der gesamte raum sich ausdehnen muss, weil deine eigene energie augenblicklich so riesig ist, wenn dein seelendual nur das zimmer betritt ... und wenn er wieder weg ist, ist das zimmer leer, wie ausgeräumt.
nein, in wahrheit würde man das niemals wieder anders haben wollen. nichts kann dem jemals auch nur entfernt nahe kommen. das hat nicht etwas mit „lieben" als gefühl zu tun, es ist rein energetisch so gewaltig, da brauchst du das herz noch gar nicht nach seinen gefühlen gefragt zu haben. es ist zu gross, als das es jemals durch etwas anderes ersetzt werden könnte, selbst wenn du wolltest. du kannst Gott nicht ersetzen."

Heute ist etwas bisher noch nie Dagewesenes eingetreten: ich habe nicht eine einzige private Email bekommen! Ich glaube, seit bestehen meines eigenen Computers hat es das noch nicht gegeben. Leere ... Es ist furchtbar. Ich habe auch den ganzen Nachmittag wieder geschlafen, bin antriebslos bis dorthinaus, hoffentlich werde ich nicht noch depressiv! Ganz schrecklich, habe nicht mal mehr Lust zu lesen. Ich führe das Dasein eines Zombies! Eine lebende Tote ... Lichtkörperprozess!
(Räuspern.)
Aber das andere, alte Leben ist mir bekanntlich auch versperrt, dorthin zurück kann ich auch nicht. Vermutlich habe ich alles, alles falsch gemacht? Man soll ja seinem Herzen folgen, na, da kann ich nur hoffen, dass mein Herz einen Stadtplan dabei hat. Mist, ich habe einfach keinen Antrieb. Vielleicht ist es ja morgen besser? Seit dem elenden Crash habe ich auch keine Lust mehr zu meditieren und all dies Zeugs. Ich lebe gar nicht mehr wirklich. Wie lebendig war ich dagegen in der turbulenten Zeit mit Kris!
Du wirst wieder leben, ich verspreche es dir, mein Schatz.
Am Ende wird es so sein, dass alle, die sich einen Dreck um die Liebe gekümmert haben, alles haben, und ich dummes Schaf gehe geduldig leer aus. Die anderen haben es so leicht! Seit Jahren schaue ich ihnen dabei zu.
Sie haben alles – und doch nichts, denn den wahren inneren Wert der Welt, den übersehen sie ... Vergleiche dich nicht immerzu mit

den anderen, jedes geht seinen Weg, und du bist einzigartig. Was nützen dir all die Gaben, die dich an der Oberfläche deines Seins halten? Du selbst bist es, die tiefer blicken will, die gelobt hat, genau dies zu tun.

„guten morgen liebe Bibi,
danke dir sehr für deinen kommentar zu meinem blog. ja, vielleicht blicken wir eines tages zurück und haben die gewissheit, dass wir **eines** im leben richtig gemacht haben ... denn angeblich stellt man sich beim lebensrückblick nur die eine frage: wo habe ich noch nicht genug geliebt? und wo *habe* ich geliebt?
heiligsprechung ist wieder so ein menschending, für *die da oben* ist jeder mensch von natur aus heilig. die meisten menschen werden das alles niemals nachvollziehen können, sie werden diese liebe niemals wahrnehmen, und das finde ich erschreckend. aber es ist eben so, ein jedes geht seinen weg.
und dieser weg ist wirklich auf seine art enorm schwierig. viele "freunde" wenden sich ganz ab, und die, die geblieben sind, meinen es "gut" und versuchen allerlei, um mich wieder zu einem, wie sie es nennen, "normalen" leben zurück zu bewegen. sie haben einfach nicht verstanden, dass man diese liebe nicht wieder ausknipsen kann. wenn man einmal feuer gefangen hat, brennt man lichterloh, da gibt es kein gegenmittel. ich habe alles versucht! aber es kann keinen anderen mann mehr geben als den, der den schalter umgelegt hat. das ist eine tatsache, ich hab es ausprobiert, es ist unmöglich. die konsequenz ist, notfalls alleine weiter zu gehen, aber dafür reinen herzens.
ich habe schon sehr krasse situationen mit Kris erlebt und mich selbst nicht wieder erkannt, wie ich dabei noch weiterlieben konnte. aber genau so war es.
manchmal habe ich das gefühl, ich passe (noch) nicht in diese welt, aber ich kann auch nicht mehr zurückgehen. es gibt keinen weg zurück! liebe kann man nur erfahren, man kann sie nicht durch erklärungen übertragen. daher bleiben dies leider immer nur blosse worte. nur die, die dasselbe erleben, wissen genau, was gemeint ist.“

11. Februar

aus meinem Blog:

„merkt ihr es auch? die neuen energien? alles ist auf merkwürdige weise anders, als ob man eines morgens in einem paralleluniversum aufgewacht wäre. ich kann es schwer beschreiben, aber es ist ein gefühl wie wenn man schwimmt statt (wie bisher) auf festem boden zu gehen. mir ging es schon ein paar tage so, als ein channeling auftauchte, in dem dies genau so beschrieben wird. welche erleichterung, darüber zu lesen! es ist ein gefühl, als ob jemand die markierungspunkte entfernt und alles ein wenig die strengen konturen verloren hätte. es gibt nur wenige anhaltspunkte, wo man gerade steht, anders als zuvor, es gibt kein geländer zum festhalten beim weitergehen ... alles ist flüssig, in beständiger bewegung, und wenn man gerade meint, etwas festmachen zu können, wandelt es sich unter den eigenen händen wie diese glibbermasse, die die kinder so lieben und die so eklig grün oder pink ist. formbar, wandelbar ... auf der einen seite verunsichert diese neue grundströmung, denn wir waren es gewohnt, unsere bahnen entlangzulaufen, wie wir es immer getan haben. und nun auf einmal ist hier diese grenzenlose freiheit! diese freiheit, die eine innere vorfreude und aufregung verursacht - wo geht es nun hin? es geht nicht mehr nur geradeaus, auf einmal kann es in jede beliebige richtung vorangehen! oder gleichzeitig in mehrere!

dies sind situationen, da fehlen uns die worte, um es zu beschreiben, der übliche lineare wortschatz reicht nicht mehr aus! aber man kann es *fühlen*. als ich meiner dualseele begegnete, wusste ich eins gleich von anfang an: **nichts wird jemals wieder so sein, wie es vorher war**. und deutlicher als in diesen tagen habe ich das nie wahrgenommen! es ist bereits jetzt alles anders, und wer die transformation noch anzweifelt, der schaut einfach nur nicht ehrlich genug hin, was in seinem leben vor sich geht.

denn dies betrifft natürlich alle menschen, nicht nur die, die sich mit dem thema dualseelen oder 2012 beschäftigen. oft höre ich: "na, ich warte mal ab bis 2012, dann sehe ich ja, was da passiert oder nicht passiert." ABER: es passiert BIS 2012, nämlich jetzt schon, zeitlich gesehen nach unserem linearen verstand. wir sind schon längst da und gleichzeitig noch auf dem weg dorthin, und unser linearer verstand versucht das irgendwie zu begreifen ... die festen formen und strukturen weichen gerade auf, es fliessen neue ereignisse ein, noch nie dagewesenes taucht auf. jetzt ist wirklich alles möglich. denn wir sind bereits auf der anderen seite - und doch scheinen wir noch von unserer altgewohnten seite des schleiers aus zuzuschauen. aber der schleier lichtet sich, täglich mehr, und eines tages ist er ganz aufgelöst und wir werden erkennen, dass wir immer schon angekommen waren. ich komme mir vor wie ein zirkuspferd, dass nach endlosen jahren im zirkuszelt auf eine wiese in die freiheit entlassen wurde: etwas unsicher, weil ich auf einmal mit aller konsequenz wahrnehme, dass ich der schöpfer und meister meiner welt bin, dass ich ganz allein bestimmen kann, wo es langgeht, - aber innerlich steigt damit herrlich vielversprechend die ahnung auf, welche macht und welche chancen für mich darin liegen. dies ist eine glorreiche zeit, und es gibt nur einen ausspruch, der die situation angemessen beschreibt: DABEI IST ALLES!“

„liebe Gundi,
das einzig wichtige ist - und du weisst das so gut wie ich - dass man sich ZU SICH SELBST hinwendet, und damit zu Gott, denn nur das ist IMMER der sinn einer jeden seelenverbindung, egal wie du sie nennst, dualseelenverbindung oder nicht!
und dann dehnst du dich nach aussen in die welt aus und schaust, welche aufgaben ergeben sich für dich dort aufgrund deiner talente, deines wissens, deiner erfahrungen. vielleicht mit dem besagten partner, vielleicht ohne ihn.
wenn ich Kris nie mehr wiedersehen würde, so hätte er dennoch seinen "zweck" oder seine aufgabe in meinem leben bestens erfüllt. und ich helfe mit dem, was ich durch ihn gelernt habe,

unzähligen menschen, indem ich ihnen sage: **schau endlich auf dich selbst**. ich gebe es weiter ...
es gibt sehr wenige dualseelen, die zusammen inkarniert sind, das steht für mich fest, nach jahren der endlos vielen geschichten. die meisten paarungen sind „nur" nahe seelenpartner, was auch vollkommen richtig und wichtig ist. ich sag dir, den harten weg der gemeinsamen inkarnation mit der dualseele, den würde sich kein mensch freiwillig wünschen!
im grunde ist es also egal, aber im falle einer leidbringenden co-abhängigkeit ist es für die betroffenen wichtig zu wissen, dass sie sich sehr wohl aus der verbindung vollständig lösen können und auch sollten. solange sie jedoch an eine wie auch immer geartete heilige verbindung mit einer DS glauben, schaffen sie diesen schritt nicht, weil sie sich in dieser ewigen verbindung auf romantische weise gefangen glauben.
daher ist aufklärung gerade in diesen fällen sehr wichtig. alle DS die ich kenne, haben übrigens den gängigen internetforen den rücken gekehrt. wer sich dort noch tummelt, ist eher keine DS oder steht grad erst am anfang aller erkenntnisse, wird sich dann aber schnellstens dort abmelden. diese abstrusen energien in den foren tun einfach nicht gut. sie haben keinen bestand im land der freude und wahrheit ... und je weiter du dich entwickelst und deine schwingung anhebst, desto schwerer schleppen sich deinem gefühl nach diese foren dahin, wie eine zähflüssige masse. du wirst dich dort nicht mehr wohlfühlen und daher weggehen.

ich habe die foren frequentiert, um auf das thema DS aufmerksam zu machen und leuten hilfestellung anbieten zu können. neue informationen für mich habe ich da aber schon nach einem halben jahr nicht mehr gefunden! da war ich mit meinen eigenen erkenntnissen ganz schnell wesentlich weiter, einfach indem ich mich mit meinen themen auseinander setzte. andere meinungen verwirren meistens nur, und das kann dich ganz fies wieder zurückwerfen ... auch eigene leidvolle erfahrung! die ich nun aber ebenfalls weitergeben kann.

ich habe in meinem eigenen leben schon alles erlebt: seelenpartner, karmische partnerschaft mit wiedererkennungs-effekt, magnetische co-abhängigkeit, mehrfach das berühmte erkennen über die augen, die ganze palette.
daher weiss ich den qualitätsunterschied zu meiner dualseelen-verbindung sehr genau einzuordnen. keine meiner vielfältigen früheren erfahrungen war jedoch unwichtig, sie alle waren die vorbereitung auf meine arbeit. eben *damit* ich das zu unterscheiden lerne.
dass die leute sich verrennen kostet keine zeit wie wir uns das vorstellen, und es bringt sie auch nicht vom weg ab, in dem sinne dass sie lebenszeit verschenken. alles gehört zum weg dazu, und zeit kann man in dem sinne nicht verlieren. die seele will hier erfahrungen sammeln und das tut sie in jedem moment, somit ist *alles* richtig und wichtig und wertvoll und darf so lange ausgekostet werden wie es notwendig ist. es gibt keine richtigen und falschen erfahrungen, wenn man es aus seelensicht betrachtet."

Die einzelnen blauen Augen verfolgen mich wieder. Eben sah ich eins auf einem PKW, der mit dem Slogan warb: *Einfach besser hinein die Zukunft.* Sie sind wieder sehr präsent in diesen Tagen. Morgen ist Valentinstag, na ja, der wird dies Jahr wohl ausfallen. Letztes Jahr hatte Kris sich förmlich darum gerissen, mein Valentin zu sein. ... diese merkwürdige Stille, nichts scheint voranzugehen!
Derzeit nervt es mich wieder mehr als je zuvor: Immer werde ich nicht verstanden, immer muss ich die einfachsten Dinge tausendmal erklären. Manchmal gehen mir diese schlafenden Menschen schlichtweg auf den Wecker. Es ist schwer zu ertragen! Ja, ja, ich weiss, dass das nur eine meiner schwersten Prüfungen ist, dass es mein Ego herausfordert und ich nicht so hochmütig sein soll. Aber ich bin in einer Phase, wo mir sehr viel wieder einfällt von früher, als mich auch niemand verstanden hat, nämlich aus meiner Kindheit und vor allem Jugendzeit. Ich war immer anders, hab so viele Dinge anders gesehen und es tat mir oft innerlich sehr weh, mich anpassen zu müssen. Jetzt hab ich

die Schleife vollendet und bin wieder dort – neunundneunzig Prozent der Menschen verstehen mich einfach nicht. Mir ist unbegreiflich, was es an manchen Sachverhalten nicht zu verstehen gibt? Es nervt, wirklich, und ich wünsche mir mehr als alles in der Welt, jemanden zu finden, der mich versteht. Hier auf diesem Planeten finde ich sicher niemanden - ausser Kris.
Es ist furchtbar. Ich bin eine schwarze Ente unter lauter gelben Quietscherentchen. Und meine Dualseele turnt durch den Schneeurlaub. Heute ist Valentinstag, aber für mich hat der Tag keine Bedeutung. Entweder ist jeden Tag Valentinstag – oder nie. Diese alte Traurigkeit kommt wieder hervor, fehl am Platze zu sein, wie ein ausgesetzter Hund. Es ist *schrecklich*.

15. Februar

Heute abend geht es mir auf einmal ganz besonders furchtbar, es lief ein besonderes Lied im Radio, und jetzt kann ich gar nicht aufhören zu weinen. Ich war genau fünf Tage lang in diesem Leben glücklich, *wirklich* glücklich. Und es sieht so aus, dass das alles war, für diesmal. Ich wünschte einfach nur, jemand käme her und würde es mir erklären.
Bin schon da, Häschen!
Ist das denn zuviel verlangt? Irgendwie fing das an wegen der englischen Tierarztsendung[30] aus meiner Kindheit, die ich über alles liebe, früher schon und heute auch noch. Ich wünschte mir ganz plötzlich ganz fürchterlich, ich könnte in dieser Landschaft, die sie da zeigten, mit Kris eines Tages spazieren gehen. So etwas Albernes, natürlich ist das unmöglich, denn er will es gar nicht. Aber seitdem bin ich so traurig, und dann das doofe Lied im Radio. Gottlob haben sie es wegen der Werbung vorzeitig abgebrochen.

Wie wäre es, die Gefühle einfach mal in Ruhe zu fühlen, statt sie dauernd wegzuschieben? Sie kommen eh wieder.

Noch immer keine grossartigen Bewegungen, an allen Fronten noch immer diese merkwürdige Ruhe, dieser Stillstand, und ich hoffe, das ist ganz einfach *die Ruhe vor dem Sturm*. Gestern kam meine Tochter mit etwas Selbstgebasteltem für mich: Eine Art Rakete auf zwei Beinen mit einem einzelnen blauen Auge darauf. Wie gut, dass ich mich über so etwas nicht mehr wundere.

„liebe Paula,
es ist IMMER ein beidseitiges lernen, es ist geben und nehmen. für den einen sieht es meist so aus, dass der andere nichts lernt und man selbst die gesamte arbeit erledigt. dem ist aber nicht so.
es finden ausser den äusseren gesprächen und dem austausch über technische medien auch permanente unbewusste energetische prozesse statt; in meiner eigenen verbindung ist es beispielsweise so, dass ich heilungen bei ihm vornehme, teils völlig unbewusst. es geht also ums lernen und zusätzlich um heilung, um auflösung von mustern, um so vieles mehr. das muss nicht immer tatsächlich und miteinander im aussen ausgelebt werden. die rollen sind immer perfekt aufeinander abgestimmt.

der hinweis, dass ihr viel streitet, weist für mich aber eher auf eine karmische seelenpartnerschaft hin. der unterschied zur dualseelenverbindung ist dabei nach meiner erfahrung, dass karmische beziehungen "nach getaner arbeit" aufgelöst werden können, dualseelen jedoch bilden eine seeleneinheit und bleiben immer auf das engste verbunden. gewalt gibt es dabei nicht, streit auch nicht. es gibt missverständnisse, aber sie dauern höchstens minuten.
das kann wichtig sein für manche menschen, die sich wirklich gerne aus einer belastenden verbindung befreien wollen aber befürchten, auf immer an den anderen menschen gebunden zu sein, weil sie irrtümlich annehmen es handele sich um ihre dualseele. das ego ist natürlich von dieser idee hochbegeistert, weil es etwas besonderes ist, ur-romantisch auf seine weise, und mit sehr intensiven gefühlen einhergeht. in mancherlei hinsicht ist eine solche liebesverbindung bei den menschen hoch angesehen und absolut erstrebenswert. die ahnungslosen!

für dich ist jetzt interessant, was er dir spiegelt. er zeigt dir seiten an dir, die du an dir noch ablehnst, (das sind die punkte, die dich ärgern) oder die du an dir fördern solltest, da sie noch unterentwickelt sind. die verbindung bringt dich sicherlich an deine grenzen, welche du dadurch aber erst erkennen und überschreiten kannst! somit erweist dir die andere seele einen wahren liebesdienst und hilft dir zu werden, wer du hier in diesem leben werden möchtest. nämlich die, die du in wahrheit bist. alles andere ist nebensache."

„ hallo Angie,
überhaupt ist meine erfahrung, dass man immer mehr zum zuschauer wird, sowohl was persönliche erlebnisse angeht als auch was ereignisse anderer menschen im näheren umfeld angeht. ich lege themen sehr schnell beiseite, langwieriges grübeln wird immer seltener, und keine emotion hält lange vor. es pendelt sich immer alles schnell wieder auf einer bestimmten linie ein. weinen muss mal sein, wut ist gut, eine halbe stunde. danach hab ich das gefühl vergessen. geht dir das auch so?
ich beobachte jemanden, die ein leben unter meinem namen führt. ich kenne sie, aber manchmal ist sie mir auch fremd. ich bin mir mittlerweile bewusst, dass ich eigentlich etwas umfassenderes bin als diese person, die ich mein leben lang dachte zu sein, und dass ich nicht alleine bin; einige persönlichkeitsanteile schwirren in meinem bewusstsein herum, und zwar nicht nur mein DS! und ich bete, dass du dies verstehst und nicht den doc anrufst.
dann tritt ein mensch in das leben dieser person, die ich spiele, und ärgert sie oder was auch immer, und ich sitze wie der marionettenspieler hier oben und schaue auf die szene herunter, analysiere sie, ordne sie in den gesamtzusammenhang ein, vergleiche ursachen und wirkungen usw. das ist manchmal sehr merkwürdig! im zweifelsfall wundere ich mich kurz über das verhalten meines gegenübers, erinnere mich dann aber schnell daran, dass ich seinen oder ihren seelenplan nicht kenne und mir daher kein urteil erlauben kann.

und die beobachtete person, merkwürdig, das bin ja irgendwie ich!"

Heute bekam ich mein neues Buch, es handelt von Indigo-Erwachsenen ...[31] OFFENBARUNG! Zum ersten Mal in meinem Leben, wirklich zum ersten Mal, fühle und ahne ich, dass ich **richtig** bin - und auch am richtigen Ort! Beim Lesen habe ich die ganze Zeit eine extreme Gänsehaut, und ich könnte bei jeder Zeile weinen. Ja, das Buch ist meine persönliche Offenbarung! Vorne auf dem Cover ist ein einzelnes Auge abgebildet, aber kein blaues, sondern genau so eins wie meine Augen: grüngrau mit einem Sonnenrand rund um die Pupille ... *Doch, Fremdling, weil du Sonnenaugen hast, ...*[20] Ich bin ein erwachsenes Indigokind! *Wegbereiter einer neuen Gesellschaft* ... ach du grüne Neune!
Ein Buch über mich, aber diesmal von jemand anderem geschrieben! Wie viel Platz das in meinem Kopf schafft! Diese ewigen Fragen – sie sind endlich beantwortet! Warum habe ich immer das Gefühl, ich wäre nicht richtig, ich müsse verstecken, wer ich wirklich bin? Warum kann ich kein angepasstes *normales* Leben führen? Warum muss ich trotz aller Bemühungen immer auffallen? Mir wurde so vieles mein Leben lang vorgeworfen – angefangen von „du hältst es aber auch in keinem Job lange aus" bis „normal ist DAS nicht, mach es lieber wie die anderen!" Dabei habe ich einfach mein Leben lang schon ein untrügliches Gefühl gehabt, was für mich gut ist und was *wahr* ist. Ich war immer *viel zu* richtig für diese Welt der Lügen und Illusionen. Jetzt fühle ich mich unglaublich, so glücklich und erleichtert, alles ist unendlich richtig! Und Kris war der Anfang dieser Reise zum Selbst ... Jetzt weiss ich wo ich stehe, weiss ich dass ich es GUT mache mit meinen Träumen, Visionen und Idealen. Und dass ich anders sein darf, ja sogar **muss,** für diese ganze Erde, auf der wir leben. Und ich weiss ganz sicher, dass ich niemals erwachsen werde, weil erwachsen sein in dieser Welt lediglich bedeutet, sein wahres Wesen zu verleugnen. Das ist der wahre Geist von Peter Pan!
Es ist der Himmel, in diesem Buch zu lesen, wirklich. Ich habe verstanden, dass all meine Ideale und Träume wichtig und richtig sind, weil sie das *Gesamt*bewusstsein transformieren. Es kommt

nicht darauf an, dass ich all das persönlich erreiche, es kommt darauf an, dass ich meine hochgesteckten Ziele und Visionen in die Matrix dieser Welt einspeise! Und ich beginne ein Gefühl dafür zu bekommen, warum diese heutigen Kinder so *zerrissen* sind, welcher Druck und welche immense Kraft in ihnen schlummert. Aber sie haben es besser als ich, sie werden all das leichter ausleben können ... sie werden nicht in den 70er Jahren gross und haben selbst Indigo-Eltern.
In dem Buch steht beinahe auf jeder Seite das Wort „sanft" bzw. „sanftmütig", das ist mir natürlich sofort aufgefallen. Wieder fallen mehr und mehr Mosaiksteinchen an ihren Platz, und das grosse Bild wird stündlich klarer! Dies alles ist wie ein Traum. Ich sehe mich mit ganz neuen Augen, ich bin begeistert und beeindruckt von mir selber, von dem, was ich wirklich bin. Es ist ein Wunder, ein wirkliches Wunder. Danke Gott für dieses Buch!
<u>Gern geschehen. Die Antworten finden dich ...</u>

Jetzt halt dich fest! Kris' Herzproblematik steht auch in dem Buch beschrieben! Seine Herausforderung und Lernaufgabe als Neuer Mann ist es demnach, vom Solarplexus (Zentrum der Macht und Kraft) aus sich mit seinem Herzen zu verbinden; meine Aufgabe als Neue Frau ist es, meine Herzenergien mit meiner ursprünglich angelegten Macht und Kraft zu verbinden. Männer haben dabei grössere Schwierigkeiten, weil in unserer alten Gesellschaft des vorherigen Fische-Zeitalters (noch) alles auf blanker Macht basiert, *it's a man's world*! Das kann ja noch heiter werden, bis das Göttlich-Weibliche hier (wieder) Fuss gefasst hat und diese Welt ausbalanciert ist! Nun begreife ich, was Kris und ich hier die ganze Zeit unternehmen!

22. Februar

„guten morgen Anti,
gestern abend hab ich spontan ein bisschen abschied genommen von Kris. Es fühlt sich so an, dass ich grad wieder ein Stück mehr von ihm loslassen muss. ich hatte ihm noch gemailt, er solle wenigstens an die tickets für unsere freunde hier denken, die ihn im märz so gerne wiedersehen möchten. irgendwo zwischen den zeilen stand der ganze roman, den ich die letzten wochen im kopf hatte ...
letzte nacht antwortete er, exakt zu der zeit, die ich vorausgesehen hatte (immerhin **das** klappt noch): er habe seine freitickets bereits weggegeben, auch meins, als ich sagte, ich werde nicht kommen. er könne es aber zurückholen ...
habe ihm gerade geantwortet, dass er das ticket demjenigen lassen soll, der es jetzt gerade in händen hält. er oder sie brauche es, ich brauche es jedoch nicht.
mir würden 5 minuten reichen, damit ich ihm etwas zurückgeben kann (den hier vergessenen ohrring, du weisst), ich würde vielleicht kurz vorbeikommen und ob es möglich wäre, ihn nach der show kurz zu sehen, ich brauchte nur 5 minuten seiner zeit. und dass ich lange überlegt hatte, ob ich meinen inneren frieden durch diese konfrontation wieder zunichte machen möchte.
er solle bloss nicht denken, ich sei ein *stalkender* fan oder so, ich höre nach wie vor lieber morten harket - wenn er unbedingt gewollt hätte, dass ich zum auftritt komme, wäre ich dennoch gekommen, aber so wie es ist, brauche ich nur diese 5 minuten. für mich ist das dann der abschied. (das hab ich ihm natürlich nicht explizit gesagt).
Anti, ich brauche keine show, ich brauche nur 5 minuten, um ein letztes mal in seine augen zu schauen. dann endet es so, wie es begonnen hat: mit einem blick in seine blauen augen.
diese ganze geschichte wird langsam zur farce, es ist wirklich eine göttliche komödie. es ist alles sehr traurig und irgendwie auch lächerlich. Gott kommt auf die erde als zwei personen, die mal wieder monate der vorbereitung brauchen um sich zu begegnen. albernes spiel. blöde egos dazwischen! ich bin froh,

wenn wir den abschluss geschafft haben! einmal wird unsere seele auf unsere beider leben zurückschauen und sich königlich amüsieren - oder aufseufzen und anordnen: los ihr doofen, nochmal runter und von vorn! ich fühle mich einfach nur müde."

Ich habe mich sehr verändert ... Mein altes Leben scheint mir heute ein *anderes* Leben zu sein. Alles, was unwahr oder eine Maske ist, stösst bei mir innerlich komplett auf Ablehnung, ich fühle mich auf der Stelle unwohl damit. Dies habe ich in der Verbindung zu Kris unmittelbar zu spüren bekommen, im innersten Kern war alles wahr und unverfälscht. Daher bin ich heute sehr unbequem für die Menschen in meinem Umfeld. Ich funktioniere nicht mehr so, wie sie es gerne hätten, und ich bin sehr konsequent geworden in allem, was ich so beschliesse. Dadurch, dass ich ihre Kompromisse nicht mehr ohne zu hinterfragen ihnen zuliebe eingehe, konfrontiere ich sie mit ihren eigenen Wünschen und Forderungen, die wegen meines neuen Verhaltens unbearbeitet auf sie zurückspringen ... und dann stehen sie da mit ihrem Talent und schauen verwirrt aus der Wäsche. Ich weiss, dass ich ihnen *ihr Schicksal zumuten* darf, wie Hellinger[32] es ausdrückt. Sie haben sich das so ausgesucht, mit mir hier und jetzt im selben Spiel zu sein. Meine Verwandlung kann daher nicht spurlos an ihnen vorübergehen! Nein heisst bei mir nein, und ich setze mich selbst grundsätzlich an die erste Stelle. Und: das ist GOTTSEIDANK hochansteckend!
An jenem Tag unserer ersten Begegnung wurde ich quasi von der Wahrheit infiziert. Die Jahre davor befand ich mich mit allen anderen zusammen in der grossen gewaltigen Massenillusion. In den letzten drei Jahren seit meinem plötzlichen Erwachen konnte ich jedoch nach und nach alles aussortieren, was im Sinne der ursprünglichen Liebe und Wahrheit für *mein* Leben unwahr ist. Das fing an bei Gegenständen, ging über alte Briefe bis hin zu Möbelstücken, und Kleidung sowieso. In meinen Schränken wird es immer geräumiger! Ich *muss* auf diese Weise mein gesamtes Leben auf seinen Kern zusammenschmelzen lassen, den innersten Kern, der Liebe und Wahrheit umfasst, mehr nicht – und nicht weniger! Ich kann nicht anders, es macht mich kribbelig, ich muss

es tun. Ich muss *meinen* Koffer auspacken! Und Kris? - Er ist immer noch da, er fällt nicht durch dieses Netz aus Liebe und Wahrheit. Sonst wäre er schon längst weg aus meinem Herzen.
Dennoch fährt er *äusserlich* damit fort, mir das Gegenteil beweisen zu wollen, und das ist der eine Punkt in meinem Leben, der mich immer wieder an meine Grenze geraten lässt. Ich verstehe es nicht, weil es ein Widerspruch zu sein scheint, der nicht existent sein *kann*. Dennoch muss ich damit leben, dass ein Teil von mir, der in dieser Welt symbolisch "Kris" heisst, die Wahrheit leugnet, immerfort, bis zum Letzten. Das ist der heisse Punkt in meinem Dasein, der da ist - aber eigentlich nicht da sein kann. Und genau das ist es, woran ich mich so sehr aufreibe! Es widerspricht allen Naturgesetzen. Alles Äussere spricht immer und immer wieder dagegen, dass wir eins sind, dass wir eine Dualseele sind, dass ich alles bis hierher richtig verstanden habe ... Ich verstehe es nicht, ich kann es nicht begreifen!
Und doch muss ich erst einmal damit leben, das ist kaum auszuhalten, aber ich werde es schaffen, das aufzulösen! Natürlich werde ich das, denn ich kann alles schaffen, eben **weil** ich diesem Mann, dem anderen, leugnenden Teil von mir, begegnet bin. Ein Alptraum? Oder ein Segen?
Das ist gerade so, als ob mir beständig jemand einreden will, dass ich gar nicht existiere, aber ich schreibe dies hier, und vor allem: ich fühle dies hier, *ich liebe, also existiere ich.*
Es scheint eine Begrenzung zu geben, die aber eigentlich gar nicht da ist. Natürlich weiss ich, dass wir unbegrenzt sind, aber ich erlebe diese Grenze, indem Kris sie immer wieder aufs Neue herstellt. Das macht den Kern meines Lebensproblems aus: die Unbegrenztheit zu wissen und die Begrenztheit hier erfahren und leben zu müssen. Manchmal denke ich, es wäre vermutlich leichter, sich selbst weiterhin als begrenzt zu erfahren, nicht zu erwachen, weiter unbewusst daher zu leben. Aber andererseits würde ich um nichts in der Welt dieses Wissen um die persönliche Freiheit und vor allem um die Freiheit der Seele wieder vergessen wollen. All dies hat mir der Mann gezeigt, der mir gleichzeitig immerfort meine Begrenztheit spiegelt. Indem er dies tut, zeigt er mir somit meine Freiheit, denn nur durch das

Anschauen der Grenzen kann ich dieselben ja als unwahr begreifen. In der Dualität muss es ja beides geben, Freiheit und Begrenztheit. Und auf diese einzigartige Weise, so hat Gott es sich erdacht, ist wahres Erkennen möglich. Da mein Herz, das mein Anker in der Wahrheit ist, somit den Unterschied erkennen kann – nur durch Kris zu erkennen in der Lage ist, dadurch erkenne ich erst mein eigentliches unbegrenztes Wesen. Er macht es folglich doch wieder richtig.
Wird sich dies jemals lösen, hier auf Erden? Oder müssen wir dazu erst diese Körper verlassen? Ich hatte immer geträumt, dass wir es zu Lebzeiten auflösen würden. Werden wir das schaffen? Dazu müssten wir die Dualität überwinden. Ja, ich dachte in einem Winkel meines Gehirns seit unserer ersten Begegnung, dazu seien wir hergekommen. Was ich die drei Jahre über wollte war nicht, diesen Mann in mein Leben zu locken, sondern die Wahrheit zu zwingen, sich zu zeigen, denn ich weiss ja, dass sie da ist. Sei Job ist, diese Wahrheit zu verstecken. Es ging mir immer nur um dies.
Man kann diese scheinbaren Widerspruch Begrenztheit-Unbegrenztheit auf vielerlei Weise erfahren, man muss sich nur einen Menschen mit körperlicher Behinderung anschauen: ein Gott in Ketten! Das hört sich schon irrsinnig genug an – Gott in Ketten, wer hat ihn in Ketten gelegt? Das kann logischer weise nur er selbst getan haben, denn niemand ist grösser oder mächtiger als er und wäre somit in der Lage gewesen, es *für* ihn zu tun. Er hat es sich so ausgesucht, um diese spezielle Erfahrung in diesem Leben machen zu können. Von aussen betrachtet sieht das natürlich ganz anders aus, aber nichts ist so, wie es scheint! Die eigentliche Kraft jedes Wesens kommt folglich von woanders, sie rührt nicht von der körperlichen Kraft her, nicht von der körperlichen Funktionsfähigkeit! Sie ist eine innewohnende Kraft, die unabhängig von der äusseren Erscheinung ist. Das ist Liebe: diese Kraft in jedem Wesen zu erkennen, und dann kann man nicht anders, als alles und jeden unabhängig von der äusseren Erscheinung wahrhaft zu lieben – denn in diesem Wissen können wir Gott selbst als innewohnende Kraft in allem, was ist erkennen, können somit *uns selbst* in allem, was ist, erkennen.

Und was man erkannt hat, liebt man, das ist nicht zu trennen. Lieben heisst Erkennen ... Dies wird am deutlichsten erlebbar, wenn es um die Liebe geht, in der Form, in der Menschen sie als solche unmittelbar kennen, nämlich im Zusammenspiel von Mann und Frau. Daher kommen Dualseelen zusammen auf diese Erde, um sich in diesem scheinbaren Widerspruch als männliches und weibliches Prinzip selbst als Eins zu erkennen. Eigentlich ist dieser Widerspruch jedoch in *allem,* was man auf dieser Erde sieht. Liebe muss sich einschränken, klein machen, in Materie einzwängen, um ihre volle Grösse in der Umkehrung wirklich erleben zu können. Das allein ist der Sinn allen Lebens in der Materie: die unbegrenzte Freiheit der Seele durch vorübergehende illusionäre Eingrenzung aufzuzeigen. (Warum bin ich eigentlich nicht Philosophin geworden? Oder bin ich das vielleicht schon lange?) Ein toller Spass, und wir sind mitten drin. Alles andere wäre Gott zu langweilig gewesen.

Womit wir wieder bei den Indigo- und sonstigen Kindern wären. Meine Tochter hat mir nämlich eines von Geburt an gezeigt: Sie akzeptiert keine Begrenzungen, ihre persönliche Freiheit ist ihr höchstes Gut. Wir aber, die wir unser Leben damit verbringen mussten uns klein zu machen, uns in Formen und Systeme zu zwängen, die andere vor uns erdacht haben, uns an fremdgedachte Regeln zu halten, um später im Leben – wenn überhaupt – mühsam und mitunter schmerzvoll zu der oben beschriebenen Erkenntnis zu gelangen, haben natürlich entsprechende Probleme mit Wesen, die sich ihrer Unbegrenztheit und ihrer Göttlichkeit voll bewusst sind. Und was tun wir? Wir geben ihnen Medikamente, damit sie uns nicht beständig unsere eigene Unbegrenztheit vor die Nase halten können. Meine Tochter würde niemals diese Medikamente erhalten, niemals! Ich habe instinktiv immer respektiert, wie frei sie ist, wie gross und göttlich. Je bewusster ich selbst werde, desto mehr respektiere ich sie, denn sie hat das, was ich unter Schmerzen und Tränen mit Kris lernen musste, einfach so mit in dieses Leben gebracht, sie hat es nie vergessen, hat sich selbst nie vergessen. Dafür bewundere ich sie, dafür ehre ich sie. Sie zeigt

mir, wie ich eigentlich sein könnte, wie ich sein sollte. Und seit ich weiss, wer ich bin, nehme ich mir diese Kraft und Grösse zurück, erobere mir meine persönliche Freiheit neu – sie war immer da, aber ich hatte es vergessen ...
Jetzt fühle ich Kris wieder ganz deutlich, es fing an mit dem üblichen Herzaussetzer, dann Herzstolpern, und jetzt pulst das Herzchakra wieder.

C,
Ich bin beruflich unterwegs, so war es die letzten beiden tage und so wird es die nächsten sein. ich muss mich sehr darauf konzentrieren. diese emails sind sehr ablenkend und regen mich auf, und ich glaube wirklich, es wäre das beste, wenn du nicht zum auftritt erscheinen würdest. diese show bedeutet mir sehr viel.. ich will diese intensität an gefühlen derzeit nicht um mich haben.
ich komme gerade wieder zurück zu meiner körperlichen und geistigen gesundheit, und jedes mal, wenn ich deine mails bekomme, wirft es mich zurück zu einem sehr schwarzen tag. es ist mein leben und meine wahl und ich will mich so fühlen wie heute früh: klar, ausgeglichen. es tut mir leid, wenn dies etwas harsch klingt, aber dies ist meine entscheidung.
ich denke du hast eine rolle bei meiner heilung gespielt (aus deiner entfernung heraus), aber jetzt ... es ist zeit für mich, allein weiter zu gehen. triff klare entscheidungen und GEHE WEITER!!
für immer dein freund
Kris

> *fein, ich danke dir, dies macht es mir leicht. ich habe auch unmengen an arbeit und neue projekte, so können wir also beide endlich weitergehen. alles gute und viel liebe in deinem leben! C.*

„liebe Silke,
dualseelenverbindungen sind i.d.R. von enormer distanz gekennzeichnet, will sagen: real physisch, also vom wohnort her gesehen. diese distanz ist die wichtigste hilfe für beide. karmische beziehungen können ganz anders verlaufen und tun es i.d.R.

auch - siehe oben- weil es so einfach wie möglich gemacht werden muss, dass die beiden protagonisten viel weltlichen kontakt haben. ihnen fehlt die ewige seelenverbindung, die ein gemeinsames weiterspielen **aus sich heraus** garantiert. die umstände müssen sie stattdessen zusammenhalten.
ich weiss heute, warum ich mir selbst an jenem tag begegnen musste, im juli vor drei jahren, denn meine aufgaben sind vielfältig, und es war gar nicht absehbar, was sich für mich alles aus der verbindung entwickelt. ich bin erst heute ein bisschen die, die zu sein ich geplant hatte. schneller wäre ich niemals hierher gekommen ...
in meinem zweiten buch geht es daher um genau diese thematik, darin tritt die seelenverbindung so gesehen in den hintergrund. sie ist die kulisse, vor der sich meine selbst-werdung abspielt.
du siehst, nichts ist so, wie es scheint! aber alles ist gut, immer und zu jedem zeitpunkt."

„hallo Uli,
liebe kommt natürlich immer zurück, aber nur scheinbar, denn sie geht ja nie von uns weg. siehst du, da hab ich im gegensatz zu den meisten anderen immer schon die grossen aufgaben im blick.
im vordergrund steht bei mir, dass dualseelen vor allem anderen eine dienende aufgabe auf erden haben. daher ist diese trennung jetzt vermutlich gerade dienlich und notwendig, nicht für die beiden, denn was die beiden tun ist zweitrangig, es geht immer um das grosse ganze!

Gott ist ganz sicher nicht *jemand anders*, Gott ist wir selbst. es gibt ja keine trennung, ausser auf der bühne dieser welt, auf dieser erde in der drittdimensionalität. wir sind manifestationen der kraft, die manche menschen "Gott" nennen, göttliche schöpferkraft auskristallisiert in irdischen menschenkörpern, in materie erstarrt.
bei dualseelen teilt sich ein seelenprinzip in zwei körper auf, um mehr erfahrungen gleichzeitig machen zu können und um in der interaktion der beiden teile schneller und effektiver lernen zu können. das sind dann die beiden seelenduale.

sonne und mond würden dem leben ja nicht dienen, wenn sie zusammengepappt am himmel kleben würden. sie teilen sich daher auf, einer geht am tag herum, der andere in der nacht. nur so ergibt es einen sinn, wohlgemerkt hier in unserer realitätsebene. das sind die gedankenhintergründe, vor denen ich das thema dualseelen sehe."

Ich werde sie trotzdem immer mit mir tragen, diese Traurigkeit, die nur Dualseelen empfinden können. Sie geht tiefer, ebenso wie diese Liebe, die nur wir empfinden können, auch sie geht tiefer. Kris zwingt mich dazu, diesen Weg zu gehen. Was haben wir uns dabei nur gedacht? Dieser Satz auf einer probeweise besuchten Singlebörse hat mich gestern abend wirklich beinahe aus den Pantoffeln gehauen:

„Es gibt doch wohl Wichtigeres als Spiritualität!"

Wie soll ich jemals Ersatz für Kristian finden? Es ist unmöglich.

Nun, wir wissen ja, dass etwas, das uns besonders ärgert oder auffällt, wichtig ist für unser Fortkommen. Und ich glaube bei näherer Betrachtung, dass dieser Mensch mir den Spiegel vorgehalten hat: Ich glaube ja selbst mit einem Teil von mir, dass es etwas Wichtigeres gibt, nämlich das oberflächliche Vergnügen in einer weltlichen Partnerschaft. Auch Kris spiegelt mir nichts anderes: ein Teil von mir will vermutlich diese intensiven Emotionen vermeiden. Da sind wir wieder! Ich will eine Partnerschaft aufbauen, aber ohne diese intensive emotionale Nähe, das waren *seine* Worte. Warum muss dies alles solche Umwege gehen?

Das ist eine sehr vernünftige Frage ...

Die Bewusstheit in dieser unbewussten Welt leben zu müssen ist das Schwierige an meinem Weg - und wird es solange bleiben, bis der andere Teil meiner Seele eines schönen Tages ebenfalls erwacht ist. Wann wird das sein? Endlich kenne ich meinen wahren Wert, empfinde mich als wunderbares Wesen, das nur das Beste verdient – und muss mich doch mit dem Zweitbesten arrangieren. Das kann doch nicht richtig sein!

Gut erkannt! Ändere das!

03. März

„huhu Maya,
gerade hab ich das indigo buch weitergelesen ...
unter „tipps für eltern“ steht, welche bücher und filme man mit den kindern zusammen anschauen soll. rate mal was da steht, ich bin fast vom stuhl gekippt: ausgerechnet meine über alles geliebte serie über den englischen tierarzt! das kann es doch nicht geben! die ist uralt und kaum einer kennt sie noch! das war wieder einer dieser höchst merkwürdigen momente in denen man sich vom Universum direkt angesprochen fühlt.“

Fast ein Jahr später, als ich diese Buchstelle korrigierte, ereignete sich auf der Stelle wieder ein unfasslicher Zufall rund um diese TV-Serie! Ich fiel aus allen Wolken, weil ich sie mir in einem bestimmten Zusammenhang herbeigewünscht hatte. Es würde zu weit führen, das hier auszuformulieren; jedenfalls fing zwei Tage später just die Wiederholung einer weiteren Staffel an ... für mich die völlige Überraschung, denn ich habe ja keine Fernsehzeitung und war wirklich ahnungslos.

Und welchen Bezug hat das nun zu eurer Geschichte?

Mein Opa war Tierarzt ... Ich liebe England mehr als jedes andere Land. Und ich habe eine eigene Praxis. Was für eine Frage also! Du darfst Gott immer wörtlich nehmen, denn Gott nimmt uns auch immer wörtlich ...

Upps, alles klar. Wie dumm von mir. (grinsen)

„huhu nochmals, Maya,
WAS PASSIERT HIER? Ich bin Kris zum ersten Mal am 08.07. in Mannheim begegnet, gelle? habe vorhin für Angie eine kiste ausgeräumt, die sie zum verschicken brauchte. darin war ein alter kalender, ein taschenbuch-timer, so einer wie der, in den ich als kind mein erstes "buch" kritzelte ...

gerade knusperte mein kater daran herum und ich nahm den timer spontan zur hand und schlug nur mal so die wichtigen daten auf, also die, die bei Kris und mir wichtig waren, um zu sehen, was ich damals so getan hatte. an unserem kennenlerntag steht 8 jahre zuvor der eintrag: (SITZT DU???)
Mannheim.“

Am selben Tag 8 Jahre später begegneten Kris und ich uns zum ersten Mal – in der dort genannten Stadt. Was hat das nun wieder zu bedeuten? Und wiederum die magische Zahl 8 ... die mich immer schon verfolgt! Und ebenso wieder das berühmte schwarze Terminbuch. Es stand schon lange vorher geschrieben, dass wir uns an dem Datum in dem Ort begegnen würden ... Jemand hatte den Termin schon lange, bevor wir es auch nur ahnen konnten, eingetragen ... das heisst es übersetzt! ICH war es, die den Termin dort eingetragen hatte! Verrückt! Es stand also schon lange vorher im grossen göttlichen Terminbuch eingetragen, dass ich an dem Datum an genau dem Ort sein würde. Das Universum schlägt wieder mal Wellen ...

aus meinem Blog:

„manchmal wunderst du dich vielleicht, warum gewisse wichtige bereiche in deinem leben nicht vorwärts kommen. warum manches einfach nicht klappt oder nicht in bewegung gerät. warum scheint alles wie erstarrt zu sein?
in dieser hinsicht bekam ich gleich zwei lebenslehren geschenkt, und ein passendes buch noch dazu.
ich glaube wirklich, dass wir uns beim lesen eines buches fragen sollten: warum lese ich das jetzt gerade? denn da es keinen zufall gibt, steht hundertprozentig etwas in diesem buch, das sich auf deine aktuelle lebenssituation bezieht.
ich las ein buch über die göttliche matrix, das gewebe, aus dem unser universum eigentlich von grund auf besteht. in dem buch wird wunderbar erklärt, wie sich das grosse immer im kleinen vollständig wiederspiegelt. toll! ich erkannte zuerst gar nicht, welcher lösungsweg mir da eigentlich präsentiert wurde ...

ich hatte immerzu nackenprobleme und fragte mich, was mir da wohl im nacken sitzt. daher ging ich zu einem mann, der sich mit *den dingen hinter den dingen* auskennt. er bearbeitete meinen nacken, renkte mir dazu noch die brustwirbel wieder ein. und wir sprachen darüber, dass sich DAS thema, das die schmerzen hervorruft, jetzt wohl im aussen zeigen müsse, denn so sei es immer. denn wir hatten ja an dem morgen daran gerührt ... am nächsten tag fragte ich die geistige welt, wie ich aus meinen finanziellen beschränkungen herauskommen soll, denn ich wusste, DAS ist die zange, die mir um meinen nacken sitzt und damit meine bewegungsfreiheit einschränkt, mir kopfschmerzen verursacht und mir finanziell die luft zum atmen nimmt (brustwirbel)! mit einem schlag sah ich die parallele! eine analogie, im kleinen /alltag - die sich im grossen/mein einkommen wiederspiegelt: auf welchem weg verpulvere ich mein geld für eine sache, die meine freiheit einschränkt und mir die luft zum atmen nimmt? genau: ich hab es bisher noch nicht geschafft, vom rauchen loszukommen! ich war verblüfft, wie eindeutig der fall gelagert ist. gleichzeitig zog mir jemand ungefragt eine orakelkarte, die mir riet: **Nehmen Sie den Fuss von der Bremse!**
unser körper erzählt uns beständig ganze romane und bietet uns tausend lösungen an - wir sollten wirklich ganz genau hinhören! es ist wirklich so einfach ... wenn der kopf frei ist, schreibt es sich ausserdem nochmal so gut ... wie fein alles miteinander verwoben ist! Gott sei dank hatte ich diese unerträglichen schmerzen im nacken! sie haben ihren dienst getan, und ich kann sie jetzt entlassen. nun, jetzt werde ich also den fuss von der bremse nehmen, und dann berichte ich euch über das wunder, das nach den ewigen gesetzen des universums zwangsläufig geschehen muss! wir allein sind die schöpfer unserer realität. im kleinen wie im grossen! gruss an alle angehenden nichtraucher!"

Heute ist also der Abend, an dem ich Kris nach 22 Monaten eigentlich hätte wiedersehen sollen. Oder doch nicht? Irgendwie bin ich gleichzeitig traurig und heilfroh, dass ich es *nicht* muss. Meine ruhige Gleichförmigkeit an Misslingen würde hier

aufgestört. Ich werde schön gemütlich heute abend fernsehen und dann in mein Bett gehen, ganz normal wie andere Leute es auch tun. In meinem neuen Buch las ich folgendes: ein Junge fragte, was man tun müsse, um nicht mehr auf der Erde wiedergeboren werden zu müssen, und ein Geist antwortete ihm, ich gebe es mal so wieder:
Du musst lernen, unabhängig von allen Äusserlichkeiten glücklich zu werden. Das nennt man loslassen.[33]
Na, dann stehen die Chancen hier super für mich! Aus dem Kontext des Buches heraus habe ich das losgelassen, was dem Ego am meisten fehlt – den Menschen, den ich am tiefsten liebe.
Das ist so bebirnt! Keine Stunde mit dem Auto - und ich wäre bei ihm. Es ist so dämlich, dass es schon fast zum Lachen ist. Aber ER will mich nicht sehen! Und ich habe Angst, ihm unter die Augen zu treten ... Mir juckt es in den Fingern ihm zu simsen, wenigstens viel Glück zu wünschen. Aber er will es nicht, ich will es nicht. Würde ihn das ärgern? Will ich ihn nur ärgern? Warum kann man einem alten Freund nicht einfach viel Glück wünschen, wenn er sich beinahe vor der Haustür aufhält? Weil wir es nicht wollen. Basta.
Jetzt fängt im Radio ein neues Lied an:
Bitte lass mich schlafen.
Ok, das war wohl die Antwort.

7. Kapitel
es geht mir gut

„huhu Maya, gestern bekam ich so gut wie keine emails, und als ich zwischendurch mal wieder nachschaute, sagte ich so vor mich hin: *im westen nichts neues.* kurz darauf blendeten sie im TV ein buch ein, darauf stand: *im osten was neues.* und eine sekunde, bevor ich den fernseher nach dem spielfilm später ausschaltete, hörte ich gerade noch wie eine frau sagte: *ohne osten kein westen*! ich finde so etwas faszinierend! wie man einen satz anziehen kann, das geht wirklich ganz leicht. mit schwereren gegenständen geht es weniger einfach hahaha."

Als gestern in meiner Lieblings-TV-Castingshow ausgerechnet *„Bleib bei mir"* gesungen wurde, brach ich kurzzeitig in Tränen aus, die ich aber gottlob wieder stoppen konnte, bevor sie nie wieder aufgehört hätten. Mir half der Gedanke, dass Kris mir nur beibringt, loszulassen und ohne ihn glücklich zu sein, weil er weiss, dass ich auf gar keinen Fall noch einmal hier inkarnieren möchte.

Gerade war doch allen Ernstes der Prediger wieder im Fernsehen, den ich damals bei Andrea zu Hause im TV gesehen hatte, meine Güte, das ist fast zwei Jahre her! Damals befanden wir uns eine Woche vor Kris' Auftritt in Hamburg, also sozusagen in der heissen Phase vor dem langersehnten nächsten Treffen. Der Prediger erzählte gerade, dass in den Zeiten, wo alles schwierig scheint und vieles schmerzt, Gott dabei sei, alles von uns wegzuschlagen, was nicht wie ein Sieger aussieht, ganz so, wie ein Bildhauer es tut.
(PH hält mitten in der Arbeit inne und schaut sinnend auf den Meissel in ihrer Hand.)

Gerade lief es mal wieder im Radio – *Light of stars* ... Als ich grad mal auf seiner Webseite gucken war, blinkte mich in der Werbung am oberen Bildrand ein einzelnes blaues Auge herausfordernd an ...

17. März

„Maya, unfassbar: ich wurde um 2.53 uhr wach und musste aufstehen. hab kaffee gekocht. oh, ich wusste schon, warum ich aufstehen musste ... ich stand in der küche, während der PC hochfuhr.
ich schaltete wie immer morgens das radio ein, und es fing gerade der song an: ich bin hier ohne dich, *und ich trabte mit meinem kaffee richtung laptop: email von Kris!!!*

"danke für deine lieben gedanken, alles war gut. *(dies letzte wort auf deutsch!)*
die show war langweilig xxxxxx hoffe es geht dir gut."

darauf ich: *"yes* - es geht mir gut" *(auch auf deutsch).*

ich zitterte und glühte gleichzeitig! alles war gut – und jetzt nicht mehr? dann frag dich mal, warum das so ist!"

Ich fühle deutlicher als je zuvor, dass etwas grösseres als ich, die Person Cathérine, es je sein könnte, in *seine* Richtung drängt. Der freie Wille besteht für mich hier nur in einer einzigen Auswahl: stelle ich mich gegen meine Seele oder fliesse ich mit ihr? Der ganze Rest, was man so gemeinhin als freien Willen bezeichnet, fällt automatisch unter diese eine hauptsächliche Option. Das macht das Leben Schritt für Schritt sorgloser, denn ich kann endlich die Kontrolle aufgeben. Es wird jeden Tag ein bisschen besser ... Wozu sich Sorgen machen? Folge deiner Seele (nicht unbedingt deinem Herzen, das ist mir mittlerweile zu wenig).
Die Seele hat ihren eigenen Plan, und das Gute ist: Kris hängt an derselben Seele, es kann also nur so ausgehen, wie es vorgesehen ist. Wie – das weiss ich immer noch nicht, aber es spielt immer weniger eine Rolle als je zuvor. Kris verhält sich UNLOGISCH, indem er doch wieder mailt. Der Verstand würde sich niemals unlogisch verhalten, also ist gerade *sein Herz* am Ruder, sehr schön! Das nenne ich Fortschritt!

Wow! Ich hatte mich für eine Stunde ins Bett gelegt und war mit einem Mal so selig, dass ich es mit Worten nicht beschreiben kann. Als ich so dalag, kam mir auf einmal der Gedanke: Was wäre anders, wenn Kris jetzt hier neben dir liegen würde? Wäre irgendetwas an diesem Gefühl jetzt anders? Die erstaunte Antwort lautete: *Nein. Es würde keinen Unterschied machen.* Die Liebe floss aus meinem Herzen und ich war mitten drin, kurz vor der Auflösung meiner Person, daran hätte nichts und niemand etwas ändern können, nicht einmal Kris. Wir sind nie getrennt ... Ich habe es geschafft, ich habe den Punkt erreicht, an dem ich Kris nicht mehr äusserlich anwesend brauche. Die Seligkeit war aus mir selbst heraus gekommen!!! Unfassbar! Und wenn auch erst einmal nur für fünf Minuten!
Heute ist Tag-und-Nachtgleiche, und allerlei soll jetzt neu beginnen, falls man den allgemeinen Channelings Glauben schenken kann. Gestern jedenfalls war ich den ganzen Tag lang ungeniessbar und nervös. Heute sind immerhin einige Wunder geschehen – mein Indigokind hat gleich zwei Einser nach Hause gebracht, das war das schönste Erlebnis des bisherigen Tages. Nicht, weil sie endlich systemkonform wäre (das wird sie Gott sei Dank niemals sein!), sondern weil sie ihr persönliches Erfolgserlebnis hatte: ich darf so sein wie ich bin und passe quasi *trotzdem* in das dumme System. Wir werden es noch überwinden, das wusste ich heute ganz sicher. Man kann Situationen nur von innen heraus überwinden und verbessern, daher muss man zuerst einmal hinein. Vorhin dann überfiel es mich, nachdem ich all die Fanfotos von dem *Time Travellers*-Konzert von letzten Samstag im Internet gesehen hatte.

habe gerade all die glücklichen fotos aus D. gesehen.
manchmal ist es wohl leichter, wenn man nicht liebt.
wünsche dir einen tollen tag und viel sonnenschein xxx

Am nächsten Tag:

Heute geht es mir wieder furchtbar. Gestern abend war Maya hier und wir haben u.a. zusammen meditiert. Ich sah dabei plötzlich, dass ich eine zwei Meter lange dunkelbraune Lanze auf dem Kopf hatte, musste mich angesichts der Last nach vorne beugen, und das Ding brach plötzlich ab. Heute habe ich genau *da* Kopfschmerzen, so schlimm, dass ich nur herumliegen kann. Die Sonne scheint und es ist mein einziger freier Tag innerhalb von 2 Wochen – und ich bin ausser Gefecht gesetzt. Manchmal glaube ich, es ist alles eine Lüge, und hier wird am Ende doch nie was besser. Bei der Grabrede sagen sie dann, *ihr Leben lang hatte sie gehofft und vertraut, dass doch noch alles besser würde.* Ich darf wieder mal all den anderen zusehen, die die tollsten Erlebnisse haben, die die Sonnenwende ganz toll fanden, usw. usf. Es macht schon lange keinen Spass mehr. Jetzt krabbelt es schon wieder an meinen Haaren herum – *hört sofort auf damit*! – und ich fühle mich, als ob ich eine Grippe hätte. Ein weiterer verlorener Tag, na was soll´s. Vielleicht geschieht in meinem Leben ja eines Tages doch noch etwas Erfreuliches, eine Wendung, endlich der Lohn für viele Jahre Mühen oder irgend so etwas Utopisches. Wer weiss.

Was war denn da schon wieder mit dir los?

Der Lichtkörperprozess bezieht sich nicht nur auf den physischen Körper, sondern auch auf psychische Phänomene. „Aufstiegsprozess" ist daher vielleicht eine weniger irreführende Bezeichnung. Dabei hast du manchmal Stimmungsschwankungen wie in der Schwangerschaft! Das ist das meckernde Ego, das sich von seinen Glaubenssätzen nicht lösen will. Es merkt, dass es ihm zunehmend an den Kragen geht. Solche bedeutsamen Stationen wie mein überraschendes Einheitserlebnis an jenem Tag stören es enorm auf. Es wehrt sich dann sehr und will dir dringend einreden, du seiest unwert und die Welt sei achsoschlecht. Aber P.H. hatte für solche Fälle vorgesorgt, wie du schon weisst:

Es kann sich ja plötzlich zum Guten wenden, die Möglichkeit besteht immerhin. *Prinzip Hoffnung*. Ich habe noch immer meine Gabel!

(PH strahlt wie ein Honigkuchenpferdchen.) Ganz genau, Darling! Die habe ich dir nicht ohne Grund zukommen lassen!

Jemand schrieb mir gerade seine persönliche Geschichte mit der Einleitung, vielleicht würde *es mir helfen*. Allein dieser Satz hat mir geholfen, denn ich durfte feststellen, dass mir *hier unten* niemand mehr helfen kann! Niemand hat neue Impulse für mich in Bezug auf Dualseelen, niemand schreibt etwas, was ich nicht schon selbst erkannt hätte. Es gibt also nur noch eine Adresse, an die ich Fragen richten kann. Es geht eigentlich nur noch um meinen persönlichen Gesamtzusammenhang. Ich möchte endlich wissen, warum ich dies alles so erleben muss, wie es sich entrollt!
Bevor ich ins Bett ging, blätterte ich noch meinen Wochenkalender[34] in der Küche um, und da stand die Antwort auf meine Frage: „Ehe sich etwas in deinem Leben ändern kann, musst du dich ändern!" Ich hörte eine schmunzelige Stimme darin und wusste nicht ob ich lachen sollte oder wütend werden.

24. März

Erkenntnis am frühen Morgen: nur wenige sind bereit, wirklich etwas für sich und ihre Seelenverbindung zu tun.
Ich hatte mich gefragt, wie es sein kann, dass all die Emails auf einmal ausbleiben, seit ich auf meiner Webseite erklärt habe, ab sofort einen Ausgleich für meine Beratung zu verlangen. *Das trennt die Spreu vom Weizen,* war mein erster Gedanke, und tatsächlich. Neue Fragestellung: Was also hat all die Menschen bewogen, mir ständig und ständig zu schreiben? Wenn es ihnen aus ihrer Sache heraus wichtig wäre, würden sie weiterhin fragen stellen, auch gegen Ausgleich, so wie ich es mit Sandra halte. Ich bin also wieder mal ent-täuscht worden: sie haben sich alle nur von meiner Energie genommen, und nicht so knapp, denn Aufmerksamkeit bedeutet: „dahin fliesst meine Energie". Wenn ich meine langen Antwort-Emails schreibe, geht in dem Moment meine Energie zu der Person, der ich schreibe, das wissen wir alle. Jetzt, wo sie das ausgleichen sollen, bleiben sie naturgemäss fern. Das kenne ich doch eigentlich alles schon aus dem

Lichtkreis, in dem ich letztes Jahr noch war. Was mich jedoch wirklich wundert ist die Tatsache, dass so viele ihre Chance augenscheinlich nicht nutzen und in Wahrheit gar nicht an sich arbeiten wollen. Für mich gab es vom ersten Augenblick an nichts Wichtigeres als meine Dualseelenverbindung und die daraus für mich entstandenen Lernaufgaben! Mir ist nach wie vor ein Rätsel, wie ich damit Geld verdienen soll. Aber *die da oben* werden es schon wissen!
(Schmunzeln.) Bleib einfach auf deiner Linie!

„hallo Maya,
am wochenende war also meine dubiose „letzte blockade" thema, ich kriege das genaue übel aber nicht zu fassen. es ist was aus meiner kindheit, und gestern kam mein papa prompt mit meinem alten kinder-reise-ausweis zu mir, den hatte er wieder gefunden. auf dem foto bin ich 8 jahre alt, und es prangt auf der vorderseite ein fetter stempel: **ungültig.**
war das ein hinweis? wenn mein vater mir etwas bringt, bedeutet das immer etwas, siehe gabel!"

Es ist zum Mäusemelken – ich finde den Fehler in mir nicht! Ich frage ja schon gar nicht mehr, warum es bei anderen alles so einfach geht, ich frage ja schon gar nicht mehr. Sie haben sich für dieses Leben eben den einfacheren Weg ausgesucht. Ich würd mir auch gern was anderes aussuchen!
(Dann tu es doch!)

Das Thema drehte sich um meine Mutter und hatte unmittelbar mit Maya selbst zu tun! Ich konnte es erst ein halbes Jahr später endgültig auflösen. Und sofort kamen die Dinge tatsächlich in Fluss! Manchmal braucht es eben ein bisschen länger Zeit, bis ein Thema gar gekocht ist!

„guten morgen Sabine,
vorhin auf meinem crosstrainer musste ich auf einmal an dieses kinderfoto aus meinem ausweis denken und brach hemmungslos in tränen aus. ich konnte immer nur denken: dieses kind schaut

so zuversichtlich und entschlossen in die welt, aber es wurde sein leben lang nach strich und faden veräppelt, und weil ich den fehler nicht finde, kann ich das bis heute nicht abstellen. es tut mir so unendlich leid, mir fehlen die worte.
irgendwas ist schief gelaufen, und daher läuft immer weiter alles schief in meinem leben, und weil ich den fehler nicht finde, kann ich nichts für dieses kind tun. sieh dir mal diese uralten augen an! sie sehen so traurig aus, es ist furchtbar. als ich das foto abriss, weil ich es in zukunft bei mir tragen will, kam darunter eine schrift zum vorschein: *LICHTBILD.*
es sind 4 stempel in dem ausweis, 2 von dover - das war unsere england-reise als ich neun jahre alt war. drei wochen über ostern, es war der himmel auf erden! seitdem liebe ich dieses land mehr als jedes andere! und nicht erst seit Kris! es steht unter dem wort „lichtbild" noch etwas: „für reisen in bestimmte länder". das ticket nach england hatte ich also immer schon. hahaha! aber - wo bin ich nun? immer noch hier. ja, warum eigentlich?"
<u>Ja, warum eigentlich?</u>
Warum ist dieses Kind so traurig und mutlos? Ich wünschte, ich könnte machen, dass es für immer lächelt. Wann habe ich das schon einmal gedacht – und über wen? Ach ja, es war Kris, an dem Tag, als ich ihn zum ersten Mal sah und diese Wolke von Traurigkeit über ihm schwebte ... später hat er zu mir gesagt: *Warst du nicht selbst so traurig?*
Vorhin schrieb ich eine Beratungs-Email und beantwortete mir damit gleichsam meine eigene Frage. Wieso sollte das Leben so gemein sein und ein kleines Kind alleine lassen? Wieso lasse ich denn meine Tochter stundenweise allein? Ich gehe dann zum Arzt oder einkaufen, und sie bleibt zu Hause. Das findet sie *schick*, und sie wird dadurch *erwachsener*. Welche Rolle spiele **ich** dabei? **Ich traue es ihr zu**. Ich traue ihr zu, dass sie in der Lage ist, allein zu bleiben. Jemand traut mir also zu, dass ich immer wieder in meinem Leben extreme Phasen des Alleinseins erlebe. Denn dieser Jemand (nenn ihn Gott oder Seele oder Kris) kennt mich besser, als ich mich selbst kenne, und das heute noch. Dieser *Jemand* gab mir immer wieder einen Vorschuss an Vertrauen, weil er wusste, die Cordero findet eines Tages allein da wieder raus,

und wenn es vierzig Jahre dauert! Und er hatte recht, ich hab es mit dem heutigen Tage verstanden.
Genau da wollten sie mich haben! Das einzige, was sie mir gaben, war ein Vorschuss an Vertrauen. So etwas tut *Liebe*. Liebe lässt ihr Kind allein in die Welt hinaus, Liebe lässt ihr Kind zeitweise allein, damit es daran wachsen und erwachsen werden kann. Ebenso lassen Kris und ich uns allein. Er täte es nicht, wenn er mir nicht zutrauen würde, dass ich etwas daraus mache, dass ich daraus **für mich** lernen kann. Er weiss, dass ich es schaffe, auch wenn und gerade *weil* er mich allein lässt. Und dass ich es schaffe, sieht man ja.
(PH lächelt.)
Dann schlug ich mein neues Buch von Anselm Grün, "Vertrauen"[35], irgendwo auf und las. Erste Überschrift: "Halt in Beziehungen". Nächste Seite, nächstes Kapitel, und da musste ich wieder weinen. Mir schwirrte gestern immer der Standardsatz meiner Mutter im Kopf herum: "Wenn du dich auf andere verlässt, bist du verlassen", und dann lese ich dort beim Anselm "Vom Wert der Verlässlichkeit“:
"Aber es gibt auch die Erfahrung, dass mangelndes menschliches Vertrauen uns dazu führt, unser Vertrauen in Gott zu setzen."
Wie das wieder gepasst hat! Verlassen werden und sich verlassen fühlen – und Gott finden! Dasselbe Thema, einmal von innen und einmal von aussen betrachtet.
Habe übrigens den ganzen Tag nicht weiter geraucht und war dementsprechend heute nicht wirklich auf dieser Welt anwesend. Dieses Gefühl im Kopf hasse ich, und ich hoffe, es geht bald wieder weg. Mein Kopf liegt in Watte und ist woanders angekoppelt als der Rest von mir. Also ist doch erst das Wurzelchakra dran, bevor ich mit der Raucherentwöhnung Erfolg haben kann? Muss ich mich besser erden? Ich dachte eigentlich, das tue ich bereits. In meinen Kartenbildern liegt alles wunderbar, wie absichtlich perfekt hingelegt. Es wartet alles darauf, zu mir zu kommen! Also los, Fuss von der Bremse!

Das war eine gewaltige Aktion, als ich mit dem Rauchen aufhören wollte! Am Ende habe ich auf Anraten einer Freundin

ein Clearing[36] durchführen lassen, und erst damit schaffte ich es. Ich könnte ein separates Buch aus diesem Thema machen!

Lebt man allgemein gesünder, wenn man seiner Dualseele begegnet ist?

Man lernt nach und nach immer mehr, auf seine Bedürfnisse und vor allem auf seine physischen Signale zu achten und auf sie zu hören. Das liegt aber nicht an der Dualseele, sondern am Lichtkörperprozess. Die Verträglichkeit von Genuss- und Nahrungsmitteln verändert sich dabei auch. Zuerst vertrug ich über Nacht keinen Alkohol mehr, als ich meinen Reiki-Meistergrad gemacht hatte. Das kam also ganz von selbst. Das Rauchen störte mich ebenfalls zunehmend, aber wie du siehst, brauchte ich hier ein bisschen Nachhilfe. Die daran hängenden Themen musste ich selbstverständlich trotzdem nebenbei aufarbeiten. Es dauerte noch ein weiteres halbes Jahr, bis ich gewisse Lebenszusammenhänge in Bezug auf die Zigarettensucht durchschaute. Ich bekam und bekomme auch entsprechende Eingebungen und auch äussere Hinweise, wie ich z.B. meine Ernährung verändern sollte usw. Ja, am Ende hast du wohl wirklich dein komplettes Leben umgekrempelt.

Und von wem genau bekommst du diese Hinweise?

Von P.H. natürlich, von wem denn sonst?

Gestern hatte ich vormittags den Supergau, einen totalen Crash. Ich sah mich auf einmal mit meiner ganzen (von aussen betrachtet) Nutzlosigkeit konfrontiert und habe eine Stunde lang nicht aufhören können zu weinen. Blöde Arbeitslosigkeit! Dabei bin ich ja gar nicht *wirklich* ohne Arbeit, nur aus dem gesellschaftlichen Blickwinkel in 3 D heraus bin ich es. Der Schmerz war jedenfalls unaushaltbar, und ich musste danach erst einmal eine rauchen.
Sehr schwierig, *aber nicht unlösbar* (höre ich gerade, nanu?). Na schönen Dank. Dann werde ich mal freudig erregt die nächste

Antwort erwarten. Weisst du was? Ich werde dieses Buch in Ermangelung eines vernünftigen Schlusses termingerecht an Karfreitag beenden, das ist in knapp einer Woche. Wer hätte gedacht, dass ES im Sande verläuft?
Niemand ausser dir, jetzt gerade!
Die vielen Zeichen, das alles hat doch aufgehört, und da ich aus der schönen Schwingung gänzlich raus bin, werden sie auch nicht mehr auftreten.
Sie sind noch da, aber du hast dein Herz ihnen gegenüber verschlossen ...
Die letzten, die geschahen, haben bei mir nicht mal mehr das altvertraute Herzklopfen ausgelöst. Es ist alles wie tot.
Und es ist wirklich sehr traurig, an die schöne Zeit zurück zu denken, als ich auf der Terrasse sass und der kleine blaue Schmetterling angeflogen kam. Damals schien das gesamte Universum zu unserer Unterstützung herbeigeeilt zu sein.
So sieht es also am Ende der Strasse der Illusionen aus: statt des Topfes voll Gold am Ende des Regenbogens ist nur absolute Leere da. Das war ein langer und harter Weg hierher. Ich hätte genau so gut weitermachen können wie vor dem 8. Juli. Ich wäre jetzt nur weniger traurig ... Obwohl ich nicht mal das wirklich bin, sondern einfach nur leer und hoffnungslos. Ich hatte nie gewusst, warum ich hierher gekommen bin. Dann dachte ich, Kris wäre der Grund.
Nein, nur DU allein bist der Grund für dein Hiersein, Hase!
... es ist *wirklich* alles wie tot – gar keine Emails mehr, kein gar nichts mehr. Manchmal beneide ich die Leute, die arglos weiter vor sich hinleben konnten. Das ganze Elend geht einfach an ihnen vorüber; sie haben alle immer einen vollgestopften Terminplan und -zig Verabredungen. Mich hält es in der Stille fest wie in einem Gefängnis!
Siehst du denn nicht dein Glück, dass es genau so ist, wie es ist? Nein, du siehst es grad nicht, dein Ego steht im Weg. Seufz.

Der Weg durch diese Leere ist ein normaler Prozess; Monate später begegnete ich einer Frau, die sich aktuell in ihrer persönlichen Zeit der Leere befand.

Und uns geriet, zufällig wie immer, ein Artikel darüber in die Finger ... Nach dieser energetischen Leere, dem *Reset,* kommt die Flut der Fülle. Die aktuellen Energien in dem betreffenden Jahr förderten laut insbesondere diese Bewegung durch die Leere hindurch auf die andere Seite. Als ich darin steckte, fühlte ich mich aber einfach nur scheusslich und versuchte krampfhaft, das alles zu begreifen. Mein Ego witterte den nächsten Entwicklungsschub und wetterte fleissig in Gegenrichtung.

Keine Ahnung, wohin ich jetzt gehe.
Das hat sich einer fein ausgedacht.
(Find ich auch!)

> *also willst du nach hause gehen, nicht wahr? du wirst eines tages x*

ja, Kris, ich wollte immer nach hause gehen und niemals hier sein. aber ich bin es, und ich versuche immer noch herauszufinden warum.
hab einen sonnigen tag x

Wenn ich meine Gedanken doch nur *immer* mit ihm besprechen könnte, ich bin sicher, er weiss alle meine Antworten. Mit ihm zusammen kämen immer sofort alle Antworten zu mir, ohne Distanz, ohne Zeitverzögerung! Und jetzt weine ich schon wieder. Niemand versteht meinen Schmerz mehr als er, ich weiss es einfach. Wir sind auch in unserem Schmerz eins.
Allein diese beiden Zeilen von ihm haben wieder einmal den tiefsten Punkt meiner Seele zum Klingen gebracht. Es wird mir für immer ein Geheimnis bleiben, wie er das macht! Dass ER mir diese Frage gestellt hat! So würde es sich anfühlen, wenn Gott selbst vom Himmel stiege und mich das fragen würde. Ich würde mich genauso unmittelbar der Wahrheit gegenüber sehen wie angesichts dieser kurzen Email.
Ich HABE dich das doch gefragt.

Kann es möglich sein, dass im Falle von wahren Dualseelen einer alleine tatsächlich nicht in dieser Welt existieren kann? Das wäre die Hölle.
Frag dich mal, warum du gerade in der Hölle bist. Du hörst mir nicht richtig zu, das ist dein einziges Problem!
Er ist ich, wir sind eins, und wenn ich ihn leugne, leugne ich mich selbst? Wie soll man mit so was weiterleben? Ich weiss es wirklich nicht. Und wieso kann **er** damit leben? Da stimmt irgendetwas überhaupt nicht. Was würde aus ihm, wenn ich gehe? Und erst recht – was würde aus mir, wenn er geht? Und – wohin sollten wir gehen, wenn wir immer eins sind? Ich hoffe, ich komme aus all dem Chaos eines Tages wieder heraus und finde zurück in mein normales Leben.

Du willst nicht zurück in dein altes Leben, du willst etwas anderes ... du willst nach Hause kommen, nicht wahr? Eines Tages wirst du. So sicher wie das Amen in eurer Kirche ...

8. Kapitel
P.H.

06. April

„hallo Angie,
gerade bekam ich post, eine briefwerbung, und auf dem umschlag steht in roter schrift: DA WAR DOCH WAS ...
weisst du noch, welchen satz ich ganz am anfang meiner dualseelen-geschichte eines tages gehört habe? **du bist mein kleines mädchen** - ganz klar und deutlich innen neben meinem rechten ohr ... ich hatte das schlichtweg vergessen, dass es so ist. wie konnte das nur passieren?“

Den entscheidenden Schritt in meiner Erkenntnis gestern abend, dass ich mich endlich wieder Gott zuwenden muss, den kann ich gar nicht mehr nachvollziehen. Erst dachte ich, ich bin so wie noch nie von denen da oben veräppelt worden, und im nächsten Moment war ich auf meine Geistführer wütend und von Sandra und dem ganzen channeling-Kram und all den leeren Versprechungen ent-täuscht. Wiederum im nächsten Augenblick stand in Neonbuchstaben GOTT vor meinem Auge. Wie kam das? Ich glaube, das war der not-wendige gedankenlose magische Moment, als Gott meine ausgestreckte Hand erfasst und mich zu sich emporgezogen hat. Mir fehlt rückblickend quasi ein Glied in der Gedankenkette. Ja, das muss der Moment gewesen sein, als ER mir entgegenkam. Wie auf dem Gemälde von Gott und Adam!
<u>Warum „ER“ ?!?</u>
Heute habe ich Gott dann höchstselbst gefragt, was denn eigentlich nun mit Kris los sei. Daraufhin sah ich ein inneres Bild vor mir, wie Gott wartet bis - wie soll ich das in Worte fassen - alles am richtigen Platz ist und perfekt für die Vollendung. Es ist noch nicht alles in den Töpfen gar, und es kann noch nicht aufgetischt werden. Ich hab es irgendwie als Bild gesehen, aber ich kann es nicht gut mit Worten beschreiben.

Dann fragte ich, was Gott so gemacht hat, als ich innerlich abwegig war, und da sah ich wiederum ein Bild: zwei riesige Hände, die wie bei einem Fänger immer unter mir hersausten, je nachdem wohin ich geschwankt bin, bereit mich aufzufangen, und das war über einem riesigen Baseballfeld oder so etwas. Es war ziemlicher Humor in der Situation spürbar. Und ich fragte abschliessend, warum meine Geistführer mich durch so viele widersprüchliche Channelings über dieses Medium so herbe getäuscht hätten, und die Antwort kam als Satz:
Die Seelen, die dich am meisten lieben, schenken dir die bittersten Ent-täuschungen.
Oh, stimmt, ja, weiss ich ja bereits. Ok, alles geklärt. Es klappt also wunderbar mit der Verständigung, herrlich, GOTT SEI DANK! Endlich höre ich innerlich die Stimme wieder, die mich zu Beginn meiner Geschichte mit Kris begleitet hat!

Letzte nacht waren Kris und ich dann im Traum zusammen, ich weiss aber nicht mehr, was wir gemacht haben. Ich weiss nur, dass alles GUT war. Irgendwie wirkt die Welt heute ganz anders auf mich, es ist ganz merkwürdig, ich fühle, dass etwas Entscheidendes wieder an seinem Platz ist. Gerade schaute ich mir im Internet den Trailer zu dem Film über die *Gespräche mit Gott* an, und darin sagte einer: „Wenn du plötzlich jemandem begegnest und nicht mehr weisst, wie du ohne ihn leben konntest, dann ist das Gott.“ (... ich sagte gleichzeitig laut: Kris.)
Es ist dasselbe, und so war es immer in meinem Leben. Kris ohne Gott geht nicht, und vermutlich andersherum ebenso, das weiss ich noch nicht. Aber man kann über beide exakt dieselben Aussagen treffen. Wenn das so ist, dann ist es Liebe. *Wie kann man nur jemanden so sehr lieben, den man nie sieht ...* Es sind jetzt gut zwei Jahre, die ich Kris nicht mehr gesehen habe, aber es ist keine Sekunde seit unserem letzten Augen-Blick verstrichen. Ich fühle ungebrochen dasselbe wie am Anfang, trotz all meiner Verdrängungsbemühungen.
Das ist die einzige Konstante in der beständigen Wandlung, die ich mein Leben nenne. Diese Liebe ist unwandelbar, und dennoch wandelt sie alles. Alles andere bewegt sich und kommt und

vergeht. Nur diese Liebe, die ist der Hintergrund, vor dem sich meine Wandlung vollzieht. Ich wünschte, Kris würde dies auch *einmal* in seinem Leben fühlen können. Er würde sich so wunderbar fühlen wie ich jetzt gerade, und das wünsche ich diesem Mann von Herzen. Er ist so nah dran, aber er greift nicht zu. Ob Gott auch so über mich denkt? Sie ist so nah dran, und ich kann nichts weiter tun, als zu warten, ob sie zugreift? Ich liebe sie auch dann, wenn sie mich weiterhin ignoriert, dennoch wäre es mir eine unbändige Freude, wenn sie meine Hand ergriffe. Denn so fühle ich für Kris.
Aus meinem Internet-Blog:

„habt ihr schon einmal von Gott rosen geschenkt bekommen? nein? aber er tut sowas, das garantiere ich euch.
ich habe im vergangenen jahr sehr viel gelernt und sehr viele täler durchwandert. dabei habe ich IHN ein wenig aus den augen verloren, es war irgendwie so selbstverständlich geworden, dass ER immer da ist, ein bisschen wie in einer eingeschliffenen ehe.
als es immer beschwerlicher wurde, blieb ich erschöpft stehen. das heisst, ich stand schon, nämlich mit dem zahnputzbecher vorm waschbecken in meinem badezimmer. dort erwischte er meine aufmerksamkeit! ich hatte einen glasklaren moment und stellte fest, dass es ein loch in meinem leben gab, das vorher nicht da war. es hatte sich einmal an dem tag geschlossen, als mein dual in mein leben kam. aus irgendeinem grund war ich durch meine arbeit an mir selbst soweit gekommen, dass ich es selbst wieder aufgebröselt hatte, und zwar diesmal an seiner wurzel. ich erkannte: das loch war nur verdeckt gewesen, aber noch nicht wirklich aufgefüllt.
damals, als ich meinem dual begegnet war, wurde ich auf einmal von rosen verfolgt, sie tauchten täglich auf, auf kalendern, werbebriefen, in emails und auf der strasse, auf LKWs und auf flugblättern. ich bekam allen ernstes jeden tag auf wundersamste weise meine rose, und damals wusste ich, damit sagt mir Gott: du bist meine über alles geliebte erblühende rose, und damit du das nicht vergisst, schenke ich dir an jedem tag eine. im laufe der beiden nächsten jahre folgten unzählige ent-täuschungen, und ich

vergass die rosen und arbeitete mich durch meine untiefen. dies führte mich sogar zurück bis zum tag meiner geburt, *back to the roots,* zurück zu den wurzeln. kindheitserinnerungen, die verdrängt gewesen waren, lugten wieder hervor ... es gab viele tränen und alte wut, die durchlebt werden wollte. die ganze zeit hielt sich mein dualseelerich zurück, und ich wusste, dass er mir meine zeit lässt, mich durchzusehen und aufzuräumen.
an jenem abend im badezimmer stellte ich also fest, dass mir so viel versprochen worden war, und nichts von all dem war eingetreten. eine grenzenlose ent-täuschung machte sich breit. die leere war absolut präsent und breitete sich gnadenlos vor mir aus. ich stand da, sah in den spiegel und fragte mich, was eigentlich geschehen war.
das war der moment, als Gott seinen fuss durch die tür schob und fragte: *hallo? einer zu hause?* mit einem gewaltigen schwung riss er die tür auf, und ich durchlebte eine einzige gewaltige kette von erkenntnissen, und da fühlte ich sie endlich wieder - Seine anwesenheit in meinem leben. er hatte im hintergrund gewartet, respektvoll und aufmerksam, bis ich mit wurschteln fertig war. es gibt keinen unterschied zwischen der dualseelenliebe und Gottes liebe. die leere war von einem augenblick zum nächsten vollkommen verschwunden, weil Gott sich nun in ihr breitmachte. darauf hatte Er nur gewartet! sie musste zuerst vollkommen da sein, um vollkommen verschwinden zu können, denn ich sollte den unterschied fühlen. und ja, ich fühle ihn, mehr als je zuvor!

atlantia“

<u>Das war eine wunderschöne Liebeserklärung. Schnüff.</u>

Erkennen

Der Tag ist nahe, da es Wahrheit wird,
die Zeichen zeigen heilsame Verwandlung.
Ich bin, der dich auf deinen Schicksalswegen führt,
in deinem Drehbuch steure ich die Handlung.

Dein ganzes Wesen wird zu dem was es gesollt,
dem Herzen überlässt sich nun dein Wille,
dein Innerstes wird sanft und sacht hervorgeholt,
so dass die Seele ihre Sehnsucht stille.

Wirst Dinge sehen, die noch niemand vor dir sah.
Du wirst erkennen, wer du wirklich bist.
Es wird beendet und vollendet, was nicht vollkommen war.
Erlöst wird alles, was tief in dir verborgen ist.

Ich sag dir bald schon meinen Namen,
noch trennt uns eine dünne Wand,
damit du wissest, wer zu deinem Bild der Rahmen
und wer geleitet voller Liebe deine Hand.[37]

Ich ergänze: gezeichnet- *dein Höheres Selbst.* Dieses Gedicht channelte ich im ersten Jahr nach meiner Begegnung mit Kris. Damals bekam ich es mit der Angst zu tun, weil ich nicht wusste, woher die Worte auf einmal kamen. Heute verstehe ich endlich, wer gemeint war!
PH seufzt erleichtert auf. Sie hat mich erkannt! Sie hat es verstanden! Michael, sie hat es! Nun ist endlich wirklich alles gut. Naja, du musst es ja wissen, brummelt Erzengel Michael.

Heute weiss ich, dass mich diese ganzen vielen Channelings statt aufzubauen nur entmutigt und unter Druck gesetzt haben. Es war meistens keine Freude darin, *also auch keine Wahrheit.* Das war immer mein Wissen, und ich sollte mir das von niemandem

ausreden lassen. Das ist eine Sache zwischen Gott und mir, da hat kein anderer Zutritt. Basta.
Jetzt läuft zum zweiten Mal innerhalb weniger Stunden der Song im Radio: *Wenn ich dich einst im Himmel treffe ...*

„weisst du liebe Mia,
wenn man der DS begegnet, muss man wohl beides zur gleichen zeit fühlen: totale annahme und totale ablehnung; die ablehnung kommt vom ego, das seinen nahenden tod wittert. die annahme kommt von der seele, die weiss, dass du jetzt zu dir selbst – nach hause - kommen kannst.
es muss beides gleich stark vorhanden sein, und aus dieser spannung heraus entrollt sich der lernprozess.
nein, ich war nie verliebt, ich wollte den mann nie, aber etwas in mir IST eins mit diesem mann, ohne wenn und aber. diese diskrepanz nennt man landläufig „dualseele“. ich will den mann auch heute noch nicht, aber gleichzeitig will ich nichts mehr als ihn.
das ego kann den mann nicht wollen, niemals, denn er ist sein sicherer tod. beim ersten augen-blick stirbt das ego für sekundenbruchteile, daher bleibt die zeit stehen. das rüttelt wach, das ego ist ab sofort in alarmstellung. was man eigentlich nur tut auf dem weg zur DS ist, das ego – sprich: die angst, das, was noch nicht in der liebe ist, schrittweise abzubauen und sich dem willen Gottes gegen den eigenen persönlichen ego-willen zu fügen.“

abends

„Maya, das glaubst du niemals ...
meine tochter war heute als ferienkind bei einer freundin.
sie hatten gegrillt und ihr freundlicher weise fleisch für mich mitgegeben, eingewickelt in zeitungspapier. die zeitung war von januar ... es prangte auf der innenseite eine werbung, und zwar für eine veranstaltung im märz ... und zwar ausgerechnet für den auftritt von Kris, zu dem ich nicht hingegangen bin ... daneben stand in einem kasten: **wunschlos glücklich** (werbung) und direkt darunter stand: **bedingungslos menschlich**.“

Aber leider – trotz all der Zeichen, den Teil meines Herzens, wo der kindliche Glaube an Wunder wohnt, der ist nach zwei Jahren ohne Kris und voller Ent-täuschungen irgendwie immer noch verschlossen. Ich bin misstrauisch, und ich weiss nicht, ob ich die Tür je wieder aufbekomme.
Micha, hol schon mal das Brecheisen!

08. April

Das Folgende las ich gestern abend bei John Ortberg[38]; er beschreibt Gottes Liebe zu den Menschen am Beispiel des Gemäldes von Gott und Adam (das mit dem ausgestreckten Finger) und schreibt: „Gottes ganzes Sein dreht sich nur um sein eigenes ungeduldiges Verlangen danach, die Lücke zwischen sich und diesem Mann zu schließen. Er kann es gar nicht abwarten."
Ich habe mich regelrecht ertappt gefühlt! Gestern dachte ich noch an dieses Bild! Der Mann ist Kris, zumindest was mich angeht. Ob er eines Tages zugreift?
Falls DU zugreifst ...
Fazit am frühen Morgen: Dass ich nicht von Gott getrennt bin, kann ich am deutlichsten erleben, wenn ich ihn mir als von mir getrennt vorstelle, einen wohlwollenden Beobachter, der mich begleitet. Sobald ich versuche tatsächlich zu erfühlen, dass wir dasselbe, also EINS sind, fühle ich auch nur eins - mich sehr alleine. Denn als Menschen können wir Einheit nur durch das Spiel von Distanz und Nähe erfahren, niemals durch reales Identischsein. Gott mag eben Beziehungen, darauf hat er schliesslich alles aufgebaut, was wir kennen. Und damit verstehe ich auch, warum er uns Dualseelen als Zwei herumlaufen lässt.
Dass wir EINS sind, können wir nur durch das Zweisein/Getrenntsein erfahren. Als meine Tochter noch in meinem Bauch war, als sie in mir war und unsere Körper eins, als ich sie nicht sehen konnte, da hatte ich keine wirkliche Beziehung zu ihr. Ich wusste nicht mal, wie sie aussieht! Ich hatte ihr noch nie in die Augen sehen können! Es war eine dumpfe Verbindung, sie war für mich nicht wirklich be-greif-bar. Als sie jedoch zur Welt kam und ich ihre sehr grossen Füsse sah, da war die

Verbindung angeknipst. Von ihren Augen ganz zu schweigen! Meine Dualseele war mein Leben lang bei mir, aber als er nur in mir vorhanden war, konnte ich ihn nicht wahr-nehmen. Erst als er ins Aussen geboren wurde, ich ihm also in der Getrenntheit im Aussen begegnete, konnte ich durch diese Begegnung angeknipst werden. Ich musste dazu einfach nur in seine Augen sehen.
Welche Augen leiht sich Gott also aus, wenn Er will, dass wir Ihn erkennen? ... Gott beschriftet nebenbei LKWs, und somit scheint er von mir getrennt zu sein. Aber weil er immer in mir war, könnte ich ihn nicht wahrnehmen, ich würde nur mich selbst fühlen, und als Mensch, der in ständiger Wechselwirkung zu seiner ihn umgebenden Welt leben muss (so ist das Spiel konzipiert) brauche ich die Interaktion im Aussen. Gott MUSS scheinbar von mir getrennt sein, damit ich diese Beziehung in ihrer ganzen Tragweite er-leben und verstehen kann. Und damit ich ihn überhaupt erkennen kann. Diese Welt ist nur eine illusionäre Krücke, aber sie erfüllt bestens ihren Zweck. Ebenso musste Kris von mir getrennt sein. Wir mussten als zwei scheinbar getrennte Wesen inkarnieren, damit wir unsere Einheit daraus ableiten können. Die Distanz ist ein Muss, bis in die letzte Konsequenz. Wer die Trennung nicht zu schätzen weiss, der hat die Einheit nicht begriffen. Kris hatte mich vor zwei Jahren danach gefragt: Ist die Distanz zwischen uns wichtig? Und nun weiss ich die Antwort ...
Ich glaube, so kann man es wohl formulieren. Ich wusste jedenfalls gestern abend im Bett, dass ich lieber ein kleines Mädchen in Gottes Händen sein möchte als Gott selbst. Das ist mir einfach zu unbe-greifbar und viel zu einsam. So muss Gott sich gefühlt haben, als ihm die glorreiche Idee kam, etwas zu erschaffen, was sich scheinbar ausserhalb von ihm befindet.
Es ist wie immer alles ganz einfach, meine Kleine.
Gerade stehe ich in der Küche und danke innerlich Gott, dass Er (wieder) in meinem Leben ist und ich all die wunderbaren Zeichen bekomme, so wie am Anfang, und ich *fühle* diese Dankbarkeit in jeder Zelle – da erzählt eine Frau im Radio:
„Ich weiss es noch genau - damals habe ich mich nach einem Streit mit meinem Freund versöhnt, und dann lief passend dazu

dieses wunderbare Lied [man hört schon die ersten Takte von *Light of stars* ...], und dann lagen wir uns wieder in den Armen."
Und Kris singt los. Ich bekam eine Gänsehaut bis in die Haarspitzen.
Mit der Post kam dazu ein Osterpaket von einer Freundin. Es war u.a. ein Buch für mich darin, über die 12 Stufen des Lichtkörperprozesses.[9] Also mache ich es wie immer, schlage das Buch irgendwo auf und lese:
„ ... zu Beginn und zum Ende der neunten Ebene findet ein massiver Abstieg statt ... durchlauft ihr eine starke Neubewertung. Die auf der neunten Ebene ist die schwierigste, denn jetzt ist die stärkste Hingabe an den Geist vorhanden. Du wirst entdecken, dass du auf persönlicher Ebene über absolut nichts mehr die Kontrolle hast. Du verstehst, dass du schon immer ein göttliches Instrument gewesen bist. (...) Geist entwirft alles für dich: du bist ein göttliches Instrument. Dies ist die Auflösung des Ego-Selbst, das letzte Durchschreiten des Tors des Erwachens.
Dies kann gleichzeitig die ekstatischte und schmerzvollste Erfahrung sein.
(Anmerkung: UND OB!!!)
Die völlige Desillusionierung ist ein wichtiger Teil des Lichtkörperprozesses, denn sie bedeutet das letztendliche Loslassen des Ich-Selbst (so wie du es verstehst)."
Besser hätte ich es nicht ausdrücken können!
MEIN GOTT was geht hier vor sich?
Du bekommst ein paar Antworten, DAS geht vor sich.
Meine heutigen Rosen sind gelb, ein ganzer Strauss, und sie befinden sich auf der Karte, die mit in dem Paket war.
Ich dachte, ich schick mal was anderes als immer nur die roten!
Und mitten drin ein einzelnes kleines weisses Osterlamm!

Ich weinte auf der Stelle zwanzig Taschentücher durch!
Diese Tränen, die in solchen Momenten kommen, sind durch nichts zu bremsen! Sie steigen von ganz unten auf ...

Und, wie willst du dein Buch jetzt nennen? – Sanft wie Schafe.

Ich stand dann in der Küche, noch immer tränenwischend, und überlegte: darum bin ich also auf Erden - das war es also, was ich hier tun sollte, Gott wollte ein Buch mit mir schreiben, und nur ich konnte genau *dieses* Buch über IHN schreiben. Sanft wie Schafe. Ich bin einzigartig und unersetzlich. Ein einzigartiges kleines Lamm. Und jemand sagte in meinem Kopf: Da hast du deine Antwort.

Und wieso höre ich IHN jetzt wieder so deutlich? Ich verstehe es nicht, ich begreife es nicht, warum ich? Ich bin doch viel zu unwichtig für so was! Hilfe, mein Kopf ist zu klein dafür!

...aber dein Herz ist gross genug.

Ich sehe aus, als ob ich mein Leben lang nichts anderes getan hätte als zu weinen, muss mich erst mal neu schminken.

Nicht für mich, ich finde, du siehst immer grossartig aus!

Das hat Kris auch gesagt, damals in Hamburg, als ich vom Winde verweht und verweint vor ihm stand ...

Wir sind nicht zu trennen, *sweetheart*!

später

Gerade brachte mir der Postbote mein neues Buch: Gespräche mit Gott[39]! Und sofort ging´s wieder los!

Ich nehme also das Buch zur Hand und schlage es irgendwo auf - - und lese das, was ich heute früh als erstes in dieses Buch hier geschrieben habe, über den Sinn der Trennung!

„Wie ich bereits erklärte, könnt ihr in der Abwesenheit dessen, was ihr nicht seid, nicht erkennen und werden, was ihr seid."

Oder in meinen Worten: In der Anwesenheit dessen, was ihr seid, könnt ihr nicht erkennen, was das ist, das ihr seit – oder nochmals anders ausgedrückt: Wenn wir die Trennung nicht erleben würden, könnten wir die Einheit nicht erkennen.

Wer diktiert hier wem? Es ist gruselig!!!

Das ist doch wohl eine rein rhetorische Frage!

Im Buchpaket fand ich dazu folgenden Werbeflyer:

TRÄUME SIND FÜRS LEBEN DA, UND WIR SIND PERSÖNLICH ZUSTÄNDIG, UM IHN EIN STÜCK NÄHER ZU BRINGEN!

Frage: wieso IHN? wieso nicht SIE? Es heisst doch DIE Träume?
Nein, es meint den Zaunpfahl, mit dem wir schon seit Monaten winken!
Ganz zu Anfang taucht in dem Buch von Walsch übrigens der übliche Satz auf: „Ich habe zu diesem Zeitpunkt keine Ahnung, worauf das Ganze hinausläuft." Bücher, die Gott über sich selbst schreibt, lassen den jeweiligen Autoren oder die Autorin anscheinend regelmässig im Ungewissen, und der Grund ist der, dass Gott mit uns niemals fertig ist. Woher sollte also der Schluss eines solchen Buches jemals vor Beginn des Schreibens feststehen? ER verrät uns doch nicht gleich zu Anfang, was ER mit uns vor hat! Weiter heisst es bei Walsch: „Die Gespräche finden übrigens weiterhin statt, auch während ich dies schreibe." (Genau so war es auch, als ich das Vorwort für *Sanft wie Schafe* schrieb ...) Ich dachte: Ok, ich musste also dieses Buch, *Sanft wie Schafe,* schreiben. Aber warum um alles in der Welt in trauriger Einsamkeit?
Wäre Kris da gewesen, hättest du es nicht geschrieben.
Meine Bücher und Kris. Das gebe ich ehrlich zu: das ist die Wahrheit, was am Ende übrigbleibt, wenn ich alle anderen nicht so wichtigen Wünsche wegstreiche! Ich bin Buchautorin, und ich gehöre zu Kris. Ich kann es nicht ändern, dies sind die beiden Gedanken, die das innere Glühen warm halten. Alles andere verpufft, sobald ich Licht drauf richte. Dies sind die beiden Themen, die ich allen anderen vorziehen würde, immer. da kannst du mich nachts wecken und mir die Gretchenfrage stellen! Alles andere ergibt sich lediglich aus diesen beiden Grundfesten. Das sind die beiden Brückenpfeiler meines Lebens! Weiss Gott das auch? Ach, er hat sie mir ja selbst ins Herz gelegt, natürlich weiss er, er hat mich ja erschaffen. Aber - warum ausgerechnet ich, mein Buch ist längst nicht so revolutionär wie z.B. die *Gespräche mit Gott!*
Denk dich nicht klein.
Im Radio singt Tina dazu: *Du bist die beste.*
Ok, ich glaube, dass Er es schafft. Er wird auch aus meinem Leben einen Bestseller machen. Aber wie um alles in der Welt will Er das hinkriegen?

Das lass mal meine Sorge sein. Ich bin der Teil von dir, der Gott nie verlassen hat, und gemeinsam mit mir wirst du das Kind schon schaukeln. Vergiss das nie! Erinnere dich und vergiss es nie wieder! Und sag nicht immer ER!

Das Schöne ist: Der verzehrende Schmerz beim Wünschen ist weg. Gerade fiel mir der Satz von Hape Kerkeling[4] wieder ein: *Er will nur eins – unser Vertrauen.* Wie konnte ich das nur jemals vergessen!? Ich war wirklich im dunklen Wald, und das für mehr als ein Jahr! Nun ist es umso schöner, nach dessen Durchquerung das Licht wieder zu sehen! Es ist, als ob mir eine Augenbinde abgenommen worden wäre!

Jedenfalls weiss ich, wer ich bin – ich bin Bestsellerautorin, und ich sitze den ganzen Tag an meinem Buch, alles andere ist wieder in den Hintergrund getreten, ich müsste wirklich dringend mal die Wohnung wischen! Aber dies ist mein Leben. Und Gott zieht es vor, persönlich mit mir zu sprechen. Basta. Ob ich das selbst glaube oder nicht!

Meinen weltlichen Beruf (Industriekauffrau) habe ich damals aus Angst (da auf den Rat anderer hin) gelernt. Ich wusste selbst überhaupt nicht, was ich werden will (klar, ich war es ja auch schon!) Damit bin ich am Ende nicht glücklich gewesen. Also muss ich mich aus Angst heraus entschieden haben, denn es gibt nur Liebe oder Angst als Grund für unsere Handlungen. Und Handlungen, die auf Angst basieren, machen uns niemals glücklich. Das stimmt!

Als ich jedoch noch ein kleines Mädchen war, da wusste ich schon, dass ich ein Buch schreibe, aber ich wusste noch nichts von Geld und Erfolg. Mein Ego war noch abwesend in Bezug auf Erfolg und Geldverdienen! Ich ging völlig in dem Bewusstsein auf, gerade ein Buch zu schreiben – ohne einen einzigen Buchstaben zu kennen. Ich kritzelte ein ganzes Buch voll mit Wellenlinien. Und ich *war* die Autorin, die ich ja in Wahrheit auch bin. Als ich Kris in die Augen sah, war mein Ego ebenfalls nicht hier. Und als es zurück kam, fing es an, aus Angst dagegen an zu reden. Ich wollte wieder ein Kind sein, aber mein Ego wollte mich wieder einmal beschützen. Es bekam im weiteren Verlauf viele Stimmen, nämlich die anderer Menschen, die, wie ich es heute sehe, sich selbst mit dem Zweitbesten zufrieden gegeben haben. Ja, ich glaube, man sollte wenn überhaupt nur auf Menschen hören, die ihr Leben leben, und zwar IHR Leben und nicht das eines anderen. Denn sie allein wissen, wie es geht, sie wissen, wie Gott es sich für uns ausgedacht hat und wie man es sich nimmt. Das sind die einzigen Berater, denen man überhaupt zuhören sollte! Hörst du mir gerade zu? Ich will es auch so haben wie im Film und sage daher: Du kannst jetzt anfangen.

Ähem, es reicht wohl, wenn **wir beiden** jetzt einfach mal anfangen. Bitte nicht ganz so theatralisch!

Als ich es gerade laut sagte, habe ich endlich kapiert, was Kris mir die ganze Zeit spiegelt ... Ich las auf der Webseite von Walsch[40] zum Thema Beziehungen sinngemäss: Die meisten Beziehungen scheitern, weil die Menschen sie eingehen mit der Absicht, was sie aus ihnen für sich herausziehen können, statt mit der Absicht, was sie hineingeben können. Ich dachte na toll, meine Absicht war der erste Gedanke, den ich zu Kris hatte: *Ich wünschte ich könnte dafür sorgen, dass dieser Mensch für immer glücklich ist.* Da steht nichts von „bekommen“! Warum also muss es dann so enden? Und ich ging in meine magische Küche und sagte laut: Da wird Kris angeboten, dass er alles bekommen kann (nämlich von mir), und was tut er? Er glaubt es mir nicht, weil er es nicht gewohnt ist, ist misstrauisch und lehnt es vorsichtshalber ab. Ist der verrückt? STOPP! .... Was tue **ich** denn die ganze Zeit? Gott bietet mir an, dass ich alles bekommen kann (nämlich von ihm), und ich glaube es nicht, bin misstrauisch und lehne es vorsichtshalber ab. Das fängt bei einer Arbeitsstelle an und hört bei den Finanzen noch lange nicht auf! Es bleibt also bei mir: Ich soll es annehmen, aber ich traue dem Braten nicht. Solange das so ist, ist Kris gezwungen, mir das zu spiegeln, denn er IST mein Spiegel. Meine Güte, das hat aber gedauert. Ich konnte ohne Gott auch nicht drauf kommen, er hatte in der Gleichung immer gefehlt. Meine Beziehung zu Kris ist wahrlich genau so wie meine Beziehung zu Gott, und zwar in Reinkultur. Und Kris macht wie immer alles richtig. Es ging wieder einmal nur darum, was ICH daraus für mich mache!

Kris ... Ich greife nicht in sein Leben ein, natürlich nicht, aber ich sorge mich um ihn und wünsche mir nichts sehnlicher, als ihm endlich alles geben zu dürfen, ich muss so viel zurückhalten. Das ist schwer, aber es bringt mich nicht um. So fühlt Gott, denn es gibt keine Trennung und keinen Unterschied. Ich lerne, Kris auf ganz genau dieselbe Art und Weise zu lieben wie Gott; diese Liebe ist eine absolut gebende Liebe, das einzige, was sie verlangt, ist Vertrauen. Und damit ich während des Loslassenlernens nichts anstellen kann, hat Gott Kris sehr weit von mir entfernt platziert ...
Kris hat einmal am Telefon zu mir gesagt, es habe sich in seinem Leben bisher immer herausgestellt, dass etwas, was wunderschön begann, in der Hölle endete. Und das tut mir deswegen weh, weil ich selbst so denke. Gott tut das nur deswegen nicht weh, **weil er nicht so denkt**. Gott sucht nie den Haken! Dualseelen wollen auf Erden lieben wie Gott ... Das ist ihr hochgestecktes Ziel!

10. April, Karfreitag

Es spielt keine Rolle, was Kris im Aussen tut ... Es kommt nur darauf an, was es *mit mir* macht, was *ich* am Ende daraus mache.
Dann fiel mir ein: Wenn ich zwar Gott noch nicht soweit vertraue, aber immerhin schon mal glaube, dass er etwas für mich hinter seinem Rücken bereithält, dann vertraue ich ihm ja doch bereits! Und damit hat er wieder mal den Fuss in der Tür. Ich hab nur noch nicht herausgefunden, wie ich selbst aus dem Weg gehen kann, damit Er es mir auch überreichen kann. Gott kriegt die Tür nicht auf (das Scheunentor), weil ich davor sitze und knatsche.
Als ich gestern abend noch einen Blick ins Wohnzimmer warf, sah ich, dass die Kinder ein Buch auf dem Boden liegen gelassen hatten, Titel: „3-D Wunderland“[41]. Auf der Rückseite findet sich ein Satz von Goethe: „Zum Sehen geboren, zum Schauen bestellt.“ Alles klar, *das ist Ihr Leben*!
Weiterhin steht dort: „Erschließen Sie sich eine grenzenlose Bilderwelt, entdecken Sie ein Ufo im Kornfeld, (...) Machen Sie sich mit dieser faszinierenden Dimension des Sehens vertraut. Eine ausführliche Anleitung zeigt Ihnen den Weg, die neue Kunst

des Sehens als eine amüsante und anspruchsvolle Form der Unterhaltung zu erleben und zu genießen. Entdecken Sie die geheimnisvolle Magie im dreidimensionalen Wunderland der Formen, der Farben und der Phantasie."
Das muss aus der Broschüre stammen, die sie droben im Himmel verteilen, um Werbung für die nächste Inkarnation auf der Erde zu machen. Gerade rät mir das Radio: *Wer im Gespräch bleibt mit Gott, der kann auch im Glauben wachsen.*
Wenn Kris nicht berühmt wäre, statt in England in Deutschland wohnen würde und ich schon reich wäre, würde es mir nicht so schwer fallen, all dies zu glauben. Aber so, wie es jetzt ist, ist die Glaubensprüfung weitaus grösser. Es wäre viel leichter für mich, meine Träume in die Tat umzusetzen ...
Solange du glaubst, alles allein machen zu müssen, hast du wohl recht damit.
Gleichzeitig hatte ich es viel leichter als all die anderen, denn Gott zwang mich förmlich, *nach innen* zu schauen, denn im Aussen war ja hier nichts. Er hat mich mit mir allein gelassen, damit ich mich so richtig durch und durch kennen lerne – denn Gott wusste, dass dies das Wichtigste ist, was ich in meinem Leben jemals tun würde. Danke, Gott. Und Danke, Kris!
Yepp!
Ich hatte Anselm Grün eine Dankes-Email geschrieben, und in seiner Antwort stellte er mir *den Engel der Zuversicht* an die Seite. Dieser arme Engel hat nun alle Hände voll zu tun, ob der Anselm weiss, was er ihm da aufgebürdet hat? Vermutlich nicht. Aber erstaunlich, woher wusste der Mann, was ich gebrauchen kann?
Ihr seid alle verbunden, Liebchen. Und:
Dein Tonfall gefällt mir jetzt wesentlich besser.
Mir auch. Sag mal, hast du auch dauernd deine Emails gecheckt, um zu sehen, ob ich mich bei dir gemeldet habe?
Ziemlich am Anfang meiner Geschichte las ich einmal den Satz: *Ob du glaubst du kannst es, oder ob du glaubst du kannst es nicht – beides ist wahr.* So ist das anscheinend auch mit dem Channeln.
Womit wir wieder beim Thema Nichtrauchen wären, ähem.
Ich ersetze: Ob du glaubst, du kriegst es, oder ob du glaubst, du kriegst es nicht – beides ist wahr.

Das ist Gottes Gleich-gültigkeit.
So etwas tut Liebe, ist das nicht der Hammer? Was ich eigentlich nur kapieren muss, ist dies: Es liegt Gott nichts daran, mir meine Wünsche NICHT zu erfüllen. Und, ganz wichtig: Gott bewertet nicht. Wenn ich eine reiche Bestseller-Autorin sein will, bin ich eine. Daran ist nichts zu bewerten. Was ich damit anstelle, wird lediglich Konsequenzen aus Ursache und Wirkung für mein weiteres Vorgehen haben. Gott wird mich weder unverschämt noch gierig finden. Meine Güte, diese Sichtweise macht mir einen weiteren Knoten ins Gehirn, weil ich ganz andere Gedanken gewohnt gewesen bin. Ganz schön schwer, sich so viel Freiheit vorzustellen! Und die eigene Erziehung über den Haufen zu werfen ... Danach ist es meine Sache, wie ich weiter damit umgehe. Geld horten und ruhmsüchtig werden? Oder die Gelegenheit erkennen, immer noch mehr und mehr Menschen von Gott erzählen zu können?
Ein Schritt nach dem anderen.
Stimmt, sonst krieg ich den Knoten nie wieder raus.
Ich will dir sagen, was ich glaube: ich glaube, Gott liebt Erfolgsgeschichten. Und er lässt sie aufschreiben.
Gerade bekomme ich mitten da hinein folgenden Hinweis per Email:
„Und plötzlich weißt du: Es ist Zeit, etwas Neues zu beginnen und dem Zauber des Anfangs zu vertrauen." Meister Eckhart
Ich brauche keine Medien, sie stehen wortwörtlich in der Mitte, dazwischen, kurz gesagt: *im Weg*. Sie hatten mir die Sicht versperrt für das Wesentliche. Das Wesentliche ist immer einfach.
Na endlich!

„Maya! Kris hat gemailt ...
... als ich gerade den PC ausgemacht hatte, kurz nach 8.
aber ich wusste, dass ich ihn wieder einschalten sollte.
ich hatte den ganzen abend mit Gott geredet. während der PC wieder hochfuhr fragte ich ihn gerade: ´was ist nun mit Kris?
ich weiss entgegen allem, was du sonst so in büchern sagst, dass es niemals ohne ihn gehen wird.

ist er es nun oder nicht?` und rufe meine emails ab. absender: „Kris“. (das ist neu, sonst ist es immer der unpersönliche plattenfirma-absender). ich mache sie auf, lese sie, bin bis ins mark elektrisiert - und die stimme sagt in meinem Kopf:
da hast du deine antwort!
jetzt weine ich und bin am zittern!
sie sagte mir weiterhin, was ich hier tue sei, eine antwort zu suchen, die ich schon lange habe, daher werde ich auch keine (andere) finden. ich glaube mir kein wort. gute nacht“

Kris schreibt:
traurigen karfreitag meine liebe. sei gut, stark, glücklich, gesund, sexy und erfüllt. kris xx

Dieses wieder einmal in violetten Riesenbuchstaben.
Jetzt beginnt im Radio ein Song, da singen sie: “*Zusammen gehen – das ist unser Schicksal.*“ Es gibt keinen Zufall. Nein, egal was du nun denkst, aber es geht mir nicht darum, am Ende den Engländer an Land zu ziehen, dafür habe ich ihn schon zu weit losgelassen. Sondern es geht mir darum herauszufinden, ob ich mich so sehr in Gott und meinen Zeichen von oben getäuscht haben kann. Das ist der Punkt. Ich will am Ende des Buches sagen können: *Seht her, auf Gott ist Verlass, ihr könnt ihm trauen. Und er beschriftet LKWs.* Das ist es, was ich mir vorgenommen habe. Wenn ich dazu Kris heiraten soll, tue ich auch das. Dies ist eine Sache zwischen Gott und mir, nicht zwischen Kris und mir.
Ist das denn zu trennen ...?
Immerhin – ich wollte einen Verantwortlichen sprechen, und nun spreche ich mit dem, der für ALLES verantwortlich ist.
Mit dir selbst. Nicht mit DEM, sondern **mit dir selbst**. Das ist das Entscheidende!
Warum sollte mir Kris immer noch schreiben, wenn es alles unwahr wäre. Und warum versuche ich die ganze Zeit, etwas logisch zu erklären, was vollkommen unlogisch ist, da nicht vom Verstand geschaffen. Warum hast du mir diesen Kettenanhänger geschenkt? Ein „K“? Warum sollte ich mir seinen Vornamen um

den Hals hängen, wenn ich ihn nie wiedersehen soll? Das kannst du deinen Engeln erzählen, aber nicht mir.

Du bist ganz schön schlau, was?

Lach nicht. Bitte. Es ist mir Ernst.

Mir auch. Das war es immer.

Ich kann nur in meinem begrenzten Rahmen erschaffen, Liebe jedoch ist unbegrenzt. Und wenn es nach der gängigen Theorie aus den diversen Universums-Wunschbüchern ginge, hätte ich den Platz in der ersten Reihe spätestens in Hamburg nicht haben dürfen. Aber ich hatte ihn, trotz all meiner negativen Angstgedanken. Nein, ich werde mich niemals damit abfinden, dass da Grenzen sein sollen. Wenn du etwas vorhast, schafft Gott es, es richtig zu biegen, egal was du da ego-kleinlich um Haaresbreite manifestiert hättest. Das ist das, was ich erlebt habe, und zwar mit Kris. Und nicht nur einmal ... Ebenso hätte ich diesen Mann niemals ausgewählt. DU hast uns ausgewählt. Und das weiss ich so sicher wie das Amen in der Kirche.

Ihr seid aus einem Guss! Aus meinem Guss!

An der Litfass-Säule vorm Bäckerladen ist eine neue Werbung ... *Freu dich drauf*! Oha, dachte ich, und als ich wieder nach Hause kam, dachte ich erneut darüber nach, als mir ein LKW entgegenrief: *Freu dich drauf!* Der nächste sagte: *Immer für Sie da!* Ich sah auf zum Himmel, und die Sonne schien durch ein paar Wolkenberge, ich konnte die einzelnen Strahlen sehen, es war ein Bild wie auf einer Postkarte. Gut, Gott, ich verlasse mich darauf, dass deine Hinweise wahr sind, so wie einst im Mai. *Schaun mer mal*, wie das hier weitergeht! Wir sind verbunden, das steht fest. Wenn ich also meine derzeit grösste Angst anschaue, wird er auch seine derzeit grösste Angst anschauen. Richtig? So werde ich es machen. Bist du noch da?

Hörst du, wie ich erleichtert aufseufze? Und – wo sollte ich schon hin? Ich bin eine nicht-örtliche Präsenz, mein Schätzelein.

Was bedeuten andauernd diese Kosenamen?

Wir *werden einander hundert neue Namen geben*, weisst du nicht mehr ...?[42]

9. Kapitel
so sicher wie das Paradies

Ich fühle Kris seit fast einer Stunde so intensiv wie lange nicht mehr. Ob er mir schreibt? Oh, ich weiss, es soll mir egal sein, aber ich sag dir was: ES IST MIR NICHT EGAL. Basta. Und zwar aus dem Grund, *weil ich es wissen will.* Ich will es jetzt endlich wissen!!! Warum spielt er dieses Spiel mit mir?
<u>Du kannst es nicht mit dem Verstand wissen. Jetzt fühl doch endlich!</u>
...
Ich fühle ihn ja immer, und langsam wird es anstrengend ... hmmm, ich hatte wirklich gedacht, er schreibt noch. Ich laufe wie ein Tiger auf und ab und frage mich, was das werden soll, traue mich aber auch nicht, ihm noch einmal zu mailen, dann ist es womöglich wieder zuviel für ihn. Warum muss das so schwierig sein? Immer fasse ich ihn mit Samthandschuhen an! Warum muss das so schwierig sein?
<u>Warum einfach ...?</u>
Ich *will* das jetzt *einfach* haben.
<u>Lass uns ein bisschen reden. Was wünscht du dir?</u>
Dass Kris hierher kommt. Ich komme mir total bebirnt vor und frage mich schon den ganzen Tag, was real ist und was nicht. Es ist, als ob sich das umgetauscht hätte, was früher Geschichtenerfinden war, ist jetzt echt. Und was echt war, ist langweilig. Und jetzt sitze ich hier an einem Samstag abend und schreibe einen Dialog mit jemandem, den ich nie sehe. Bebirnt. Soweit ist es also schon gekommen!
<u>Mit mir?</u>
Mit mir.
<u>Mit uns – dann sag das doch gleich.</u>
Das wird jetzt echt zu langweilig. Ende der Durchsage.
...
Menno, ich bin total unruhig, warum schreibt Kris nicht? Was für eine unmögliche Situation.
<u>Was für eine lehrreiche Situation.</u>
Ich denke, ich soll hier nichts mehr lernen, sondern leben?

Aber du lernst doch so gerne.
Schluss damit, schick ihn her! Bitte ...
Wir sind am Eingemachten, merkst du?
Wo sind wir?
Im Auge des Sturms.
Das ist mir zu theatralisch.
Wie war das noch mit der Dramatik?
Das hat meine Freundin gesagt, dass du einen Hang zur Dramatik hast, nicht ich.
Das muss ich wohl verwechselt haben ... (Schmunzeln)
Warum schreibt Kris nicht, er denkt doch an mich, was soll das? Ich finde diese Unterhaltung absurd.
Was denkst du, mit wem du sprichst?
Keine Ahnung, mit mir selber vermutlich. Deswegen höre ich jetzt auch damit auf. Basta.
Immer noch Angst vor Channeling?
Auf diese Lügengeschichten kann ich verzichten, ja tatsächlich. Dann weiss ich eben nicht, wann er kommt und ob er überhaupt herkommt. Mir wird gerade megawarm.
Das bin ich.
Dann verschwinde. Gute Nacht.
...
Ich kann nirgendwohin gehen, ich bin schon allüberall!
Habe vorhin einen Anruf bekommen, niemand ruft hier so spät noch an, Schreck! Meine Tochter! Sie ist bei ihrem Papa und wollte mit mir *chatten*. Ich frage mich die ganze Zeit, was hier vor sich geht, das ist noch nie vorgekommen. Und gerade wollten wir schon den PC wieder ausmachen, da stand auf dem Bildschirm:
Ich will zu dir.
morgen bist du ja wieder hier, versuch zu schlafen mein schatz. ich schalte jetzt ab.
Warte. Ich will dir noch was sagen.
bitte.
I love you.
Da hab ich dann ausgeschaltet. Das war zuviel. Ausgerechnet auf englisch! Ich glaube, ich hake das Ganze doch besser ab. Ich muss geträumt haben, das kann alles nie was gewesen sein.

kurz vor Mitternacht ...

Ich fühle mich so müde, aber nicht wegen der Uhrzeit. Ich möchte einfach nur loslassen und diese ganzen Gedankenspiralen wegwerfen. Gott fing an zu reden, als ich entspannt war. Je mehr ich wieder kontrollierte, desto weniger sprach er. Besser wäre es, wenn man von all dem Zeug nie was gehört hätte, ... aber andererseits – all dies zu wissen und *trotzdem* alles loszulassen, das ist vermutlich die Kunst! Ich war schon wieder viel zuviel in der Zukunft. Ich soll mich aber doch JETZT wohlfühlen. Ich war schon wieder endergebnis-orientiert. Eins habe ich also heute kapiert: ICH HABE SOWIESO KEINERLEI KONTROLLE DARÜBER. ÜBER GAR NICHTS IN MEINEM LEBEN.
Habe ich Kontrolle über das Gewitter da draussen? Früher gab es übrigens im April keine Gewitter, ich kann mich jedenfalls nicht daran erinnern. Der Vollmond glüht heute rot, so etwas hab ich auch noch nie zuvor gesehen. Habe ich Kontrolle über diesen Mond? Nein. Wieso um alles in der Welt komme ich dann auf die Idee, ich hätte Kontrolle über mein Leben? Gehört es nicht ebenso wie der Mond Gott?
Yepp. Das hast du schön formuliert!
Ich habe, was mich betrifft, nur noch eine Aufgabe: ***aufgeben***.
Dieses Aufgeben bedeutet aber nicht resignieren – es bedeutet: Achtung, jetzt kommt wieder das absolute Stichwort: **Vertrauen.**
Du hast noch mehr Aufgaben, Kris zu lieben zum Beispiel.

Prompt fand ich in dem neuen Lichtkörper-Buch beim Weiterlesen dieses Elend mit dem Mentalkörper und dem Sich-innerlich-in-der-Zukunft-aufhalten ausführlichst beschrieben. Frohe Ostern allerseits! Meine psychischen und weitere körperliche Symptome fand ich Gott sei Dank auch in dem Buch, vor allem so merkwürdige Dinger wie Vibrieren und gewisse Seh-Erlebnisse. Habe ich Kontrolle über den Prozess? Nein. *So what*!
Ich wünsche mir, dass ich einfach nur zuschauen könnte, was passiert, ohne stundenlang darüber nachzudenken, sondern einfach entsprechend mit den Instrumenten, an die ich mich nun

wohl endlich zur Genüge erinnert habe, umzugehen. Wie entspannt muss das Leben dann sein!
Hast du es endlich verstanden! (lachen) Dann tu es doch!
Und was macht mein Verstand in der Zeit?
Singen?
Ich habe immer die anderen beneidet, die sich keine Gedanken machen. Andererseits möchte ich nicht so unbewusst leben wie sie. Wenn ich das verbinden könnte - !?
Fang an und sieh, was passiert. Mehr kann ich dir zu diesem Zeitpunkt JETZT nicht raten.
Für mich war es auch unangemessen, im Internet nach Channelings zu suchen, überhaupt da draussen nach Informationen zu suchen. Die Informationen haben *zu mir* zu kommen, wenn sie für mich wichtig sind! Ich schätze, Gott wird jetzt mehr Arbeit haben.
Glaubst du, das kriege ich nicht hin?
Es soll gefälligst alles zu mir kommen. Dies alles ist viel zu anstrengend und unnötig. Basta. Ich schreib das mal gleich in mein Internet-Blog!

„Kannst du den Mond kontrollieren?
kannst du das Gewitter in der Nacht kontrollieren? kannst du kontrollieren, was du zum Geburtstag geschenkt bekommst?
(... wenn du Überraschungen nicht ertragen kannst, wirst du es versuchen, aber dann ist es kein Geschenk mehr, dann ist es eine Bestellung!)
kannst du kontrollieren, was dein Kind tut, wenn du es nicht siehst? oder deine Mutter? kannst du kontrollieren, wie lange dein Vater schläft? oder wie lange er lebt?
kannst du kontrollieren, was andere Menschen denken? kannst du kontrollieren, wer dir morgen begegnet? kannst du dein Körperwachstum kontrollieren? kannst du im Schlaf deine Atmung kontrollieren? kannst du deine nächtlichen Träume kontrollieren? kannst du kontrollieren, wen dein Hund anbellt? kannst du kontrollieren, wie lange deine Buchbestellung unterwegs ist?

bist du dir sicher, dass du *überhaupt irgend etwas* in deinem Leben kontrollieren kannst?
und wenn nicht, warum lebst du dann noch? wer hält dich am Leben? du kannst es ja nicht kontrollieren, nicht wahr?
findest du es nicht auch anstrengend, dauernd vergebens zu versuchen, alles in deinem leben zu kontrollieren?
warum lässt du es dann nicht einfach SEIN?
Gott hat alles unter Kontrolle, das ist sein Job. Tu du den deinen.
Aber Vorsicht: tu es nur, wenn du Überraschungen ertragen kannst! **Gott liebt Geschenke**, mit Bestellungen hat er nix am Hut. Also geh einfach aus dem Weg und lass ihn schenken.
atlantia"

laaaaaaaaaaaaaaaaaaaaaaaaaaaaach! Und das von DIR!
Das ist auch das, was mich an diesen Büchern immer so gestört hat – die über das Thema Wunscherfüllung: Sie sprechen das Kontrollbedürfnis der Menschen an, mehr nicht. Das sind Bücher für Leute, die nicht loslassen wollen! Die nicht vertrauen können und ihre männlich-aktive Seite überbetonen, statt weiblich-passiv geschehen zu lassen. Und es wird ihnen darin noch pfiffig geraten: Jetzt musst du deine Bestellung nur noch loslassen! *Nur noch*? Wer bestellt, hat gar nicht vor, irgend etwas loszulassen. Na, sei´s drum. Der einzige Wunsch, den ich heute wirklich habe, ist: Gott, bleib bitte bei mir (überflüssig, denn wo sollte er hin?) und vor allem: *hör bitte nicht auf, mit mir zu reden*.
Dann hör du bitte nicht auf, mir zuzuhören.
Abgemacht! Und was tue ich nun den ganzen Tag lang, mal ehrlich, ich habe dann auf einmal sehr viel Freizeit in meinem Kopf, wenn ich alle meine Sorgen um die Zukunft gehen lasse ...
Du wirst genug damit zu tun haben, meine Geschenke auszupacken ...
Dein Wort in Gottes Gehörgang.
Wir werden das Kind schon schaukeln.
Du musst wirklich immer das letzte Wort haben, oder?
Hier ist das letzte Wort doch immer „basta".
...

Ich bestimme, wann du geboren wirst und wann du stirbst. Glaubst du im Ernst, in der Zwischenzeit lasse ich dich alleine und kümmere mich nicht um dich?
Ich weiss das ja.
Dann benimm dich auch so.
Jetzt klingst du wie meine Eltern.
Nichts anderes bin ich für dich.
Gut, dass wir mal drüber gesprochen haben.
Basta. (breites Grinsen)
Du liest gerade dieses Buch und denkst: die hat sie nicht alle. Aber ich kann dir versichern, dass ich das *hörefühle*, was meine innere Stimme sagt. Es ist dasselbe Gefühl, wie wenn dein Schatz dir in die Augen sieht und flüstert: *Ich liebe dich*. Und du weisst, in diesem Augenblick bist du Alles für ihn.
Ich flüstere nicht, ich schreie. Manchen reicht auch das nicht, damit sie mir zuhören.
Das ändert sich, wenn sie dies Buch lesen, schätze ich.
Deswegen schreiben wir es.
... machen wir es gut?
Immer.
(Pause.)
... aber ich möchte diese Liebe doch endlich in die Erfahrung bringen!
... glaubst du, du kannst durch Herbeidenken etwas in Erfahrung bringen?
Wortspiele lieben wir also auch,wie es scheint.
Du kannst nur durch Erleben etwas in (die) Erfahrung bringen.
Da hab ich gleich wieder Bedenken, ob die Gelegenheiten zum Erfleben auch wirklich zu mir kommen.
Du kannst sie nicht herbeizwingen, das zeigt dir doch dein Leben, wie es jetzt gerade ist. Schau HIN! Warum sollte ich dir irgendeine Erfahrung vorenthalten? Du bist nicht zum Denken hier, sondern zum Er-leben.
... wird nichts je sein, was ich dir vorenthalte!
Das hab ich auch in dem Buch von Neale gelesen.
Und in deinem eigenen Gedicht ...

Dein Denken verhindert deine besten Erfahrungen. Fühlen solltest du.
Ich weiss, dass ich viele schöne Dinge auf diese Weise von mir fernhalte ... ein Gedanke baut auf, der nächste jedoch reisst es wieder ein.
Dann lass es SEIN.
Jetzt warte ich schon wieder. Ich warte, dass etwas passiert. Wann fängst du an?
Womit?
Mit dem Schenken.
Sag ich nicht.
Hmpf.
Ich erscheine immer dann, wenn du es am wenigsten erwartest, und nun frag dich mal, warum.
Du liebst Überraschungen?
Mein zweiter Vorname ist Überraschung.
Ein wahres Wort, gelassen ausgesprochen.

Schreck! Eine Freundin rief mich gerade an, und ihre Vorwahl ist bis auf die erste Null dieselbe wie die von England. Ich wäre nicht rangegangen, wenn Kris angerufen hätte, das hab ich gemerkt Das war ein Test, grrrr ja, weiss ich wohl.
Habe den ganzen Nachmittag lang entrümpelt und aufgeräumt. Demnächst lassen wir nach jahrelangem Vorhaben endlich den Sperrmüll kommen. Auch sehr bezeichnend. Wie innen – so aussen!
Ich krieg gerade die totale Sehnsucht und würde Kris am liebsten schreiben. Aber ich tue es nicht. Was würde die Liebe tun? Ich weiss es nicht. Ich bin die Liebe und weiss es trotzdem nicht.
Du hast Angst, dass er dich ablehnt. Ist das etwa Liebe?
Nun, ich finde, er muss zuerst antworten, er hat zwei Emails von mir, die er noch nicht beantwortet hat. Ja, ja ja und ich habe Angst, so unsicher war ich mir des Ganzen noch nie zuvor in den drei Jahren. Warum bloss war ich damals nicht zufrieden mit seinen vielen lieben Emails? Heute wäre ich schon dankbar, überhaupt eine Antwort zu bekommen, die mehr als Freundlichkeit erkennen lässt ... Argh, jetzt singt er im Radio!

später

Dieser Abend heute abend ist, wie soll ich es sagen - *magisch!* Ich hab alles auf Zetteln notiert, damit ich nichts vergesse, also: Es fing damit an, dass ich im Internet nachschaute, welchen Film ich heute abend schauen könnte. Ich fand einen Film, der witzig klang, und in der Filmbeschreibung las ich, dass eine der Filmfiguren Chris heisst. Auch das noch, na gut. Die Freundin meiner Tochter blieb zum Übernachten hier, da war leichtes Chaos also vorprogrammiert ... Kurz darauf rief mein Exmann an und riet mir, unsere Tochter bloss an eben diesen Film zu erinnern, den ich auch schon entdeckt hatte, sie wolle ihn nämlich unbedingt gucken, sie habe bei ihm dauernd davon gesprochen. Beinahe gleichzeitig rief die *Zwillings*schwester unseres heutigen Übernachtungsgastes an, sie wolle nur an den Film heute abend erinnern, denn die Schwester wolle ihn ebenfalls unbedingt gucken. Da wurde ich hellhörig, etwas ging also wieder vor sich, wenn schon wieder alles im Doppelpack auftrat!
Ich hatte zudem heute die Idee gehabt, meine alte Holztür hier im Büro mit schönen Grusskarten zu bekleben. Ja, da war ich wirklich wieder mal sehr kreativ! Bis der Film anfing, machte ich mich also ans Werk. Ich griff in eine der Tüten, in denen ich über die Jahre alte Briefe und Karten gesammelt hatte, und zog einen Valentinsgruss heraus. Ein grosses rotes Herz prangte auf der Vorderseite, dazu der Text: *Ich liebe dich.* Innen ein eingelegtes Blatt, und jetzt kommt´s! Ich erinnerte mich, dass wir damals Knatsch gehabt hatten und mein Exmann mir einen Strauss Blumen (ich kanns nicht beschwören, aber ich glaube, es waren Rosen) zur Entschuldigung ins Büro hatte liefern lassen. Damals arbeitete ich noch ganztags. Das hat er in den elf Jahren, die ich ihn mittlerweile kenne, nur dies eine Mal getan und vorher und nachher nie wieder, er hatte es nicht so mit Geschenken. Das Blatt in der Karte sagt: *Alles Liebe zum Valentinstag,* ***Dein Mann***.
Kein Vorname ... Ich starrte die Karte an und konnte nicht anders, ich *musste* an Kris denken. Es war mehr als merkwürdig.
Als nächstes fand ich eine Karte, deren Vorderseite ein Kunstwerk der (damals noch kleinen) Tochter meiner Cousine

zierte: Ein Raumschiff mit einem Ausserirdischen darauf. Dieser hat ... nur ... ein ... einziges ... blaues... Auge. Da war aber von Sirianern und Geistführern hier noch keine Rede! Ich guckte dreimal drauf, aber das Auge verschwand nicht. Es ist jetzt auch immer noch da.
Dann begann der Film. Einer der ersten Sätze lautete: „Chris darf erst zu dir zurückkommen, wenn du dein Leben sortiert hast."
Oh, oh. Ich fühlte mich irgendwie ziemlich tadelig angesprochen. DAS ist mein Leben!
Das ist Ihr Leben, sag ich doch die ganze Zeit. Tststs.
Ich sass da und kriegte vom Film nichts mehr mit, weil ich den Rest des abends nachdachte ...
Ich schlief dann letzte nacht spontan mit Kris´ T-Shirt, und ich war deswegen die ganze Nacht nassgeschwitzt. Es glüht, sobald ich es berühre, und das grenzt für mich nach wie vor an ein Wunder. Irgendein Stück Stoff, aufgeladen mit lebendiger Energie! Verrückt! Heute bin ich jedenfalls mit derselben Liebe aufgestanden, mit der ich gestern eingeschlafen bin. Es fühlt sich immer an, als wäre es ein wenig zu eng hier drin für diese Liebe ... Mir ist danach, eine Frage für diesen Tag zu stellen und meinen Lesern zu zeigen, wie du die Antwort herbeischickst.
Dann frag doch einfach.
Was will ich denn wissen, was haben wir noch nicht gefragt? Ok, meine Frage lautet: Werde ich eines Tages, wie es immer mein Traum war, in England am Meer wohnen und dort am Strand sitzen, auf das Meer schauen, vor Glück aufseufzen und mein neuestes Buch über Gott schreiben? Und dann kommt mein Ehemann, bringt mir Tee und Gebäck und fragt mich: *Brauchst du sonst noch etwas, Liebes*? Und ich antworte nach einem Blick in seine blauen Augen: DANKE, ich habe schon ALLES.
Das ist deine Frage?
Jawoll.
Dann will ich mich mal an die Arbeit machen, Liebes!
... habe eine weitere Kiste mit alten Briefen und Karten gefunden Jemand hatte mir mal vor gefühlten einhundert Jahren in einem anderen Leben eine Ankreuzkarte zum Geburtstag geschickt. Der erste Satz geht so:

„Das ist also der Tag an dem du ...
O geboren
O gezeugt
O auf diesem Planeten ausgesetzt wurdest."
Nun rate mal, was sie angekreuzt hat ...

Du, weisst du was? Ich bin nicht glücklich ...
Was macht dich denn glücklich?
Sag lieber „zufrieden". Wenn wir uns unterhalten, das macht mich glücklich, dann sind all diese Lücken innen drin aufgefüllt.
Jetzt kommt gerade wieder eine Welle Liebe. Danke.
Du hast gerade *deine Frage* noch einmal gelesen.
Ja habe ich. ... die Antwort steht schon da, nicht wahr?
Ja, sie steht schon da. Sie steht *schon lange* da.
Ganz lange ...
Immer schon.
Es gibt keine Zeit.
Es gibt keine.
Ich habe mir selbst geantwortet, indem ich fragte, oh - das hatte ich gar nicht gemerkt!
Du hast schon alles. Auch deine Antwort.
Und ich antworte nach einem Blick in seine blauen Augen:
DANKE, ich habe schon ALLES.
Seit dem ersten Augen-Blick habe ich schon alles gehabt. Aber ich kann mir das selbst nicht glauben.
Du sollst es nicht glauben, du kannst es nur wissen. Weisst du es?
Ja, ich hab es immer gewusst. Was ich mich gerade frage: würde es sich vollkommener anfühlen, wenn Kris dies mit mir teilen würde?
Warte einfach deine Antwort ab.
Ich meine, nein, es ist schon ausfüllend. Aber ich würde es gerne mit ihm teilen.
Liebe kann man nicht teilen. Sie ist immer ein Ganzes.
Dann ist er unwichtig?
Es ist gleich-gültig, ob er hier ist, denn es würde nichts ändern. Liebe ist unveränderlich. So oder so, es bleibt sich gleich.

Ich wünsche mir die ganze Zeit etwas, was ich schon immer habe, was sich nicht teilen lässt, was nicht weggehen kann und was sich nicht verändert durch wenoderwasauchimmer? Wie unsinnig, sich das zu wünschen! Heisst das, ich suche eine Antwort, die schon immer da war, sogar vor der Frage?
<u>Jetzt hast du es erfasst. (lachen)</u>
Was bleibt dann jetzt noch zu tun? Ich fühle das, was ich immer fühlen wollte. Und nun?
<u>Geniesse es.</u>
Es fühlt sich gerade so an, dass mir alles andere egal ist. Als wäre ich davon - irgendwie isoliert, weil ich hier drin eingeschlossen bin.
<u>Du suchst das richtige Wort.</u>
Ja das suche ich.
<u>Du bist DARIN, deswegen kannst du es nicht mehr wahrnehmen.</u>
Sicher falle ich da wieder heraus.
<u>Aber du kannst immer wieder zurückkommen, denn du weisst jetzt, wo dieser Ort ist, an dem du ALLES bist.</u>
In meinem Herzen.
<u>Da wo du *das warme Gefühl* wahrnimmst.</u>
In meiner Mitte. Ja, mein Herz. Hey, was schreibe ich hier für einen Kokolores?
<u>Willkommen zurück, lieber Verstand (lachen).</u>

Ich habe eine halbe Stunde geschlafen ... Als ich auf meinem Bett lag und dieses Pulsieren auskostete, stellte ich mir eine Frage.
Es ist ein Gefühl (Achtung! Worte sind unzulänglich!) wie wenn man von allen Geschmacksrichtungen gegessen hat und satt ist, so satt, ganz oben an der Grenze, dass es gerade noch angenehm ist, und sich nicht vorstellen kann, jemals wieder essen zu wollen. Der Verstand ist träge und innen ist alles ausgefüllt und warm. Nur, dass das Zentrum nicht der Magen ist sondern das Herz. Und dies aus sich heraus, alleine ohne etwas von aussen zugeführt zu haben. Und nun diese Frage: Warum sollte ich in diesem Zustand, wenn er nun eines Tages ewig dauern würde, eine Partnerschaft mit Kris haben wollen? Mir fiel keine Antwort ein! Es gäbe nichts zu teilen, es ginge nicht einmal um das

Darübersprechen, denn erstens kann man es nicht in Worte fassen, zweitens haben wir beiden sowieso Telepathie. Wir können die Liebe auch nicht teilen. Wozu also?
Nun, ich vermute, es muss aus dem einen und einzigen Grund sein: In der Dualität kann etwas nicht nur innen sein, es muss auch gleichzeitig aussen stattfinden, denn sonst hätte man die Dualität überwunden, und was sollte man dann noch hier? Hier muss der Zweck sein, auch aussen zu wollen, was innen drinnen ist. Sonst ist es unvollständig. Ja, das ist der Grund, warum ich niemals für mich alleine glücklich und in absolutem Frieden sein kann: Yin und Yang. Ich alleine kann nicht Yin und Yang in seiner Vollkommenheit darstellen, dazu habe ich Kris, der in dieser dualen Welt den vollkommenen Kreis ergänzt. Das ist der Grund, warum ich nicht aufhören kann, ihn mir herbei zu wünschen. Innen ist es ganz, und dieser Zustand dauert immer öfter und immer länger. Aber aussen ist es noch nicht sichtbar. Das ist der Punkt. Und ich kann nichts tun, damit dies geschieht, ich soll nur SEIN. Welch eine Aufgabe!
Im besten Sinne des Wortes ...
Dabei soll ein Mensch ruhig bleiben! Es zieht wieder an meinem Herzen ... und heute Abend kommt ein Film von Liselotte Pulcher im Fernsehen- *Herzensdramatik*. Dann werd ich mir mal einen Tee kochen und mir anschauen, wie die Dramatik vor sich geht! Jetzt spielen sie im Radio: *Entfessle mein Herz!*

Am nächsten Tag ...

Das merkwürdige Gefühl hört gar nicht mehr auf. Ich ging damit abends ins Bett und stand heute früh schon damit auf. Als hätte ich eine Flasche Sekt getrunken, ich bin in einer absoluten Feierlaune! Aber das ist auch nicht wirklich die korrekte Beschreibung. Ich fühle mich, als ob ich Geburtstag habe. Und gleichzeitig, als ob ich dreitausend Euro geschenkt bekommen hätte und mir erst mal keine Sorgen mehr machen müsste.
Als ob ich ein Jahr durchgearbeitet hätte und nun sechs Wochen Urlaub vor mir lägen. Es ist das Gefühl, das man Freitags nach

Dienstschluss hat, das Gefühl, wenn man eine beschwerliche Schwangerschaft endlich hinter sich hat.
Erleichterung mit Vorfreude, alle Lasten fallen von dir ab und nur Schönes liegt in Reichweite. Ich weiss nicht warum, aber so fühle ich mich. In dem Zustand ist man tolerant und ärgert sich nicht über Nebensächlichkeiten, du weisst schon, was ich meine. Kann das bitte nicht mehr aufhören? Und dies alles ohne Grund! Was passiert hier? Sobald ein Miesmacher-Gedanke angeflogen kommt, sehe ich, wie er an dem Feld abprallt, er kann nicht in mich eindringen. Wenn das so bliebe!
<u>Nicht fragen – annehmen.</u>
Als ich gestern abend an dich dachte, bekam ich einen Energiestoss. In meinem Lichtkörperbuch habe ich auch nachlesen können, wer du bist. Das ist ok für mich. Ich vermute und hoffe aber, dass es noch mehr ist als das. Und mir ist auch klar, dass daher meine Feierlaune rührt. Mit Kris hat das nichts zu tun, und das ist noch viel merkwürdiger. Nun, alles hat selbstverständlich mit Kris zu tun, aber der akute Auslöser für dies hier ist er nicht.
Wir sind heute auch wieder sehr spassig. Ich hatte eine Mail an Tom geschrieben, dass es unter dem Lichtkörperprozess normal sein, eine zeitlang zu erwarten, dass einen das Raumschiff morgen endlich abholt, und dass ich jetzt GOTT sei Dank aus dieser Phase wieder raus sei, schon lief im Radio *Major Tim – Total abgehoben – fliegt ein Raumschiff* – lalala.
<u>Das war ein kosmischer Witz.</u>
Ich laufe immer noch mit dem ich-hab-heute-Geburtstag-Gefühl herum! Das ist ja kaum zu fassen! Es ist ein Gefühl, als wenn Kris hier geschlafen und beim Abschied gesagt hätte: *Heute abend bin ich wieder da. Warte nicht auf mich mit dem Essen*. Verrückt! Es ist nichts anders als sonst, aber innerlich ist alles anders. Wenn ich anfange, an dem Gefühl zu zweifeln, geht es dann weg? Also lasse ich es lieber SEIN.
Merkwürdig, ich hatte mir doch gewünscht, es soll wieder so sein wie einst im April, bevor Kris hierher kam, als Gott noch da war und der kleine blaue Schmetterling angeflogen kam. Damals hatte ich immer mit Kevin gemailt, und daran musste ich die

letzte Zeit so oft denken. Heute hat Kevin mir wieder geschrieben. Ich fass es kaum!
Alles soll jetzt gefälligst zu mir gebracht werden ... sagte ich das nicht kürzlich? Zuerst wurde mir von der Apotheke ein Medikament nach Hause gebracht (das ist noch niemals vorgekommen, ehrlich nicht), als nächstes brachte mir meine sonst recht haushaltsfaule Tochter ungefragt die Wäsche aus dem Garten nach oben in unsere Wohnung. Es geschehen wahrlich noch Zeichen und Wunder.

„geliebter Kris, es gibt so vieles, was ich dir die ganze zeit über sagen wollte, so vieles, so vieles, was ich dir nicht sagen konnte, als du weg warst. ich habe tief in mir den glauben niemals verloren, dass wir füreinander bestimmt sind, seit anbeginn der zeit eins sind, und das es in diesem leben so sein soll. weisst du, ich habe die schönsten stellen aus meinen liebsten love songs herausgeschrieben, ich habe sie in meinem notizbuch festgehalten für den tag, an dem ich weiss, dass ich sie dir schreiben kann, weil du jetzt bereit bist, es zu hören. ich habe dich immerzu gefühlt, du warst nie ganz weg, und an dem tag, an dem du mir am flughafen zum letzten mal in die augen schautest, da habe ich gar keine trauer empfunden, weil etwas in mir wusste, du würdest sicher wiederkommen. ich habe dich in jeder sekunde, die du scheinbar so fern warst in diesem anderen land, in jeder dieser sekunden, jeder einzelnen, habe ich dich geliebt, und morgen werde ich dich immer noch lieben, in jeder einzelnen sekunde, die noch folgen mag. und wenn es morgen zu ende geht, unser leben, so existieren wir doch weiter, wir beiden, weil wir eins sind und unsterblich in unserer liebe. es hört niemals auf, es ist unendlich. diese liebe besteht ohne unser zutun, sie IST, und sie ist unser geschenk, das wir uns gegenseitig darbringen. ich wusste immer, dass du eines tages bereit sein wirst, sie anzunehmen, denn sie ist ja immer schon dein. unsere leben sind eins, und der eine wandelt neben dem anderen wie sein schatten. ich war immer an deiner seite, als du traurig warst oder lachtest, und ebenso habe ich immer deine anwesenheit gespürt, wenn ich lachte und ganz besonders, wenn ich traurig war. ich bin der teil von dir, der immer zu fehlen schien, und ebenso warst es immer du, der in mein leben gehörte. Kris, mein leben, es gibt keine worte für das, was du mir bedeutest, und erst recht keine

worte um zu beschreiben, was ich in diesem augenblick empfinde, da du zu mir zurückkehrst. niemals wird irgendein mensch worte dafür finden können, denn dies ist etwas göttliches und jenseits allen menschlichen verstandes. an dem tag, an dem du hier landest, kommt der himmel zur erde. ich bin sehr froh und danke Gott, dass du dich am ende für die liebe entschieden hast und nicht länger für die angst. ich existiere für immer in dir, nichts kann uns trennen. das ist das versprechen, das Gott uns gegeben hat und immer wieder aufs neue gibt, an jedem tag, in jeder nacht: **ich bin bei euch**. *und wir sind bei uns, immer und überall, denn es gibt keine zeit und keinen raum. wir haben diese illusion durch unsere existenz entlarvt, sie musste vor unserer liebe ihre maske fallen lassen. was blieb, ist die wahrheit über dieses leben. es konnte niemals anders sein. wir sind als zwei auf diese erde gekommen, um zu zeigen, was wahr ist und was nur illusion. eine seele, die sich in zwei wesen auf erden sichtbar macht, um Gottes wahrheit zu er-leben und zu zeigen. das sind wir zwei, eine seele in zwei körpern.*
meine freude ist grenzenlos, und meine dankbarkeit unendlich. wir haben am ende alles wahr gemacht. danke, Kristian."

... das *würde* ich ihm gerne schreiben, denn ich befinde mich in einem Zustand des wonnigen Überfliessens! Aber ich lasse es sein. Ich war wirklich nicht traurig, als wir uns am Flughafen verabschiedeten, und ich wusste, er kommt wieder, und winkte ihm munter nach. Das hätte ich sicher gefühlt, wenn es ein Abschied für immer gewesen wäre, ich wäre vermutlich zusammen gebrochen. Aber es war alles ok, und wieder daheim fand ich seinen Ohrring auf dem Teppich. Leise, wie man einen Ohrring abnimmt ... [42] Ein Pfand. Und so gibt es keinen Zweifel mehr für mich. Das magische Radio singt dazu: *Es gibt keinen Anfang und kein Ende ...*

15. April

Es ist 5 Uhr in der Früh, ich habe nassgeschwitzt und super schlecht geschlafen und bin viel zu früh aufgewacht.

Ich habe mir dann gerade Kris′ Webseite angeschaut und mich gefragt: Was soll ich mit diesem Mann? Antwort: Ich habe keine Ahnung.
Gott spricht nicht mehr, ich hör ihn jedenfalls wieder mal nicht.
Ja, heute ist wieder so ein Tag, da wünschte ich, ich könnte diese Liebe abstellen. Ich will den gar nicht, wieso muss ich ihn lieben? Es interessiert ihn doch alles gar nicht, warum also muss mich das interessieren? Ich habe mich doch an alles erinnert, kann es jetzt nicht gut sein? Hey, Höheres Selbst, bist du noch da?
<u>Willst du mich abstellen?</u>
Nein, die Liebe zu Kris ... Geht nicht. Ich weiss. Aber wenn man es doch nicht mehr will? Ich glaube, es ist vermessen, das mit Gott zu vergleichen. Er ist nur irgendein dummer alter Bär, der Angst vor der Liebe hat.
<u>Spieglein, Spieglein ...</u>
Mein Staubsauger ist kaputtgegangen, und das nachdem zwei Mädchen unter 10 Jahren drei Tage am Stück gesaut haben was das Zeug hält. Passend dazu weiss das Radio: *Es wird nicht leicht sein ...* Meine Wut kennt keine Grenzen, ich möchte einfach nur heulen. Stelle fest, dass ich niemanden kenne, der oder die so tief nach innen gegangen ist wegen seiner/ihrer Dualseele. Es war wohl nur noch eine A***karte da. Hahaha. Wahrscheinlich habe ich mir daraufhin für dieses Leben vorgenommen, das ganz genau herauszufinden, wie es sich verhält mit diesem Thema. Wenn Kris mit mir fertig ist, dann bin ich so stark, dass ich unbesiegbar bin. Das steht fest! Ego tot, Rest egal. Trotzdem würde ich alles dafür tun, noch einmal die weichen Haare in seinem Nacken zwischen meinen Fingern halten zu dürfen. Diese Haare sind so eine Sache, die mich zum Weinen bringt. Der blosse Gedanke daran macht mich butterweich. Er ist so perfekt, dass es mir Angst macht, so unglaublich perfekt. Besser hätte Gott ihn nicht machen können.
<u>Ja, das ist er, ich liebe ihn unendlich.</u>

Wieder einen Tag später ...

Alles ist richtig, wie immer, alles hat gestern abend auf einmal seinen Sinn ergeben, nachdem ich zwei Stunden lang vor Wut geweint hatte. Kris' Verhalten, mein Verhalten, ich konnte wie von oben herab schauen und erkennen, wie wir bisher zusammen gespielt haben. Wie die Channelings da hinein passen und wieso ich so angetrieben an mir gearbeitet habe.
Es war, wie wenn ich mit einem Mal einen Überblick über das Gesamtbild meines Lebens bekam, als ob ich *den Plan selbst* hätte sehen dürfen. Teilweise fehlen mir die Worte für das, was ich da überhaupt gesehen habe, ich fühle es nur, dass da etwas anders ist als vorher. Gleichzeitig mit dieser Erkenntnis vertiefte sich meine Liebe zu Kris noch einmal um einen Schub, falls das überhaupt möglich ist. Ich glaube, immer wenn ein Stück Zweifel wegbröckelt, wird entsprechend die Liebe vollständiger. Stärker kann sie ja nicht werden, aber runder, genau, sie wird runder. Und ich, ich wurde ein ganzes Stück grösser ...

„Sind wir Dualseelen?

Dies ist die meistgestellte Frage: Sind wir Dualseelen? (manche sagen auch: Zwillingsseelen)
Aufgrund meiner eigenen Erfahrungen möchte ich hiermit eine Antwort anbieten. Letztlich kann das selbstverständlich nur jeder Mensch für sich alleine in seiner Seele wissen. Diese Antwort ist eindeutig und erfahrbar, sie muss nicht für immer ein Geheimnis bleiben. Jedoch ist es notwendig, sich komplett nach innen zu wenden und Kontakt zu Gott in sich aufzunehmen. Allein hier liegt die Antwort. Wer wirklich bereit ist, sich auf den Weg zum Mittelpunkt seines Wesens zu machen, der wird alle seine Antworten erhalten. Sie fallen aber nicht von den Bäumen, wenn man nur einmal heftig daran schüttelt. Man wächst, wie Rilke es schon ganz wunderbar schrieb, schliesslich in die Antworten hinein.

Die Dualseele:
Bei der ersten Begegnung setzt auf der Stelle das Erkennen und die Er-innerung ein. Die Zeit bleibt stehen, und du hast den Eindruck, in die Ewigkeit zu blicken. Du hast das Gefühl, etwas Altbekanntes ist wieder in deinem Leben, und du wunderst dich, wo die Schmetterlinge bleiben? Du bist zu keinem Zeitpunkt verliebt. Übersinnliche Fähigkeiten werden aktiviert, es besteht z.B. von Anfang an Telepathie, du fühlst zudem die Emotionen des anderen wie deine eigenen. Es passiert, dass du einen feinstofflichen Abdruck seiner physischen Gestalt ins Zimmer kommen siehst. Du träumst seine Gedanken und seine Tages-Erlebnisse. Ihr könnt euch per Gedanken nachts aufwecken. Du beginnst, dich selbst kennen zu lernen, erinnerst dich an deine uranfänglichen Lebensträume, wirst extrem kreativ und hast den unbezähmbaren brennenden Wunsch, diese Liebe auszudrücken, in Form von Schreiben, Gestalten, Malen, Musizieren, je nachdem, welches Mittel dir in die Wiege gelegt wurde, so wirst du diese Liebe entsprechend in der Welt umsetzen.
Dir wird klar, dass du dein Leben lang auf diese besondere Begegnung vorbereitet worden bist, dass du alle Fähigkeiten bereits erworben hast, damit dies gelingt. (Ich wusste z.B. bereits mit fünf Jahren, dass ich ein Buch schreiben muss und dass ich dringend englisch lernen möchte. Meine grosse Schwester musste als Lehrerin herhalten.)
Dein Seelendual ist das, was du immer irgendwo im Universum vermutet hast, und nun hat dieses Etwas seinen Namen bekommen. Du wusstest immer, es war da. Nichts fehlt mehr. Du entwickelst dich nun spirituell gesehen im Zeitraffertempo, stellst deine Verbindung zu Gott wieder her, egal, wie euer Verhältnis vor dem war. Jetzt kannst du wirklich fühlen, dass Gott da ist und keine blosse Idee irgendeiner Kirche. Du fühlst Gottes Anwesenheit ebenso wie du deinen Dualseelenpartner wahrnehmen kannst, auch wenn du beide nicht in physischer Gestalt sehen kannst. Deine Liebe zu Gott ist exakt dieselbe wie deine Liebe zur Dualseele. Das Sexuelle tritt in den Hintergrund, diese Liebe beinhaltet weit mehr, und dieses ist einzig befriedigend.

Du kommst immer mehr zu dir selbst und lässt im gleichen Masse deinen Partner los, du lässt ihn SEIN, freust dich über sein eigenes Leben und hast den brennenden Wunsch, ihn bei allem, was er tut, bedingungslos zu unterstützen. Hat er eine andere Partnerschaft, empfindest du Liebe für den dritten im Bunde, kannst dein Herz mit Leichtigkeit ganz für ihn oder sie öffnen und bist dankbar, dass dieser Mensch dein Dual nun ein Stück in seinem Leben begleitet.
Du weisst ganz sicher tief in einem Winkel deiner Seele, dass Gott etwas Grösseres mit dir/mit euch vor hat, und das dies seit Ewigkeiten bestimmt ist. Dies siehst du nicht auf verklärt-romantische Weise, sondern bist dir voll und ganz deiner eigenen Verantwortung bei allem bewusst. Das Gefühl ist etwa so, wie wenn dein Chef dir ein grosses Projekt übertragen hat. Mit Liebe hat das erst einmal nichts zu tun, jedenfalls nicht mit der Liebe im romantisch-herkömmlichen Sinne.
Es besteht kein Zweifel, dass der andere DU ist und dass nichts euch trennen kann. Dies löst keine romantischen Schockwellen in dir aus, sondern bestätigt nur, was du immer schon wusstest. Diese Distanz und relative Nüchternheit sind charakteristisch und bestehen von Anfang an mehr oder weniger. Vieles, was in Kinofilmen Herzrasen auslöst, ist bei euch eine Selbstverständlichkeit.
Wenn die anfängliche Verwirrung angesichts dieser einzigartigen Erfahrung sich erst vollständig gelegt hat, gehst du zielstrebig ans Werk deiner Seele, auch wenn du dies anfangs nicht mal benennen kannst. Du übergibst schrittweise immer mehr dein ganzes Tun und Sein in die Hände und Führung eines Wesens, dass grösser ist als du - deiner Seele, eurer Seele. Du beginnst, Gott in dir zu vertrauen und hinterfragst seine/ihre Steuerung in deinem Leben nicht mehr. Gleichzeitig lässt du immer mehr los, auch und vor allem dein Dual. Du weisst, dass du selbst keinerlei Kontrolle hast und lässt eines Tages erleichtert vollständig los.
Jetzt bist du ein göttliches Instrument und bereit, deinen Seelenplan bedingungslos zu erfüllen. Du fühlst grenzenlose Dankbarkeit und stellst fest, dass die namenlose innere Freude nicht mehr aufhört. Dein Herz scheint unablässig zu singen, und

du entdeckst den Humor in allem, was um dich her geschieht. Du weisst zweifellos, dass dein Leben Gott gehört und dass du keine Wahl hast. Dies erfüllt dich mit absolutem Frieden und Glück.

Grundsätzlich gibt es zwei charakteristische Merkmale für eine Dualseelenschaft:
Faktor No. 1 : der innerste brennende Wunsch nach Selbsterkenntnis und spiritueller Entwicklung. Du wirst zu einem spirituellen Schwamm und stellst diese deine persönliche Entwicklung vor alles andere in deinem Leben. Alles ordnet sich ihr unter, sogar dein Beruf. Du erkennst, warum du wirklich hier bist, was deine Be-rufung ist und gibst nicht eher Ruhe, bis du sie auch ausleben kannst. Du setzt dich selbst an erste Stelle und konzentrierst dich ab einem gewissen Punkt ausschliesslich auf die wichtigste Beziehung in deinem Leben: deine persönliche Beziehung zu Gott. Dir wird klar, dass es immer nur darum ging, um nichts anderes. Die weltlichen Aspekte deiner Dualseelen-Verbindung relativieren sich in zunehmendem Masse. Am Ende erinnerst du dich, dass ihr immer schon drei ward - du und dein DS-Partner - und das Göttliche. Somit erkennst du deine eigene Göttlichkeit und erhältst ebenso alle deine innersten Antworten. Das Puzzle deines Lebens entfaltet sich vor deinen Augen, du kannst von deiner nun höheren Warte aus über dein gesamtes Leben blicken und verstehst jede Sekunde deines Lebens, siehst jedes Rädchen und begreifst, warum alles so ist, wie es ist. Frieden und Freude und Gewissheit kehren spätestens an dieser Stelle ein. Gottes Wille ist dein Wille, es gibt keinen Unterschied mehr.
Und zweitens - der Kreativitätsfaktor: Gott ist Liebe ist Schöpfung ist Expansion ist Herausdrängen ist Schaffenskraft. Dualseelenliebe ist göttliche Liebe und hat IMMER zum Ziel, etwas Neues zu erschaffen. Diese Liebe MUSS ausgedrückt werden, sie muss in die äussere Welt gebracht werden, da gibt es nichts und niemanden, was den Kreativitätsfluss bremsen könnte. Dualseelen sind in dem, was sie daraufhin tun, exzellent und sicher, denn sie sind mit den entsprechenden Talenten bereits zur Welt gekommen und haben fortan in ihrem irdischen

Leben die entsprechenden Ausbildungen bzw. Gelegenheiten zum Perfektionieren ihrer Fähigkeiten erhalten. Ihr Gestalten geht leicht von der Hand und füllt sie vollständig aus. Ihre Werke berühren die Herzen der Menschen und lassen niemanden unverwandelt zurück.
Diese Liebe ist so mitreissend, dass sie ansteckend wirkt. Das Umfeld von Dualseelen wandelt sich so zwangsläufig mit. Dualseelen sind nicht zum Selbstzweck auf diese Erde gekommen, sie haben immer eine dienende Aufgabe. Sie sind hier, um den Himmel auf der Erde **sichtbar zu machen**, denn HIER ist er eigentlich immer schon. Und ihr Ziel sind - genau wie bei Gott - immer die Menschen."

Diese absolute Gewissheit und diesen totalen Frieden, den wünsche ich allen, und wenn es nur für Minuten ist! Aber es liegt nicht in meiner Hand, sie ihnen zu bringen, denn sie sind selbst Götter und tun nach ihrem eigenen Wollen. Auch Kris ...
Ich jedenfalls habe alle meine Antworten, und sollte sich jemals eine neue Frage stellen, weiss ich jetzt, woher ich deren Antwort bekomme. Ich weiss jetzt, dass ich immer wieder hierher zurückkehren kann.
Was mich sehr berührt ist die Tatsache, wie mein Höheres Selbst wirklich umgehend auf meine Fragen antwortet. Seit dieser Kontakt steht, scheinen alle Antworten so leicht zu mir geflogen zu kommen! Es sind immer noch schmerzhafte Prozesse, die ich gerade so bearbeite, aber es ist nun leichter, den Weg durch sie hindurch zu finden, daher geht alles schneller. Einfach nur nachfragen, mehr braucht es nicht. Dafür bin ich sehr, sehr dankbar.
Ich weiss.
Oh, hallo, da sind wir wieder!
Du warst sehr beschäftigt - mit *denken.*
Es ist, als hätte ich einen *Personal Coach* an meiner Seite, der mich ständig überall hin begleitet! Wie in den amerikanischen Spielfilmen.
Dies IST dein Film.
Ja das ist er. Und weißt du was? Er ist grossartig.

Sagst du endlich JA zu deinem Leben?

Hm, es ist streckenweise ziemlich beschwerlich, aber ich sage JA, ja das tue ich. Es ist eine Herausforderung, und ich will das jetzt lösen. Soviel Ehrgeiz habe ich grad noch. Hahaha.

Jetzt warte ich gar nicht mehr auf seine Email, weil ich mir Kontakt wünsche, sondern weil ich neugierig bin, wie **ich** vorankomme. Mehr war er nie, dieser Kontakt im Aussen: eine Bestätigung für meinen Entwicklungsfortschritt. Denn wir sind immer ineinander, wir brauchen für uns selbst den äusseren Kontakt gar nicht. So klar wie heute war mir das noch nie! Das ist in der Tat nur das Spiel an der Oberfläche, viel wichtiger sind die Hintergründe.

Sie sind *entscheidend.*

In einem Buch stand, ich soll mich fragen, wovor ich Angst habe, was da in der Zukunft liegt. Antwort: Ein Leben mit dem Engländer. Angst oder Liebe, wieder einmal. Jetzt läuft im Radio: *Hinter blauen Augen.*

Dann rief Maya an. Während wir feststellten, dass ich meiner Mutter aus irgendeinem Grunde etwas noch nicht vergeben habe, brachten die Kinder, die vorhin immensen Mist angestellt hatten, ein selbstgemaltes Bild.

Titel: *Bitte nimm die Entschuldigung an.* Darauf sprang ich noch gar nicht an, stand weiter telefonierender Weise vor meinem Bücherregal, als mein Blick auf ein Buch fiel, dass ich irgendwann einmal im Bücherausverkauf erstanden hatte. Darin geht es um die spirituelle Dimension von Eltern-Kind-Beziehungen[43], ich hatte es schon ganz vergessen.

Schlage es irgendwo auf, lese und fange an zu weinen ... *„... ich bin bei dir." „ Oh Mutter," entgegnete ich, „ich brauche dich so sehr. Ich bin so krank." „Es wird dir jetzt besser gehen," sprach sie vertrauensvoll ...* Da war bei mir Ende im Gelände. Ich blätterte zwei Seiten zurück und fand das *Gebet einer Mutter,* darin heisst es: „Ich weiss, mir wird vergeben. Hilf mir, damit auch ich vergebe." Kannst du dir in etwa ausmalen, wie es mir hier gerade geht? Ich dachte immer, die ganze Story mit meiner Mutter hätte ich durch, aber wir sind anscheinend nur auf der Spirale eine

Windung weiter oben, und hier präsentiert sich mir unser Thema erneut, damit es endlich vollständig gelöst werden kann.

Es dauerte noch bis weit in den Herbst hinein, bis dieses Thema endlich gehen konnte! Und danach fingen wir erneut beim Thema Vater = Männer an. Eine endlose sich nach oben windende Spirale ... Es geht immer und immer wieder um die Heilung des inneren Kindes, denn zwei verletzte und ängstliche innere Kinder können nicht in einer erwachsenen Partnerschaft zusammenleben, die auf Wahrheit und Liebe beruht. Es wäre eine Partnerschaft, die auf Angst beruht, aber als wir uns zum ersten Mal in diesem Leben in die Augen sahen, bestätigten wir stillschweigend unseren Vertrag, dass wir hier auf Erden die Wahrheit leben wollen, und nichts als die Wahrheit ...

18. April

Letzte Nacht im Traum fand ich einen Kellerraum, in dem ein dunkles Wesen auf einer Toilette eingesperrt sitzt. Das ist das, was ich loslassen soll. Immerhin hab ich es bereits in mir gefunden. Irgendwas geht wieder vor sich, Kris fängt an zu ziehen.

19. April

Meine Güte, bin ich aufgeregt, weil um zehn das Karma-Clearing wegen meiner Blockade bzw. der Zigarettensucht losgeht. Ich bin sehr gespannt, was da befreit wird. Habe unruhig geschlafen und leider keinen einzigen Traum behalten.

abends

Das war alles sehr erstaunlich und intensiv heute. Und jetzt habe ich ein ziemlich leeres und planloses Gefühl und glaube, ich sehe Kris nie wieder. Hab ihm noch einen Song geschickt, und das war´s irgendwie. Er hat nicht bestätigt, was heute hier passiert ist.

Muss ich nicht verstehen. Unsere Verbindung ist nicht mehr so wie am Anfang, also schätze ich, wir haben gut losgelassen. Ich würde dieses Buch jetzt wirklich gerne abschliessen, wirklich gerne.
Na na, nicht so voreilig, Süsse!
Er hat mir zur Antwort auch nur ein Musikvideo geschickt. Der Song ist ultratraurig, er handelt davon, dass die Liebe nur einen Sommer hielt und nur ein Traum war. Wir bewegen uns anscheinend noch immer in demselben Thema. Ich fühle mal wieder nichts. Doofes Clearing. Ich hatte ihn losgelassen, und er kam nicht zurück. Sollte mir das nicht Hinweis genug sein?
Ich bin am absoluten Nullpunkt angelangt. Reset-Knopf, bitte!!!
....

Am nächsten Tag ...

Ob da irgendwas schief gegangen ist? Ich habe mich noch nie so fremd und *leer* angefühlt wie heute früh. Gab es da noch irgendeinen Grund, sich auf oder über irgendwas zu freuen? Wie geht das nochmal? Es scheint, dass ich das vergessen habe. Bin nachts mit Zahnschmerzen wachgeworden. Na, das passt doch zu dem tollen Montag heute!
Heute lese ich in einem Channeling, dass es in Wahrheit keine Bedingungen gibt, man müsse nicht zuerst etwas erfüllen, damit etwas anderes kommt. Mir wird es aber immer und immer wieder gesagt.
Frage dich, WER dir das immerzu sagt ...
Mir wäre es auch lieber, es wäre einfach.
Dein Wunsch ... ist mir ... aber bisher ...
Dann immer und immer wieder der Hinweis, man solle das SEIN, was man anziehen will. Hier heisst es, tue nichts, sondern sei. Dort aber heisst es, nimm die Situation in die Hand. Sag doch mal, was mache ich falsch!
Das wirst du schon sehen ... es dauert nun nicht mehr lang.
Der Zahnarzt ist seit kurzem stolzer Vater von Zwillingen, wie sollte es auch anders sein! Im Wartezimmer lag das Disney-Prinzessinnen-Buch, das meine Tochter auch besitzt, das mit dem

Titel: *Träume werden wahr*[44], alles klar. Gruss von Aschenputtel-Cinderella!
Hör nicht auf zu glauben. Das sagte mir gerade ein Engel in mein Ohr! Ich glaube es nicht, ich *weiss* es, mein Lieber, aber es zeigt sich *trotzdem* nicht. Der Zahndoc sagte wörtlich:
Das Loch ging aber auch ganz schön tief! ... gestern haben wir beim Clearing dieses tiefe Loch in mir geklärt, heute wurde es quasi vom Doc gefüllt.
Nun, das Universum füllt bekanntlich umgehend jede entstandene Lücke!
Aber so wörtlich ...?
Mich kannst du **immer** wörtlich nehmen!

22. April

Helau! Knapp 24 Stunden ohne Zigarette. Wenn jetzt im aussen nichts fliesst, na, dann bin ich aber ratlos. Warum fliesst die Fülle noch immer nur zu all den anderen, die Gott einen guten Mann sein lassen alles, die sich einen Sch.. ss um die Liebe scheren, die lästern und hassen und rauchen und trinken und wasweissich was alles?!
Walsch meint, *wer nicht nach innen geht, geht leer aus?* Pah! Wer nicht nach innen geht, hat alles Schöne im Leben. Eine Partnerschaft, Geld, Urlaub. Wer keine Wahl hat und nach innen gehen musste, hat nix und geht ewig und drei Tage leer aus.
Den Qualitätsunterschied wirst du bald erkennen, meine Liebe ...
Das erste, was ich nun tun werde: Ich schalte jetzt diesen PC aus und mache ihn erst am Donnerstag wieder an. Mal sehen, wie ich einen Tag ohne diese doofe Dusselkiste überstehe. Dann müssen eventuelle Kunden eben warten. Ich mache Urlaub! Währenddessen kann Gott in Ruhe werkeln, falls er überhaupt jemals beabsichtigt, mir eine gute Gelegenheit zu schicken. Ich habe immer das Gefühl, mich mag der nicht besonders. Tüss bis Donnerstag.

Ich sollte in diesem Sommer noch dreimal Urlaub geschenkt bekommen, das wusste ich aber an diesem Tag noch nicht, und

somit wurde mein Wunsch, mal von allem Urlaub zu machen, gleich dreifach erfüllt. In jedem einzelnen der exakt auf mich zugeschnittenen Urlaube lernte ich fürs Leben, sie warfen mich alle drei in meiner persönlichen Entwicklung katapultartig nach vorne. Gleichzeitig liess ich gewisse Themen los und entspannte mich quasi ganz nebenbei. Es lief alles perfekt, es fing bereits im Juli an, in Strömen zu fliessen, und noch vor Weihnachten war wirklich endlich alles GUT. Das war es natürlich immer schon, aber ich kapierte es erst zu einem späteren Zeitpunkt.

Wie bekommt man dreimal Urlaub geschenkt???

Nun, da musst du Gott fragen! Ich habe keine Ahnung. (zwinkert)

24. April

Noch immer rauchfrei, ich habe es geschafft! Das Schlimmste liegt hinter mir. Morgens werde ich wach und kann es kaum fassen, das ganze Leben fühlt sich wie neu an! Aber wer hat gleichzeitig die Anziehung zu Kris abgestellt? Und warum?
Du selber. Aus Sicherheitsgründen hast du erst einmal alles an Gefühlen abgestellt, da du dich jetzt als schutzlos empfindest. Das ist normal und wird wieder vergehen ... Hörst du mir noch zu?
Macht nichts, ich fühle, dass der anstrengende Teil nun weg ist.
Aber welchen Schluss soll die Geschichte nun haben? Der Schluss, der mir vorschwebt, ist der: im Mai steht Kris hier wieder auf der Matte. *Und alles endete gut.* Bis zu dem Tag schreibe ich weiter. Das wollen wir doch mal sehen!
Ja, es wird gut enden. Verlass dich drauf!
Bis dahin - Tüsskes, mein Liebling. Ich weiss, du kannst jetzt nie mehr von mir fortgehen. Geh also ruhig ab und an ein bisschen mit deinem Ego spazieren.

10. Kapitel
eine himmlische Verbindung

Ich habe ganz unruhig geschlafen und sitze heute schon seit 3 Uhr nachts am PC und berate Kunden per Email. Manchmal denke ich, es war doch alles nur für die anderen, damit ich sie jetzt beraten kann, und mit mir/uns persönlich hat Gott gar nichts vor. Es ist immer alles nur für die anderen ... das ist hart, denn jeder will auch etwas nur für sich! Das ist menschlich. Und dafür soll ich noch dankbar sein! Das ist unmenschlich!
Ich fürchte immer, wenn ich mir das alles so sehr wünsche wie zu Anfang, dann manipuliere ich Kris, denn ich weiss heute eben mehr als am Anfang und tue das nicht mehr ganz arglos. Daher meine ich, ich sollte ihn besser in Ruhe lassen und das Wünschen endlich ganz sein lassen. Dann wieder schwirren tausend Anleitungen durch meinen Kopf: loslassen, mehr wünschen, nie was wünschen, es springt hin und her. Was ist nun richtig? Zumal der Sonderfall *Dualseelen* nirgendwo berücksichtigt ist, die meisten Bücher beziehen sich auf normalweltliche Partnerschaften, wie sollte es auch anders sein. Wer erlebt schon so einen Krampf! Die breite Masse will was anderes lesen. Deswegen schreibe ich vermutlich diese Bücher, weil es sie eben noch nicht gibt. Die *Anleitung für richtiges Wünschen bei Dualseelen*. Und da wir die Prototypen sind, hilft es am Ende ganz sicher wieder allen Menschen. *Pars pro toto*, sagt gerade jemand. Häh?
...
Ehrlich gesagt bin ich innerlich eine einzige zusammengeballte Wut, was soll das dumme Versteckspielen?
Wieder einmal kennt nur einer die Antwort, und er schweigt. Wofür soll ich also bitteschön dankbar sein?
Dass wir beiden uns endlich wiedergefunden haben ... nach all diesen Jahrtausenden, in denen du mir nicht zugehört hast! Das ist doch die romantische Geschichte, die ihr Menschen immer erleben wollt! Die Geliebten suchen sich über die Äonen von Zeit hinweg, überqueren Ozeane aus Tränen ... da frag dich mal, wieso dies in eurem kollektiven Unbewussten verankert ist! All die schnulzigen Liebesfilme bauen auf diesem Konzept auf. Und

ihr übertragt das auf euren armen Seelenpartner. Dabei ist das nur die halbe Wahrheit, die andere Hälfte spielt sich hier oben in dir selbst ab, wie du siehst.

Ach, hallo, na da bist du ja wieder. Nein, auf all das Leid hätte ich schon gerne verzichtet. Ich hätte doch auch meinen zweitbesten Seelenpartner treffen und ein lauschiges Liebesleben führen können, wie so viele andere es haben. Dann würde ich mir einreden, er sei mein Seelendual, und alles wäre *easy*. Zwar keine Wahrheit, aber gut.

Und keine Bücher.

Dann hätte jemand anderes sie an meiner Stelle geschrieben.

Nein, ihr beide seid einmalig.

Ja, einmalig dämlich.

...

Ok, ok, es tut mir leid. Ich sollte natürlich dankbar sein, weil ich wegen Kris das Allerwichtigste im Leben wiedergefunden habe. DICH. Das bin ich auf meine Art ja auch.

Mein Problem ist ganz einfach, dass ich die dringende Sorge habe, Gott habe mich in Sachen Kris veräppelt, und diesen Gedanken werde ich ebenso wenig los wie diese furchtbare Liebe, die mich davon abhält, mich einem anderen Kerl in die Arme zu schmeissen. Toller Witz, Gott, können wir dann jetzt was anderes spielen? Wir haben genug darüber gelacht. Es sollte vielleicht doch letztes Jahr an Karfreitag Schluss sein, und ich habe es unnötig in die Länge gezogen.

Nichts ist vergebens, Liebchen. Das wirst du schon sehen. Und die einzige, die dich veräppeln kann, bist du selber. Solange du nicht ausschliesslich auf dich selbst hörst, wird es dir noch oft so ergehen, und zwar so lange, bis du es wirklich durch und durch verstanden hast. Ich schenke *gründlich.*

„hallo Maya,

hab gerade einen kloss im hals. nicht genug, dass ich geträumt habe *light of stars* wäre im radio. das war für meine begriffe schon bewegend genug! lies mal diese leserinnen-zuschrift ...

Liebe Cathérine,
wir kennen uns nicht persönlich, dennoch hast du einen wichtigen Anteil an meiner Entwicklung. Ich danke dir aus tiefstem Herzen, dass du deine Geschichte erzählt hast und ***Gott wußte ganz genau was er tat!***
Ich wünsche dir das allerbeste für dich, für deine Tochter und für Kris!"

21. Mai

Kris, ich finde es sehr schade, dass ich meine fortschritte nicht mehr mit dir teilen kann ... mein leben hebt jetzt endlich ab!
ich wünsche dir alles gute für deine tour
liebe grüsse
Cat. xxx

So langsam formt sich Erkenntnis ... Dazu ein kurzer Rückblick auf die letzten Wochen: Ich rauche also tatsächlich nicht mehr! Es gab nur zwei sehr schlimme seelische Durchhänger-Tage, an denen naturgemäss auch das Nichtrauchen problematisch wurde. Ich wusste aber, wenn ich diese Krisen ohne Rückfall durchstehe, kann ich sicher sein, es für alle Zeiten geschafft zu haben. Und ich schaffte es. Das ist ein sehr entscheidender Meilenstein für mich gewesen und ist mir heute immer wieder eine Motivationshilfe: Ich hab was geschafft, ich hab was auf die Reihe bekommen! Immer wieder sauge ich Kraft aus dieser Eigenleistung.
Parallel las ich einige sehr wichtige Bücher, in denen es u.a. um Manifestation von Frieden und Fülle ging. Mir wurde erneut einiges klar, vor allem, dass es immens wichtig ist, im Hier und Jetzt zu sein *damit die Geschenke ankommen können*. Auf dieser Spur war ich bereits vor einiger Zeit, als ich mit der Arbeit am Wurzelchakra anfing, du erinnerst dich. Erdung ist wichtiger als alles andere!!!
Es wurde neben all dem ein altes Kindheitsgeschehen wieder aufgerollt, in dem es um meinen Selbstwert ging, und dieses Szenario spitzte sich vorgestern in einem Familiendrama zu. Ich nenne es *Drama,* weil die betroffenen Familienteile es sicherlich so empfinden. Für mich glich meine Entscheidung, die bestimmte

für mich unzumutbare Situation entgegen meinem erlernten Verhalten (als brave Tochter der Familie) diesmal einfach zu verlassen, vielmehr einem wahren Befreiungsschlag. Ich habe mich an die erste Stelle in meinem Leben gesetzt, vor die Menschen, die mich in meiner Kindheit grundsätzlich an die zweite Stelle gesetzt hatten, mit gemeinen Mitteln und auf eine Weise, die meinem inneren Kind sehr zu schaffen machte. Dennoch war es kein Rache-Akt, sondern für mich die Einlösung meines Versprechens, das ich meinem inneren Kind gegeben hatte, damals an dem Tag, als ich wegen des Fotos aus meinem Kinderausweis so sehr weinen musste ...

Ich habe weiterhin aufgrund einiger Bücher und ehrlicher Selbstbetrachtung erkannt, dass ich einen inneren Saboteur beherberge, der mich immerzu klein macht, ganz so, wie diese Leute es in meiner Kindheit taten. Auch ihr Verhalten war wie alles andere in meinem Leben nur eine Spiegelung. Ich durfte und darf mir also neu beibringen, dass ich ein wunderbares Wesen bin, Unglaubliches bewirken kann und ein natürliches Anrecht auf alle guten Gaben dieser Welt habe. Ohne Geheimauftrag irgendwelcher Geistführer von oben, sondern einfach so *als Mensch*. Daran arbeite ich zur Zeit. Das zweite ist das Verankern meiner Selbst im Hier und Jetzt, was mir recht schwer fällt. Ich stelle fest, dass meine Gedanken allzu gerne in der Zukunft weilen, nicht in der Vergangenheit, sondern permanent im Morgen. Hoffnung ist gut, Träume auch, aber ich will mehr ins JETZT kommen. Zweite Baustelle!
Dritter Punkt: Geniessen, in die Freude kommen, das Leben nicht nur bejahen, sondern am besten gleich feiern. Ich will lernen, nur das Gute zu sehen, mich so oft wie es nur geht volle Kanne zu freuen. Auch dies ist sehr schwer für mich, weil die Grundlage, die das Freuen leichter macht, für mich erst aus den eigenen Anfängen – quasi „aus dem Stand" heraus - entspringen musste! Aller Anfang ist schwer, vor allem nach einer solchen Bauchlandung mit völligem *Reset,* wie ich sie nach dem Clearing erlebt habe.

Es kann ja nicht sein, dass nur ich allein solche Kindheitsblockaden und innere Gegenstimmen habe und all die anderen Menschen spirituell-psychisch bereits einwandfrei durch die Weltgeschichte segeln?! Weit gefehlt! Ich sehe das heute so, dass sie im Meer der Selbsttäuschungen schwimmen und bisher noch nicht mal die *Spitze* ihrer inneren Blockaden angekratzt haben. Und ich bin neidisch ... das ist echt verrückt! Ich war ja auch schon dort, wo sie waren, daher entstand bei mir der Eindruck, seit der Seelenbegegnung sei mir alles weggenommen worden. Aber eigentlich wurde nur Schicht um Schicht *von der Lüge* weggenommen. Und die Wahrheit leuchtete zunehmend hervor.

Und wenn ich auf dieser neuen – nackten – ehrlichen Grundlage jetzt in die Fülle (zurück-) komme, dann erst hat sie Bestand, weil sie *auf der Wahrheit* beruht und nicht wie Treibgut auf dem Meer der Täuschungen herumschippert. Ein undifferenzierter Vergleich mit anderen Menschen kann also schnell in die nächste Falle führen und wieder neues Leid verursachen. Wir erinnern uns, was Walsch schreibt: Leid entspringt immer *der Lüge*, niemals *der Wahrheit*. Wahrheit bringt ausschliesslich Freude.

<u>Und Neid ist Leid.</u>

Mich erwischte die explosionsartige unfreiwillige Bewusstseinserweiterung durch die Seelenbegegnung vor drei Jahren in einem recht entwurzelten Zustand, was mir die ungeheuerliche Leistung abverlangte, neben den Visionen, der Telepathie, den Wahrträumen usw. nach und nach den Spagat zu schaffen, in dieser Welt nachträglich erst einmal Wurzeln zu schlagen. Normalerweise sollte es andersherum erfolgen, schreibt der Autor meines neuen Buches, aber das Leben gehe seine eigenen Wege und ein jeder Weg sei individuell einzigartig. Oh ja! Recht hat er.

Ich musste also alle bisher erfahrene Bewusstseins-Erweiterung beiseite lassen und so tun, als ob ich das alles nie erlebt hätte, um den zweiten Schritt vor den ersten zu setzen, damit ich die Kurve kriege und nachträglich meine Wurzeln *in der Welt* schlagen kann. Dies ist, was ich gerade tue. Denn nur, wenn ich hier

anwesend bin, kann ich meine Geschenke entgegen nehmen! Nicht von dieser Welt – aber IN dieser Welt!
Weiterhin steht in dem Buch, man solle sich als nächstes ein Ideal-Bild seines Lebens erschaffen, eine Vision, Eigenschaften, die man kultivieren oder neu erwerben möchte, einen Traum, der auf den von Gott verliehenen Talenten beruht. (Diesen zweiten Schritt habe ich also vor dem ersten Schritt bereits getan, siehe oben!). Dies bedeutet, die Bewusstseinserweiterung zuzulassen *und sich dem hinzugeben, was Gott mit einem vorhat.* (Hingabe ist für mich so ein Wort, das noch recht negativ besetzt ist!)
Aufgrund all dieser neuen Hinweise und Erkenntnisse sehe ich auch die psychologischen Gefahren einer Dualseelen-Begegnung. Dies hilft mir wiederum in meiner Beratung. Nichts ist vergebens!
So langsam regt sich leise das Vertrauen in Gott wieder, vielleicht hat er es wahrhaftig alles absichtlich so eingerichtet ...? Da geradewegs mitten hinein kam dieser Hinweis in der Leserinnen-Mail: ***„Gott wußte ganz genau was er tat!“***
Ich habe so meine Mittel und Wege ... ihr seid schliesslich alle verbunden!
Als ich gestern noch kurz mit Angie zu einem Bekannten fuhr, erblickte ich unterwegs an einer Hauswand ein neues riesiges Werbe-Plakat mit einem einzigen blauen Auge darauf. Direkt darüber standen die drei berühmten Buchstaben in riesigen schwarzen Lettern: AEG – alles endet gut. Ich war auf der Stelle vollkommen aus dem Häuschen! Also befinde ich mich nach wie vor auf dem richtigen Weg. Mit oder ohne Kris, einfach nur *für mich*. Diese Loskoppelung musste ganz dringend erfolgen!
Und nun schlage ich hier Wurzeln, damit der Himmel am Ende doch noch auf die Erde kommen kann!
Meine Tochter hat mir ein Bild gemalt: ein schmales Wesen mit einem einzelnen grossen blauen Auge ("das soll ein Mensch von der Seite sein").
Mein Fazit nach beinahe drei Jahren: es gibt genau zwei Möglichkeiten, die den aktuellen Zustand erklären würden, der da lautet: im Inneren ist alles vorbereitet, aber im Aussen passiert nichts:

Eins: es war alles komplett meine Einbildung, eine Illusion, entweder durch mein märchengeprägtes Ego oder durch irgendeinen wahnwitzigen Plan meiner Seele zu Lernzwecken konstruiert. Zwei: es ist alles wahr, aber ich hab es irgendwie verbockt, ich habs nicht geschafft, ich hab nicht gereicht, hab zu spät die Kurve gekriegt.
Drei: du hast noch etwas zu lernen, deswegen muss Kris dich noch in Ruhe lassen. Herrgott, sie hört schon wieder nicht zu! Es gibt immer eine dritte Möglichkeit. Diese zu finden ist die Kunst!
Beide Möglichkeiten sind nicht sehr erquicklich, die zweite ist noch unverzeihlicher als die erste. So sitze ich dieser Tage hier und bearbeite zum x-ten Male mein Vaterthema.
Und was sollte mir meine berühmte Gabel nun sagen? Dies ist es noch nicht, es kommt erst noch das Beste? Oder dass Kris lediglich noch nicht zur Höchstform aufgelaufen ist?
Natürlich ist Kris das Beste. Ich dachte, nach zwei Büchern wäre dir das endlich klar? Kind, muss ich denn wegen dir eine ganze Bibliothek diktieren? Hab doch mal Geduld!
Wohin ich jetzt gehe ist mir schleierhaft. Erst einmal muss ich das Vaterthema lösen und somit meinen beruflichen Erfolg auf die Reihe bekommen.
Vielleicht hörst du dann auch endlich auf, diesen unschuldigen alten Mann mit mir zu verwechseln ...

„guten morgen liebe Lilli,
mir schrieb neulich jemand, ich sei *die kompetenteste ansprechpartnerin zu dem thema dualseelen im deutschen sprachraum*. wow! bei sowas sitze ich hier und denke: ich weiss bis heute nicht, ob ich mir den ganzen mist nur eingebildet habe, aber die menschen sind alle begeistert. ein bisschen macht mir das angst, ich komme mir dann vor wie eine betrügerin. aber dann denke ich daran, dass die wahrheit **immer** das ist, was den menschen hilft.
und es hilft. basta. Lilli, wenn ich in wahrheit etwas anderes erlebt haben sollte, woher sollte ich dann all dieses wissen haben? das sind fragen, die ich mir stelle. jemand sagte mir neulich, auf mich warte noch etwas viel besseres als Kris, und ich frage mich, ob das wirklich sein kann? mein ego sprang natürlich sofort auf

diese möglichkeit an, denn es wollte den mann ja nie. ich bin derzeit unschlüssig, wo ich stehe. wer ist Kris? war er wirklich nur ein wegbereiter? aber wozu der ganze aufwand, jahrelang, wenn es doch jetzt sein relativ unrühmliches ende gefunden hat und derjenige welche erst noch kommen soll? Gott wertet nicht, und wenn du reinfallen willst, hilft er dir dabei? Ist es so? und warum sind wir dann 11:11?"

Ich wünschte, du würdest dieses Buch selbst noch einmal bis hierher lesen. Alles Unwahre ist doch nun weg, aber Kris ist immer noch in deinem Herzen. SCHAU DOCH HIN!

Ach wie glücklich sind die Menschen, die glauben, sie hätten einen Schutzengel mit goldenen Flügelchen auf der Schulter sitzen, und das liebe Jesulein kraule ihnen die Haare beim Einschlafen. Warum um alles in der Welt musste ich aufwachen, das sag mir mal einer! Jetzt muss ich für alles selbst die Verantwortung tragen, und jeder Fehler, den ich mache, weil ich an irgendeiner Stelle noch immer falsch abbiege, wird mir knallhart vom Leben vor Augen geführt. Warum nur musste ich aufwachen? Im Dämmerschlaf des alten Lebens war vieles so viel einfacher!

Aber wir hatten uns aus den Augen verloren, Schätzchen. So einfach ist das. Und jetzt haben wir uns wieder. Bist du nicht ebenso glücklich darüber wie ich?

Gott hat Lieblingskinder - und er hat mich.

Oh ja, ich habe ausschliesslich Lieblingskinder. Du bist also zwangsläufig eins davon, noch dazu völlig ohne Gegenleistung. Gerade das ist es ja, was dir solche Angst macht! (Schmunzeln.)
Schau es dir mal genau an, dort liegt nämlich der Schlüssel.

Zweimal verlor ich den Menschen, den ich aktuell am meisten liebte auf der ganzen Welt. Zwei Herzensbrüche. Ob Gott nun endlich zufrieden ist?

Bist DU denn endlich zufrieden? Wenn du genug davon hast, hör doch einfach damit auf. Spielen wir etwas anderes!

Jedenfalls bleibt mein Herz jetzt für immer bei mir und verschlossen, so fest wie nur möglich.

Das werde ich zu verhindern wissen ... (Amor spitzt schon mal grinsend seinen Pfeil an.)

Nach -zig Fehlschlägen hatte ich einmal Gott vertraut, noch einmal so richtig, wie ein Kind, das war, nachdem ich Kris kennen gelernt hatte. Und was ist passiert? Gott hat volle Kanne nochmal draufgehauen. Deswegen ist jetzt Feierabend mit Glauben.

Das wiederum glaube ich dir nicht. Davon abgesehen hast du das alles selbst inszeniert. Ich bin meinem Versprechen treu, dass es hier nach deinem freien Willen abläuft. Ach, wenn du nur wüsstest, wie lieb ich dich hab, wäre das alles nicht passiert. Aber du wolltest es vergessen.

Ende der Durchsage.

Es war mir wie immer ein nicht enden wollendes Vergnügen, dich anzuhören, Liebes.

Ich werde mich nun von diesen Fesseln befreien, werde alles wegwerfen, seinen doofen Ohrring, das Tshirt, den Kettenanhänger – damit setze ich ein Zeichen für Gott, dass es mir Ernst ist. Ich mache reinen Tisch und bin gefasst auf die Wahrheit, die sich dann zeigen mag. Das Universum duldet keine Lücke. Entweder war Kris der Irrtum meines Lebens und mein wahrer Mann kommt erst noch (oder ist nicht inkarniert oder weiss der Schinder) – oder ich bekomme einen neuen Kettenanhänger. Oder Kris selbst kommt zurückgeflogen.

So sei es.

07. Juni

Habe gestern abend alle Andenken an Kris ins Klo bzw. die Mülltonne entsorgt. Nun fühle ich mich etwas befreiter, nicht glücklich, aber ich habe nach aussen hin klar Stellung bezogen: ich beharre nicht auf Kris, wenn Gott mir etwas anderes, Besseres (?) unterbreiten möchte. Denn nicht mein Wille geschehe ...

... sondern unserer. Ok.

Gerade habe ich drei Karten aus meinem neuen Kartendeck „Die Karten des Lebens"[45] gezogen. Die erste sollte sagen, was dem Kris-Problem zugrunde liegt, Antwort: *Aufopferung*. Genau! Gott will nur das Beste für seine Kinder, warum sollte er wollen, dass man dafür zuerst leiden muss?

Eben. Nur du glaubst, du müsstest dir deinen Kris erst *verdienen.*
Zweite Karte: was den Durchbruch bringt: *Engel* (das hat mir gerade noch gefehlt)
Finden wir auch! (Man hört mehrstimmiges Kichern und Flügelrauschen.)
... und die dritte zeigt das Ergebnis: *Lehrer Gottes.*
Wir sagen dir doch die ganze Zeit, du hast hier eine Aufgabe zu erfüllen. (Popcornrascheln)
Ich bin meinem Herzen gefolgt und damit einer Lüge, das ist das, was ich nicht so einfach verarbeiten kann. Wie konnte das passieren?
Du BIST deinem Herzen gefolgt und hast damit unterwegs alle Lügen aufgespürt, und das allein ist wahr. Die Lügen in Gestalt *deiner* falschen Glaubenssätze. Nicht Kris *ist die Lüge, das was du über dein Verhältnis zu ihm denkst* und glaubst, das ist die Lüge.
Ich kreise immer um dieselbe Frage, es ist kein Ausweg zu sehen. Warum wurde ich mein ganzes Leben lang auf diese Begegnung vorbereitet? Warum steht 8 Jahre vorher für den Tag x schon der betreffende Ort in meinem Kalender?
Gott weiss eben, was er tut. Und Gott wusste, dass du eine Million Bestätigungen und Zeichen brauchen würdest, und was tust du? Glaubst es noch immer nicht! Es ist zum Haareraufen.
Wozu der ganze Aufwand?
Weil du das Liebste bist, was ich auf der Welt habe.
Ich hatte doch gar keine Chance, etwas anderes zu glauben, als dass dieser Mann für mich bestimmt wäre!
Du sollst ja auch gar nichts anderes glauben. denn so ist es nun einmal, egal wie lange du dich noch dagegen wehren willst ...
Ich hatte keine Chance, und das ist etwas, was ich Gott nicht verzeihen kann.
Genau, du kannst deinem Glück nicht entkommen. Keine Chance! Denn du kannst MIR nicht entkommen. Dies ist eine Liebesgeschichte Gottes für die Menschen. Ich habe mir sehr genau überlegt, was ich hier gerade tue.
Das gesamte Universum hat dafür gesorgt, dass es auf jeden Fall geschehen muss, warum?
Weil das gesamte Universum dir zu Diensten steht, Prinzessin.

Ich will es doch nur verstehen.
Dann öffne dein Herz, und hör mir endlich wieder zu ... Dein Kopf hat keine Antworten für dich. Ich habe dir vor langer Zeit einmal geraten, in dein Herz zu schauen. Was du darin findest, das sei deins, sagte ich, egal was es ist. Und darin entdecktest du Kristian. Nicht ohne Grund. Aber du hast dich von den Lügen deiner Welt einfangen lassen und hast dein Zentrum des Wissens aus den Augen verloren. Diesmal wird Kristian dich nicht zurück bringen, diesmal musst du selber zu mir her finden. Das ist deine Prüfung. Warten muss ich, warten dir zuliebe ... Bedenke, dass Kristian dir nur das spiegelt, was in Wahrheit für dich selbst gilt! Du schaust auf ihn und glaubst zwar, er ist dein Spiegel – und erkennst dich doch noch immer nicht in ihm! Deine vielen Gedanken machen dich blind für die reine wahre klare Wahrheit deines Herzens, die immer ausserhalb der Worte liegt. Ich zeige sie dir die ganze Zeit, und du nimmst die Zeichen auch wahr. Aber du lässt dich ablenken, von den anderen, die die Aufgabe haben, dich zu verwirren, zu prüfen, sie alle arbeiten dir zu. Bedanke dich bei Ihnen ...

Derzeit verschwinden wieder so viele Freunde, alles ist sehr heftig. Gestern hab ich von einer Sekunde auf die andere flach gelegen, Lichtkörperprozess!
Du bewegst dich auf eine neue Ebene zu, daher hast du auch diese psychischen Geburtswehen ...
Manche „Freunde" wenden sich beleidigt ab, wenn sie merken, dass es hier kein Mitleiden mehr zu holen gibt. Anderen wiederum begegnet man einfach gar nicht mehr, es ist wie verhext.
Es ist, wie es ist. Normale Prozesse.
Was stimmt denn nun? Warum hat Gott sich eine solche Mühe gemacht? Das Ego kann doch keine vorgeburtlichen Ereignisse und Namen beeinflussen, oder doch? Unsere Vornamen ergeben drei unterschiedliche numerologische und sonstige Hinweise. Aber ich habe mir den Namen nicht selbst gegeben, und seinen schon gar nicht. Wozu diese genaue Planung, wenn Kris so unwichtig und ein Irrtum ist?

Was muss eigentlich noch passieren, dass du einmal aufhörst zu zweifeln? ... ob ich den brennenden Dornbusch reaktivieren soll? Erzeuge ich die Blockade in meinem Leben durch das Festhalten an Kris, oder erzeuge ich sie dadurch, dass ich die ganze Zeit versuche, mir diese Liebe im Gegenteil auszureden?
Es ist das Herz, das am Ende zählt. Michael, wie war doch gleich die Frequenz dieses Radiosenders ...?

Neues aus der bunten Welt der Lichtkörperprozess-Symptome, Folge 273:
Hast du dich schon mal in einem Musikstück aufgelöst? Gestern stand ich in der Küche, und auf einmal löste ich mich teilweise auf, ich konnte mich nicht mehr von dem Song unterscheiden, der im Radio lief, meine Hände und die Töne waren dasselbe! Aber es war nicht schauderhaft, es war alles so angenehm - *flüssig*.
Und kennst du das Gefühl (ja du kennst es), wenn man frisch verliebt ist? Du arbeitest vor dich hin, und auf einmal huscht der Geliebte durch deinen Sinn, und es sticht einmal wonnig in deiner Herzgegend und wallt einmal so auf, beinahe schmerzhaft? Die berühmten Schmetterlinge fliegen einmal auf ... Es drückt von unten gegen das Herz *wumm* und du möchtest laut singen? Nun, das habe ich seit gestern abend, ganz ohne verliebt zu sein, mit jedem Atemzug, es ist tierisch anstrengend und teilweise tut es schon weh. Ich konnte wegen dieser "Liebes-Wehen" kaum einschlafen, und bin heute schon damit aufgestanden. Ich traue mich schon kaum, tief einzuatmen, aber weiss ja, dass das gerade wichtig ist. Dazu stechen sie ab und an in meine Kopfmitte. Pieks, pieks, pieks, wie beim kleinen grünen Kaktus. Gleichzeitig ist das ein Gefühl, wie wenn man heute noch Führerscheinprüfung hat, aufgeregte Angst plus Vorfreude. Ich hab aber heute selbstverständlich gar keine Prüfung.
Heute habe ich an manchen Tagen die Höhen und Tiefen nicht mehr, und die Grundschwingung ist eine vollkommene Bedeutungslosigkeit, vermischt mit Trauer und einem durch und durch unangenehmen Gefühl, so als ob etwas gar nicht stimmt.

Du bekämpfst dann deine Sehnsucht nach Kris mit dem Verstand.
Manchmal denke ich, ich möchte mich wieder kopfüber in die Kris-Welt stürzen, aber erst mal weiss ich gar nicht, ob ich das noch kann, und zweitens wäre das vielleicht der grösste Fehler meines Lebens. Und dann kommt auch der grösste Absturz meines Lebens.
Da bist du am Kern eures Problems angelangt ... du hast Angst.
Ganz ehrlich: ich fühle mich besser, wenn ich ihn zulasse, wenn ich diesem ganzen Wahnsinn in mir erlaube, da zu sein. Eigentlich bin ich seit zwei Jahren damit beschäftigt, ihn zu unterdrücken. Als ich das Buch von Safi Nidiaye[10] las, habe ich die Sehnsucht ganz kurz zugelassen und in mein Herz geschlossen, und kurzzeitig fühlte es sich auch so an, als ob ich Kris endlich ganz loslassen könnte. Aber er kam wieder, mit verstärkter Kraft. Es geht nicht.
Du kannst mich nicht loslassen, wir sind eins. Warum hörst du nicht einfach auf, es zu versuchen? Hingabe ist die erlösende Kraft.
Es ist definitiv unmöglich, ihn vollständig loszulassen, dann lasse ich mich selbst auch los. Und das heisst sterben.
Manche Menschen sind schon tot und wissen es nicht, sie gehen wie Untote durch ihr Leben. Das nennt ihr Menschen die Hölle – es ist die Ferne von MIR. Du kannst weder mich noch deinen Kristian abstellen, denn du existierst mit uns und durch uns und in uns. Wir sind die unteilbare Dreieinheit.
Ich hoffe, dass das richtig ist, was ich hier schreibe.
Mach mal, ich schaue dir zu und lese mit.
Also, von Kris selbst werde ich keinerlei Hinweis erhalten, das ist mir klar. ... und wenn er als Person nun doch unwichtig war, und meine Seele sich ihn wirklich nur als Projektionsfläche ausgesucht hatte, wie man mir neulich einreden wollte? ... und ich in Wahrheit wirklich Sehnsucht nach einem anderem habe? Aber warum diese enorme Kette von „Zufällen", die mir permanent zeigten und zeigen, dass dieser spezielle Mann für mich wichtig ist? ... unsere Namen und all das, ich versteh es nicht. Ich hasse dieses Karussell und würde es gerne jetzt mal verlassen.

... dann frag dich mal, warum du darin bist.
Oha. Vielleicht, weil ich um keinen Preis etwas falsch machen will? Weil ich nicht an das Falsche glauben will? Ich will mich nicht blamieren.
Dann hör auf, dauernd auf andere Leute zu hören!

18. Juni
Happy Birthday Kris!!!

Mein neues Buch greift witzigerweise genau mein aktuelles Thema auf, wie immer. Es sagt bezüglich der Sehnsucht, dass ihr Ziel vielleicht gar nicht Kris ist, sondern dass er mehr oder weniger eine Symbolgestalt für das ist, wo ich hin soll.
Es geht hier um uns beiden, mein Liebchen. Der Weg zu mir führt jedoch über ihn. Denn wir sind eins. Kris ist der Weg, ich aber bin immer das Ziel.
Und nun in diesem Buch sagt die Autorin mir, dass der Weg dorthin, wo ich hinmuss, unfehlbar über diese symbolische Sehnsucht führt.
Was soll das sein – *symbolische* Sehnsucht? ICH BIN die Sehnsucht in dir. Das ist meine Art, in dir zu existieren. Also, ich empfinde mich nicht als besonders symbolisch!
... und ich werde auf jeden Fall am Ziel ankommen, sei es nun der Repräsentant selbst oder das, was er lediglich repräsentiert hat.
Ich fühle deine Ent-täuschung ... du fühlst die Unwahrheit darin.
... was schwierig werden wird: sie sagt, Sehnsucht ohne Wenn und Aber, niemals niemals niemals im Geiste anfügen, dass das sowieso nichts wird, eh nicht klappt, unerreichbar ist. Aber dabei keine Erwartungen haben – da sind wir wieder am Punkt X.
... es ist unfassbar! ich habe gerade folgende Tageskarte aus den Karten des Lebens gezogen:
„*Erwachen:* Wenn du heute diese Karte erhältst, dann steht dir ein Weckruf im positivsten Sinne bevor. Ungeachtet dessen, ob dein Sprung nach vorne zu einem vollen oder teilweisen Erwachen führt, fällt heute eine grosse Täuschung darüber fort, was du glaubtest, tun zu müssen, oder was du glaubtest, erreichen zu müssen oder wer du zu sein glaubtest. Du wirst dich in viel

stärkerem Masse daran erinnern, wer du bist und worin deine Lebensaufgabe besteht. ..."

Eine zweite Karte wollte noch mit, sie lautet:

„*Glückliche Überraschung*: Was dich aus dem Gebüsch heraus anspringt, ist das Beste, was sich in Büschen und Geburtstagstorten verbergen kann. ... Erwarte und freue dich auf glückliche Wendungen und andere Segnungen des Lebens."
Geburtstagstorten? Das gibt's doch nicht! Kris hat heute Geburtstag. *Das Beste* ... P.H.!
ICH BIN da!
Gerade bekam ich einen Geburtstagsgruss, von einer Freundin, verrückt - ich fühle mich doch jetzt allen Ernstes, als ob ich *wirklich* selbst Geburtstag hätte!
Ihr seid eins, warum wunderst du dich? Auf wie viele Arten soll die Welt dir das denn noch zeigen? Dies ist eine sehr weise Freundin ...
Jetzt geht es wieder los – mein Herzchakra macht Purzelbäume, mein Kreislauf gerät wieder mal in Schwierigkeiten, das hatte ich in der letzten Woche bereits ein paar Tage lang, wie beschrieben. Uff. Aber dahinter liegt diese bewusste Gefühlstiefe, die ich ansatzweise in diesem Zustand erahnen kann, wonnig ohne Ende! Die Werbung im Briefkasten wusste heute: *Willkommen in den rosigen Zeiten!*
Gerade habe ich so dusselige Tests im Internet gemacht, auf einer neuen Homepage für Sternensaaten[46]. Beide Tests ergaben dasselbe: *Du kommst aus dem Sternsystem namens Sirius.* Seit gestern morgen schaue ich wieder permanent bei Doppelzahlen auf die Uhr. Alles wurde wieder kalibriert!
(Man hört, wie ein Eimer Popcorn weitergereicht wird. Dazu leises Rascheln weisser Gewänder.)

20. Juni

Gestern abend hatte ich DAS Schlüsselerlebnis schlechthin. Ein Bekannter sah für mich in mein Buch des Lebens, was ich zwar nicht wollte, aber er redete einfach drauflos ins Telefon. Ich wusste, jetzt kommt etwas, das willst du gar nicht wirklich hören! Aber er redete wie ferngesteuert. Ich hätte Angst, sagte er, meine Fähigkeiten zur vollen Entfaltung kommen zu lassen, *weil ich in sehr früher Zeit in Ägypten eine Hohepriesterin gewesen sei*, zusammen mit meinem MANN (Kris), und weil ich unartig war, wurde ich – und Panik stieg bei dem Wort „unartig" bereits in mir auf – *lebendig begraben.* SCHOCK

> *hexe??? nein, du bist eine hohepriesterin der liebe und des glücks xxx lass dich nicht ärgern, babe x*

Wieder einmal wusste ich dank Kris und seiner guten Vorarbeit, dass dies wahr ist. Ich fühlte in jenem Augenblick *die Wahrheit* – ich war diese andere Frau und sah die Menschen auf mich zukommen und wusste, jetzt ergreifen sie mich und gleich ist es zu Ende. Im Angesicht des Todes, meine Beine gaben beinahe nach und ich legte am Ende einfach den Hörer auf, weil dieser Bekannte nicht aufhören wollte, sich an meiner Angst zu ergötzen.
Ich war in einem anderen Leben gewesen, einfach so, spontan. Insgesamt hat der Bekannte mir ungewollt einen gewaltigen Dienst erwiesen, denn eins habe ich durch dieses Erlebnis endlich verstanden – und zwar mit dem Herzen verstanden, nicht nur mit dem Kopf, der die letzten drei Jahre so viele, viele Bücher gelesen hat: Wir sind wirklich schon einmal hier gewesen, es ist nicht das erste Mal, Kris und ich waren auch schon gemeinsam hier, Zwillingsgeschwister in Ägypten, ich hatte das Gewand gesehen, damals in der Meditation. Es ist mein Abenteuer, herauszufinden, wie ich all diese unvorteilhaften Schöpfungen kreiert habe – und wie ich es besser machen kann, wie ich *angemessenere* Situationen erschaffen kann. Dieses Leben ist eins in einer langen Kette, und ich darf es nicht so bierernst nehmen, ich darf es mit Spass angehen, wenn auch gleichermassen mit Demut und Respekt. Die Aussage über mein Dasein als Hohepriesterin anno dazumal und das dadurch ausgelöste

Erlinnern *aus Sicht dieser anderen Person* haben die Perspektive meines aktuellen Lebens als Person „Cathérine" gerade gerückt. Seit ich mit meinen Gefühlen arbeite und mit der Sehnsucht, dies alles vor der neuen Perspektive, fliesst die Kreativität auch endlich wieder. Ich schreibe anders, wenn ich in diesem Zustand bin. Flüssiger. Fliessender.
Nun verfolgen mich Hummeln. Gestern flog ein Exemplar parallel neben mir her, als ich mit dem Fahrrad unterwegs war (zuvor wurde durch diverse beinahe aberwitzige Zusammenhänge darauf hingewiesen, dass ich hoch schauen solle). Dann hängte ich Wäsche im Garten auf, und eine Hummel hing zappelnd in einem Spinnennetz. Als mir schliesslich eine weitere aus dem Kleiderschrank entgegenfiel, da dachte ich: jetzt reicht´s, und googelte:

„Hummel: Symbolik: Man sagt, die Hummel könne nur deshalb fliegen, weil sie daran glaubt. Generationen von Hummeln fliegen also, denn der Glaube versetzt ja bekanntlich Berge. Diese Geschichte kennen Sie vielleicht, sie soll auf die Berechnungen eines Flugzeug-Ingenieurs in den 1930ern zurückgehen. Heute wissen wir, dass diese Berechnungen nicht ganz korrekt waren. Doch die Hummel symbolisiert weiterhin Beständigkeit und **Vertrauen in die eigenen Fähigkeiten**. Wenn wir der Hummel im Alltag begegnen, können wir das als Zeichen dafür werten, dass auch wir imstande sind, anspruchsvolle Ziele zu erreichen, wenn wir das notwendige Vertrauen dafür aufbringen."[47]

Im Fernsehen präsentierten sie mir gerade die Sphinx, die angeblich ursprünglich mal einen Löwen darstellte, bevor ein Pharao sein Gesicht hineinmeisselte. Das ist ja interessant! Gestern war ich nämlich mit Marion auf einer Esoterikmesse. Vor dem Gebäude wartete bereits ein in Sphinx-Art liegender Löwe aus Stein auf mich. Ich fühlte mich merkwürdig berührt. Im inneren des Messegebäudes steuerte ich auf eine Frau zu, die an ihrem Messestand über Krafttiere informierte. Ich berichtete ihr von dem Löwen, zog eine Karte und las: *Der Löwe*. Der riet mir: „Es ist Zeit, dass du die Bühne betrittst ..." Mein Vater ist Löwe, wieder das Vaterthema! Männlich-aktives Prinzip, das Handeln in der Welt ... Und Kris ist auf der Bühne zu Haus ...

Heute früh musste ich überraschend mit meiner Tochter zum Arzt, weil sie gleich zwei fiese Splitter im Fuss stecken hatte. Dort im Behandlungszimmer klebte ein Aufkleber auf einer Seite eines Arzneischranks. Es handelte sich um eine Werbung für irgendeine Salbe (Heilung!), die es im Doppelpack neu zu kaufen gab: „Endlich zu zweit!"
Ich war wie vom Donner gerührt, musste sofort an Kris denken und konnte es mal wieder nicht fassen. Da war es wieder - das Gefühl, das eine Synchronizität begleitet. Dann verfolgte mich mehrfach der LKW: *FREU DICH DRAUF*!
... und als ich schliesslich Gott laut fragte, worauf denn um alles in der Welt ich mich freuen solle? - in dem Moment fuhr ein weiterer LKW an mir vorbei, der wohl die bisher seltsamste Aufschrift von allen trug:
MANN komm ich gern HEIM[48]
(genauso geschrieben, mit den Grossbuchstaben!) Wir sind uns in Mannheim zum ersten Mal begegnet, Kris und ich ...
Also, wer kommt wann wo heim? Als ich heimkam, hatte ich jedenfalls erst einmal einen miesen Anruf bei der Behörde zu tätigen. Da hatte die 3D-Realität mich gleich wieder beim Schopfe!
<u>Das sind die letzten Wehen vor Geburt der neuen Welt, meine Kleine, das hört bald auf!</u>
Es funktioniert: ich ziehe neuerdings Antworten an wie Licht die Motten. Und ich ziehe Hilfen an, Menschen mit genau den richtigen Sätzen für mich, im perfekten Moment, und es dauert grundsätzlich auch nur höchstens ein paar Stunden, bis die Antworten hier angekommen sind! *ETWAS* ist anders, seit ich die Sehnsucht nicht nur zulasse, sondern sogar in mein Herz schliesse!
<u>Das bin ich, Liebling. Schliesse mich ein in dein Herz!</u>
Nach aussen hin scheint alles chaotisch zu sein und nichts besser, aber meine Intuition, mein Draht nach oben und meine

Fähigkeiten blühen wie ein Busch wilder Sommerrosen (woher kam diese Formulierung nun schon wieder?).
Der brennende Dornbusch war mir zu langweilig.
Egal wie schlimm neuerdings die Situationen sind (gestern musste ich meinen Nebenjob kündigen, weil ich allerlei Lügen dort aufgedeckt habe, wie es ja hier auf Erden anscheinend meine Berufung ist!) - dies ist neu: Mich überrauscht jedes Mal kurze Zeit später eine Energie, ganz unbeschreiblich, und ich fühle mich durch sie unsinnigerweise selbst mitten im grössten Alptraum noch wie im Himmel. So als wenn das alles nichts wirklich mit MIR selbst zu tun hätte.
Ich lasse dich nun nie wieder los, da kannst du dich auf den Kopf stellen. Und es HAT alles nichts mit dir SELBST zu tun.
Ich trete einfach gedanklich aus dem betreffenden Bild heraus und vergesse es, denke an etwas anderes, lese mein Buch weiter – und vergessen und abgelegt ist der vorherige Ärger. Wow, das ist ein Geschenk, dass ich nicht mehr ewig über Ärger weitergrübeln muss! Früher konnte ich Stunden damit zubringen!
Ich sagte doch, dass ich *einige* Geschenke hinterm Rücken für dich bereithalte!
Somit erhalte ich derzeit sehr engmaschige Führung aus meinem Höheren Selbst. Es sagt mir, wo ich weggehen soll, wohin ich stattdessen gehen soll, was ich sein lassen soll, was ich tun soll, was mir hier hilft, was mir dort besser gut tut. Ich erhalte plötzlich Anleitungen in Form von extrem genialen Büchern, die wie für meine Situation geschrieben sind, und sie werden ohne jede Zeitverzögerung auf schnellstem Wege angeliefert, als ob die Engel die Post in ihre Gewalt gebracht hätten.
Was dachtest du denn, wer dafür zuständig ist? Sind wir nun Gottesboten, oder was?
Ideen, Hilfen, Geistesblitze, es ist enorm, und allein diese Tatsache trägt zu diesem innersten unsinnigen Glücksgefühl bei, das unter all dem äusseren Elend lauert.
Das Gefühl ist **die Wahrheit** über dich und dein Leben. Was du Elend nennst, ist ein letzter Schleier der Illusion. Erkenne das Spiel, das es ist, und dein Leben ist augenblicklich leicht.

abends

Hurra, ich habe mich erneut erfolgreich auf die Dualseelen-Schwingung versetzt, ganz alleine, ohne Kris! Sonst löste eine Mail von ihm erst dieses Gefühl der Unbesiegbarkeit aus. Diesmal gab es wieder keinerlei äusseren Auslöser! Entsprechend sehe ich wieder permanent bei Doppelzahlen auf die Uhr, wirklich zu *jeder* Stunde. Und bei gespiegelten Uhrzeiten wie 12:21 oder 14:41.
Alles ist so schön wie am Anfang! Nur dass Kris dazu nicht auf den Plan treten musste. Irgendwie habe ich das Gefühl, ich habe etwas enorm Wichtiges geschafft. *Ich brauche ihn nicht dazu,* das Gefühl kommt ganz aus mir allein heraus. Ich kann das ganz alleine!

03. Juli

Inga riet mir, es bei meinen alltäglichen Herausforderungen mal mit *Ho`oponopono*[49] zu versuchen. Dieses Vorgehen beinhaltet die Erkenntnis, dass alles, was in meinem Leben passiert, vollständig in meiner persönlichen Verantwortung steht, und dass ich es deswegen aktiv in mir selbst heilen kann, was ich an anderen als Krankheit wahrnehme. Man soll dazu von Herzen sagen: *Es tut mir leid liebe/r XY. Ich liebe dich.*
Mir leuchtete zunächst nicht ein, warum ich mich bei anderen Leuten ent-schuldigen soll, denn es gibt ja nichts zu vergeben und nichts zu ent-schuldigen, alles ist immer höchste göttliche Weisheit, so, wie es ist. Und wieso jemand wegen mir krank sein sollte? Aber auf Kris = auf mich selbst (es gibt keine Trennung zwischen uns!) kann ich alles beziehen. Letztlich brocke ich mir selbst ständig all diese Mieseren ein, da hab ich sehr wohl Grund, mich bei mir selbst zu entschuldigen!
Seitdem entschuldige ich mich laut bei Kris, sobald ich mal wieder mein negatives Vaterbild = Männerbild schüre und unangemessen über sie denke. Denn Kris ist, wie wir wissen, die *Summe aller Männer*. Ich sage dann laut (falls möglich):

Es tut mir leid, Kris, dass ich dich gerade innerlich beschimpft habe (in Gestalt meines Vaters z.B.), ich liebe dich!
In Bezug auf ihn kann ich das aus ganzem Herzen aussprechen, und nur dann wirkt es natürlich. Erst, wenn ich in allen Männern Kris sehe, ist auch mein Thema geheilt. Und wieder einmal erweist sich die Dualseele als unschätzbares Geschenk! Der Zugang zur Liebe ist durch ihn viel leichter zu erreichen.
Niemand kommt zum Vater denn durch mich. Christusbewusstsein, bedingungslose Liebe! Da hast du es!

Monate später half uns Ho`oponopono bei einer mittelschlimmen Erkrankung meiner Tochter, die wie durch ein Wunder verschwand, nachdem ich mich im Stillen bei ihr entschuldigt hatte! Ich weise an dieser Stelle dennoch ausdrücklich darauf hin, dass trotz aller guten Tipps und Erfahrungsberichte in diesem Buch der Gang zum Arzt, Heilpraktiker oder Psychologen niemals vernachlässigt werden sollte!

Ja, haben wir notiert! Nun erzähl bitte weiter!

Jemand schickte mir vorhin zwei wunderbare Fotoshows: eine mit Fotos von malerischen Kirchen überall in der Welt, und mir fielen besonders die in Vermont auf. Später googelte ich und blieb irgendwie eine Stunde lang bei Fotos des *Indian Summer* in Kanada kleben. Die andere Fotoshow sagte sinngemäss: es gibt Freunde, die kommen aus einem bestimmten Grund in unser Leben („for a reason") und gehen danach wieder, andere bleiben eine Saison lang („for a season"), und gehen dann wieder. Und wiederum andere Freunde bleiben das ganze Leben („for a lifetime"). Unten am Schluss stand: Sprich nun ein Gebet, und schicke diesen Text an soundsoviel Freunde. Diese Show schickte ich Kris, bevor ich nachdenken konnte. Ich schrieb nichts dazu, schickte ihm nur die Show. Eine Stunde später hatte ich **seine Antwort** per E-mail in meinem Postfach, nach knapp drei Monaten das erste Lebenszeichen von ihm!!!
Ich war vollkommen entrückt, als ich sie las:

wurden deine gebete beantwortet liebe Cathérine? ich hoffe dies erreicht dich in einem zustand des friedens mit wärme in deiner seele. ich bin in kanada, allein, und wandere die strassen entlang, tief in gedanken versunken ... Kris x

> *ja, nun wurden sie beantwortet …*
> *wünschte ich könnte mit dir gehen, unsere einsamkeit teilend ...*
> *xxx*

Es hat funktioniert – ich habe es verstanden. Ich habe es wirklich verstanden – mit dem Herzen. Ho`oponopono! Es ist angekommen!

„... wenn du Angst hast, dann wird gar nichts passieren. Er wird seine Handlungen immer auf dich und dein Inneres abstimmen. Abwarten – glauben oder nicht glauben ist hier der Irrweg. Schaue wie weit du bist, was du bereit bist zu geben und du weisst, was er dir entgegen bringen kann. Du bist die ursprüngliche Energie, die führt, und er dehnt sich dementsprechend mit aus."

Nun ist mir eins klar, seit ich gerade voller Liebe an Kris dachte und mich in dieses Gefühl bzw. in ihn selbst hineinfühlte, statt es mit einem Auge abzulehnen wie früher immer: diese Geschichte ist *das einzig Wichtige* in meinem Leben, *alles andere kann ich im Zweifelsfalle sausen lassen*, das muss ich mir einmal ganz klar machen. *Alles andere ist unwichtig*, ist Spielkram, spielerisches Beiwerk.
Tschakka! Jetzt hat sie es! (Jubelrufe aus einer wohlbekannten Wolke. Jemand stösst vor Freude versehentlich den Popcorneimer um, und irgendwo auf der Welt schneit es deswegen.)

„liebe Maya,
wenn du aus angst deine emotionen verschliesst, damit du keinen schmerz mehr fühlen musst, dann verschliesst du auch die positiven emotionen. anders gehts nicht. also alles fühlen oder nix, das ist nicht zu ändern. ich muss auch jetzt durch alle gefühle durchgehen, aber ich kenne ja jetzt Safi Nidiaye und ihre

herzensmethode[50], daher habe ich keine angst mehr vor diesen gefühlen. und ich schmeiss mich volle kanne hinein, das kannst du mir glauben. alles ist besser als diese emotionale kälte, die ich ein jahr lang gepflegt habe – meine kälte Kris gegenüber, die ich als *vernunft* getarnt hatte! da muss ich mich bei ihm aber ganz gewaltig entschuldigen! p.s.: *ich lebe wieder*!
wir haben vielleicht nur noch 20 jahre, wer weiss - und die werde ich nicht mehr vergeuden, indem ich aus angst nichts fühle. das ist, was ICH weiss."

Ja, ICH weiss es. Ich lebe heute endlich in dem bewussten Zustand, dass alles goldrichtig ist, und ich weiss, wie meine Antwort ist, weiss, was mit uns sein wird, jawohl, ich habe alle meine Antworten bekommen. Es ist also möglich. Ich bin das lebende Beispiel! Bereits zu Anfang meiner Geschichte schwante mir, dass Kris und ich auf eine magische Weise Prototypen für Dualseelen sind, denn wir erfüllen alle biblischen und sonstigen Massstäbe. Es war manchmal beinahe angsteinflössend. Seit mein erstes Buch veröffentlich ist, schreibt mir mindestens jede Woche ein Mensch, es sei unheimlich, aber es ist, als ob ich exakt dasselbe erlebe wie er/sie, und als ob ich das Buch nur für ihn/sie geschrieben hätte. Es ist tatsächlich so: Wir erleben einen Menschheitsmythos, wir erfüllen alle archetypischen Ansprüche. Es ist wirklich mehr als merkwürdig, und ich weiss nach wie vor nicht recht, warum es gerade mein kleines Leben erwischt hat. Aber es hat. ER hat.
Gott weiss schon, was er tut. Und wir wissen es daher auch.
Erstmalig sage ich es ohne Angst aus meinem Herzen heraus, ganz offen und ehrlich, ohne etwas zurückzuhalten: Ich möchte ihm schreiben, ich möchte mit ihm telefonieren, und ich muss ihn unbedingt wiedersehen, mir ist ein Rätsel, wie ich das jemals nicht gewollt haben kann?! Ihn berühren, seine Hände! Und in seine Augen sehen, seine blauen Augen, *meine* blauen Augen. Es ist allerhöchste Zeit! Ich bin auf dieser Erde schon mindestens einmal gestorben, und ich habe es überlebt, wie du siehst. Was also sollte mir hier jemals noch passieren? Und wir haben **uns** hier, Kris und ich. Ich wünschte, ich könnte ihm zeigen, wie er

seine Angst ebenfalls ablegen kann. Wenn Gott es will, wird er mir die Gelegenheit dazu eines Tages geben.
Gut, und JETZT fange ich an.

Seine Herausforderung und Lernaufgabe ist es demnach, vom Solarplexus (Macht und Kraft) aus sich mit seinem Herzen zu verbinden; meine Aufgabe als Frau ist es, meine Herzenergien mit meiner ursprünglich angelegten Macht und Kraft zu verbinden.
Kurz: vom Schaf zur Löwin zu werden ... Oh, ich schaue gerade meine grösste Angst an: hier auf Erden glücklich zu werden, mit einem Mann, der mich über alles liebt. Genau diese Angst ist es, die Kris verkörpert, und das macht mir wahrhaftig mehr Angst als alles andere. Denn damit wäre die Trennung zu Gott aufgehoben, die Illusion der Trennung wäre nicht mehr – dies ist die grösste Angst des Egos ... Der Himmel wäre auf Erden angekommen.

11. Kapitel
auf gute Partnerschaft!

„in erster linie wirst DU dich verändern: du wirst fortan allzeit deine meinung sagen, du wirst niemandem mehr gefallen müssen (das wird dir sehr viel wut und angriffe anderer menschen einbringen, die dies für sich selbst noch nicht schaffen), du wirst hartnäckig hinter der wahrheit in allen menschen, dingen und situationen her sein, daher wirst du sehr unbequem für andere sein, du wirst keine ruhe geben, bis du den aktuellen lernschritt bis in seinen kern verstanden hast, du wirst dich ertappen sehr ungeduldig mit menschen zu sein, die nicht dein tempo an den tag legen, du wirst nichts mehr in deinem leben akzeptieren, was nicht deiner höchsten wahrheit entspricht, du wirst anecken, wirst ganze lager spalten, und dies wird dir zunächst vielleicht nicht mal bewusst sein und es kann dich anfangs selbst noch erschrecken.
aber eins wird es in deinem leben auf alle fälle nicht mehr geben: faule KOMPROMISSE, arrangements, die nicht auf deiner höchsten innersten wahrheit = auf der liebe beruhen. du tust nichts mehr aus mitleid, aus pflichtgefühl, oder weil du mit jemandem irdisch verwandt bist. in diesem sinne wirst du beständig menschen hinter dir lassen, mit denen kein gleichklang mehr erzielt wird. neue menschen strömen dann in dein leben, wie von einer unsichtbaren macht zu dir gelenkt. das universum duldet keine lücke! und auch diese werden wieder von dir gehen, indem du vielleicht eines tages einen anderen weg einschlägst als sie es tun. aber all dieser wechsel wird dich nicht mehr schrecken, er wird dich berauschen, du wirst dich lebendiger fühlen als je zuvor, wirst einfach mit der strömung fliessen, und nichts wird länger als nötig in deinen gedanken oder in deinem leben hängen bleiben. du wirst lernen, unnütze unagemessene gedanken beiseite zu legen, sobald du erkannt hast, dass sie nicht deiner wahrheit entspringen. stattdessen wirst du eine unbeschreibliche energie in regelmässigen wellen immer und immer wieder in dich einströmen fühlen (der strom ist ohne unterbrechung, aber

du entfernst dich noch bisweilen von ihm, daher erscheint er dir pulsierend).
in diesem sinne wird dein leben eines tages plötzlich sehr leicht sein, es wird der langersehnte himmel auf erden sein. es wird nicht weniger herausforderungen aufweisen, eher noch mehr als früher, da du alles viel intensiver und klarer und voll beteiligt – eben *bewusst* miterlebst, sobald du den nebel des schlafwandelns hinter dir gelassen hast. du wirst dich mehr und mehr als regisseur erleben, nicht mehr als hilflose marionette in dem marionetten-theater deines lebens. ab und zu wirst du dich noch in der alten unwahren denkweise wiederfinden, dass du ein opfer der umstände seiest, aber das lässt nach.
es stellt sich zunehmend häufiger ein unerhörtes glücksgefühl ein, für das du keinen grund benennen kannst. gleichzeitig scheinen dir ideen, gedanken, inspiration nur so zuzufliegen, du erkennst zusammenhänge, die du nicht mal in worte fassen kannst, du schreibst einen text wie diesen in fünf minuten (oder wie lange es eben braucht, bis deine finger die tasten betätigt haben). es fliesst nur so aus dir heraus. stellst du eine frage, fliegt dir die antwort zu. du erhältst hilfen und zuspruch, wo du gehst und stehst.
all das geschieht mit dir, sobald du der wahrheit in gestalt deiner dualseele einmal ins auge gesehen und du daraufhin den rückweg nach hause angetreten hast. geschieht dies alles noch nicht in deinem leben, steht dir dein eigentlicher weckruf vielleicht noch bevor ... dann darfst du dich vorfreuen! es gibt viele arten, zu diesem himmel aufzuwachen. alles ist möglich.
atlantia"

<u>Schnüff, das haben wir wieder einmal wunderschön geschrieben, mein Herz!</u>

Kris ist die ganze Zeit bei mir, heute schon wieder den gesamten Morgen, während ich an diesem Buch arbeite. Noch drei Tage bis zu unserem Jahrestag. Mir kommt es vor, als ob dies schon sehr viel länger dauert. Aber *in diesem Leben* sind es erst drei Jahre.

Meine Tochter brachte vorhin von ihrem Wochenende beim Papa eine neue Zahnpasta mit, auf der Tube ist ein *Löwe* abgebildet ... *no comment*! Vom Lamm zum Löwen ... das scheint wirklich mein Weg zu sein. Ich glaube, ich weiss, wie dieses Buch hier heissen muss!
Alles das, was ich in Kris' Verhalten gespiegelt sehe, habe ich in Wahrheit IHM angetan: ich habe ihn verlassen, ich war zu lange fort, ich habe mich zurückgehalten, so viele Male, in so vielen Momenten habe ich mich ihm nicht vollständig gegeben. Ich habe ihm nicht vertraut, habe mich nicht auf ihn verlassen, bin aus Angst davon gelaufen und habe mich vor ihm versteckt. Er musste mir dies alles spiegeln, und es hat auch ihn viele Schmerzen gekostet. Das alles tut mir so unendlich leid! Ebenso habe ich mich Gott gegenüber verhalten – und somit letztlich mir selbst gegenüber. Jetzt sitze ich hier und bin erfüllt von einer Leidenschaft, mich dringend selbst geben zu wollen, und ich bete wirklich um die Gnade, das an Kris noch einmal tun zu dürfen. Stellvertretend Kris alles geben zu dürfen, stellvertretend für die anderen Menschen. Er soll alles haben, nichts soll ihm *nicht* gehören. Ich weiss man soll nichts schwören, aber dieses Versprechen gebe ich ja lediglich mir selbst, denn wir sind eins. **Cathérine, es tut mir leid, ich will dir von nun an alles geben und nichts mehr zurückhalten. *Ich liebe dich.***
Verstehst du mich nun endlich?!
Ja, aber ich fühle das noch nicht ... ich denke es nur.
Das Fühlen wird sich einstellen, sei geduldig mit dir!
Die lustige amerikanische Webseite weiss dazu: *Die Freiheit, zu träumen, während man wach ist* ... und dazu ein Foto von einem Feuerwerk.
Vorhin habe ich zwei DIN A4-Seiten geschrieben: eine ganze lange Liste der Situationen und Handlungen, für die ich mich bei Kris entschuldige. Und mir wurde klar, dass er ja hier in diesem unserem Spiel gezwungen ist, mir all meine Schatten zu spiegeln, auch im positiven Sinne: so erfolgreich bin ich eigentlich, so mutig bin ich eigentlich, so extrovertiert. Das sind die positiven Eigenschaften, die ich in den Schatten verdrängt habe, allesamt männliche Qualitäten, die er voll auslebt. Ebenso spiegelt er mir

die negativen Schatten, die Angst, das Davonlaufen, dass ich mich (innerlich) so fern von ihm halte, dass ich mich nicht immer rückhaltlos gegeben habe, dass ich in so vielen ungezählten Augenblicken nicht an seiner Seite gestanden habe. Andererseits spiegele ich ihm das, was **er** verdrängt hat, das bedeutet, dass all dies ebenso in diesem wunderbaren perfekten Mann steckt: seine Fähigkeit zur Hingabe, seine Fähigkeit, Gefühle auszudrücken und zu kommunizieren, zu seiner Liebe zu stehen und mich völlig darin einzuschliessen. Denn das sind die Dinge, die ich gezwungen bin, IHM zu spiegeln. Immer wieder zu vertrauen, gegen jede Chance, eben NICHT aufzugeben wegen irgendeiner Vergangenheit, die genau das ist: *längst vergangen*. Seitdem ich das verstanden habe, liebe ich ihn noch mehr, falls das möglich ist, ich sehe einen so extrem herrlichen Mann vor mir, dass ich laut jubeln möchte. Es steckt alles in ihm, irgendwo da drin. *Kris ist vollkommen*. Wenn ich ihm das doch nur sagen dürfte – sagen könnte! Wenn Kris das doch nur für sich annehmen könnte, und einmal diese unsägliche Liebe fühlen könnte, die wir sind ...
Das hat er bereits ... Und eines Tages wird er es wieder tun, wann - das liegt ganz bei dir. Denn du musst es zuerst für dich selbst annehmen. Liebe deinen nächsten WIE DICH SELBST!

06. Juli

Ich fühle mich dermassen supergut, es gibt kaum Worte dafür. Alles ist so rundum in Ordnung, Kris ist hier und ich schreibe meine Bücher – ein Traumleben. Dazu Sommer und Sonne, mein Kind ist gesund und ebenfalls glücklich, was soll ich sagen! So darf es gerne immer sein, Barfuss laufen und Kris immerzu bei mir ... Und ich sehe auf die Uhr: 11:11. Heute keine Lichtkörper-Symptome!
Hier was zum Lachen: Gestern abend bearbeitete ich die Stelle in diesem Buch mit dem Dornbusch. Heute früh kaufte ich Briefmarken – und bekam in der hiesigen Post welche mit einem Leuchtturm (!) und mit dem folgenden Namen darauf: *Dornbusch*. Ist das *süss*? Was sagt man denn dazu? Hallo da oben, willst du

mir etwas mitteilen? IN DIESEM AUGENBLICK bekomme ich eine Email, Werbung: *Träume werden wahr!*
Du weisst doch, ich habe meine Mittel und Wege, deine geneigte Aufmerksam zu erhaschen ... Man könnte glatt sagen, ich sei ein *Medienprofi.*
Den meisten Spass macht mir das Channeln in diesem Buch, daher würde ich gerne weiterschreiben. Aber im Prinzip geht ja grad nichts weiter, wo bleibt denn nur Kris?
Bist du bereit für dein Abenteuer?
Ich wüsste zu gern, wie dieses Buch ausgeht. Ich bitte hiermit um Hinweise. Kannst du das bitte für mich tun?
Nö. Es geht alles ganz *von selbst.*
Mal sehen, wer eher hier landet, Kris oder die Sirianer. Vielleicht bringen sie ihn auch gleich in ihrem Raumschiff mit, das wäre doch nett! Dann spart er sich einen Flug. Aber dazu müssten sie ihn *blitzdingsen,* sonst überlebt er das nervlich nicht ...

07. Juli

Meine Thymusdrüse bringt mich schier um. Ich beklopfe sie bereits, aber es ist kaum auszuhalten, dazu das altbekannte Gefühl, als ob heute noch die Überraschung meines Lebens zu mir käme. Meine Sicherheit bezüglich der kommenden Ereignisse hält sich tapfer, ich widerstehe der Versuchung, nach langer Zeit Sandra mal wieder zu kontaktieren. Diesmal will ich es ganz alleine mit meinem Höheren Selbst schaffen! Die Frage jedoch schwebt hartnäckig im Raum: Kommt Kris wirklich zurück?
Heute verfolgt mich die Zahl 173, sonst ist es immer die 237 oder 273. Im Buch „Die Zahlen der Engel“[51] heisst es: „173 – Die aufgestiegenen Meister gratulieren dir zu deiner Fähigkeit, dich über die Negativität zu erheben und das übergeordnete Bild der Möglichkeiten zu sehen. Bleibe weiterhin auf das bestmögliche Ergebnis fokussiert. Gut gemacht!“
Ich setze gerade alles auf eine Karte, indem ich im Netz publik mache, dass dieses Buch *in allernächster Zeit* herauskommt.
Dieses fiese Wörtchen „bald“! Lass mich jetzt bloss nicht mit meinem Buch hier hängen!

Wen meinst du? Kris oder mich?
Bleibt sich das nicht gleich?
Du selbst hast es in der Hand. Es ist *dein* Buch, meine Liebe. Übernimm endlich selbst die Verantwortung! Du wirst es ganz allein schaffen! Kris muss nicht zurückkommen und auch nicht schreiben, damit du es vollenden kannst ...

Habe mit einer Freundin Engelkarten gezogen. Deck Eins[52], Frage: Was wird mit dem Schluss von meinem Buch? Antwort: *Seelengefährte.* Deck Zwei[53], Frage dieselbe: *Geliebtes Wesen – Ich helfe dir bei der Beziehung mit deinem Seelengefährten ...*
Mir fällt es leider unheimlich schwer, glasrein Kris für „Seelengefährte" einzusetzen, denn die verqueren Fremdgedanken, dass es angeblich einen anderen Dualseelenpartner geben soll schieben sich andauernd dazwischen. Das trübt leider die schöne Stimmung, aber das wird sich schon ausmerzen. (Wenn ich ganz ehrlich bin ist das so oberbebirnt, dass es fast lächerlich ist! Aber hast du erst einmal einen dummen Gedanken verinnerlicht ... daher ist es so wichtig, bei sich zu bleiben und so wenig wie möglich über seine Herzensangelegenheiten zu reden, es dürfen höchstens zwei bis maximal drei vertraute Menschen davon erfahren! Erzähle lieber niemandem, wie es um dich/euch steht, welche Fortschritte du machst - zu viele Menschen neiden noch aus ihrer Unbewusstheit heraus und streuen dann Unwahrheiten, die meisten unwissentlich, andere aber leider bewusst und aus Spass an der Freud. Sie schätzen nicht wert, was du wertschätzt. Aber sie beeinflussen dich, und dann hast du ihre Reden im Ohr und stolperst in den ungeeignetsten Momenten über sie. Lass es lieber sein, und heilige stets das, was du im Herzen trägst.)

Weiterhin wurde mir geraten: *Lass es los.* Die Durchgabe bekam ich bereits ohne Karten heute Mittag. Morgen hat meine Tochter Geburtstag, da hab ich eh anderes im Sinn. Aber ich werde Kris natürlich zum *anniversary* schreiben, das auf jeden Fall. Drei Jahre – mir kommt es vor wie ein ganzes Leben ...!

08. Juli

morgens, SMS an Kris:

heute ist der geburtstag meiner tochter. vor drei jahren bin ich dir begegnet. an diesem datum ändert sich scheinbar regelmässig mein leben. Gott segne dich Kris xx

Als ich gerade in der Küche ein Lied hörte, das für uns beide eine Rolle spielt, fühlte ich die Liebe wieder so extrem, wie ein Sog, ich dachte, es löst mich auf. Sie ist gewaltig, jenseits aller Worte, ich bin mitten drin und gleichzeitig das Zentrum, aus der sie herausströmt, in alle Richtungen gleichzeitig. Eines Tages muss es mich auflösen. Seit drei Jahren, in jeder Sekunde, unverändert, drei Jahre - jeder Atemzug flüstert „Kris". Ich wünsche mir, dass es ihm dient, dass er es fühlt und es ihn heil macht und glücklich. Dies soll mein Geschenk an ihn sein. Und wenn ich dieses Bewusstsein in der Liebe habe, ist er augenblicklich bei mir, die Trennung ist sofort weg, als stünde er neben mir. Es ist fühlbar, keine spirituelle Idee, sondern für mich physisch wahrnehmbar. Leider kann ich dieses Bewusstsein noch nicht ständig aufrecht erhalten.

10. Juli

Ich fühlte mich gestern abend wieder grauselig und fragte mich, was passiert war - einen über den anderen Tag? Es war folgendes passiert: Ich hatte meinen Kopf wieder ans Ruder gelassen, der mir sagte, es führt doch alles zu nichts, das siehst du doch, oder hat Kris sich gemeldet? Häh? Na? Nein, hat er nicht, *du verrennst dich da in etwas* (da war sie wieder, die Unkenstimme!). Mein Herz meldete sich daraufhin zu Wort und teilte mir mit: In dem Zustand des Sich-Einlassens auf Kris und alles, was daranhängt, fühlst du dich unsterblich, unbesiegbar – es ist doch egal, was dabei in Bezug auf Kristian *äusserlich* herauskommt.
Dass etwas dabei herauskommen muss, das ist die Stimme deines Egos, deines Vaters aus der Kindheit, *wo bleibt der sichtbare Erfolg?*

Das fragst du dich doch nicht wirklich selbst! Du bist doch zufrieden und glücklich, tagelang Bücher schreiben zu dürfen, und ab und zu eine Mail von Kris, na ok, aber wichtiger ist das Versprechen, das in der Luft schwebt über all dem, die Vorfreude und Erwartung-von-irgendetwas, das du noch gar nicht namentlich benennen kannst.
Darauf allein kommt es an, das ist gesund für dich und heilsam. Sobald du anfängst, Ergebnisse zu zählen, entflieht dir diese schöne Stimmung.
Glaubst du im Ernst, falls du nochmal sterben müsstest, würde dein Gott dich fragen: und? Hast du es geschafft? Hat er dich noch einmal besucht? Nein, Gott sieht nur, wie sehr du liebst und wie glücklich du beim Schreiben bist. JETZT. Alles darüber hinaus spielt gar keine Rolle. Das ist deine Lehre, die du jetzt gerade erhältst. Willst du nicht lieber wieder in dem Zustand sein wie am Wochenende?
Ja sicher will ich das.
Na also.
Und was soll nun aus diesem Buch werden?!
Schreib einfach, sobald dir etwas einfällt. Es wird sich schon entwickeln. *Hab Vertrauen.*

2 Wochen später

Es ist unfassbar. Nachdem wir also letzte Woche aus unserem überraschenden Spontan-Urlaub am Rhein zurückgekehrt waren (ich begreife bis heute nicht, wieso mein Vater uns den Urlaub so urplötzlich geschenkt hat!), wusste ich auf geheimnisvolle Weise in allen Einzelheiten, was ich in meinem Leben ändern soll;
es schien geradezu auf ein Blatt Papier geschrieben worden zu sein, das ich innerlich nun immer bei mir trage. Die Nähe des fliessenden Gewässers hat mir wohl sehr gut getan. Ich wollte ja wieder *in Fluss kommen*, zu mir selbst zurückkommen. Dabei habe ich ein paar sehr, sehr gute Bücher gelesen. Die Helfer finden wie immer ihren Weg ... So wie z.B. Prentice Mulford.[54] Nun habe ich also einige neue Impulse erhalten:

Regel No. 1 (auf die ich schon neulich gekommen war): *Stillschweigen!* Erzähle niemandem von deinen Wandlungen und Plänen, von deinen Vorhaben und Einsichten. Lass sie erst Wirklichkeit werden! ... denn, wie Prentice Mulford schon schreibt: wenn es einer erfährt, der es dir auch nur zu einem Quentchen missgönnt, so gibt er schon negative Energie in deine Projekte. Warum sollte ich *das* wollen? Das war ja auch immer meine leise Vermutung, und anscheinend haben andere vor mir diese Erfahrung auch schon machen müssen.

Regel No.2: Gib endlich den Rest Kontrolle auf! Und die äussere Kontrolle fremder Leute über dein Leben wird gleichfalls aufhören. Dass der Sachbearbeiter beim Amt den Persönlichkeitsanteil in mir verkörpert, der die Kontrolle behalten will, der mich klein und in meinen Grenzen halten will, das hatte ich irgendwann im Urlaub urplötzlich begriffen. Lasse ich los, lasse ich auch die Not-wendigkeit los, solch einen Spiegel in der Aussenwelt zu haben.

Zunächst war mir noch schleierhaft, wie ich DAS jemals bewerkstelligen soll, aber irgendwie wie durch ein Wunder hat es geklappt! Ich habe losgelassen und bin endlich in dem von mir ersehnten Zustand, dass ich mich haarklein führen lassen kann. Wirklich von einer Stunde zur nächsten zu leben – es ist herrlich, ich weiss überhaupt nicht, was ich heute vorhabe, was heute mit mir vorgehabt wird, ach welche Befreiung! Nun kann ich das Fliessen fühlen, die Atmosphäre scheint lebendig geworden zu sein! Ich denke auch nicht darüber nach, ob und warum dieses oder jenes klappen wird oder wenn ja, warum nicht. So lange habe ich darauf hin gearbeitet! Ich hab mir das immer so entspannt vorgestellt. Ja, die Erleichterung ist auch wirklich unbe-schreiblich, mit einer Spur Unsicherheit darin, und daraus resultierend einem Fitzelchen Abenteuerlust. Nein, das stimmt gar nicht, es ist viel mehr als nur ein Fitzelchen! Ich komme mir vor, als ob ich mit einer Taschenlampe in tiefschwarzer Nacht vorwärts stolpere, immer nur einen winzigen Lichtkegel um mich

her und nicht wissend, was mich hinter der nächsten Biegung erwartet.
Ich freue mich, dass wir uns endlich wieder so nahe sind ... Du musst dich immer wieder von mir entfernen und damit von dir ... nur so lernst du den Unterschied schätzen.

Regel No.3: Entpersönliche Gott! Heute früh wusste ich auf einmal wie: ich denke statt „Gott“ in Zukunft ***spirit***, weil das für mich mehr mit einer Art fliessender, sich wandelnder „Energie“ gleichgesetzt ist, der ich mehr Vertrauen entgegen bringen kann als irgendeinem alten Opa. [55]
Ich sagte ja bereits: Lass doch den armen alten Mann in Ruhe!
Das war ein sehr heilsamer Schritt und für meine persönliche Denkweise geradezu revolutionär. Gott vom leiblichen Vater abkoppeln! Wow! Über einen kleinen Umweg geriet ich heute früh wieder an meinen hochverehrten Herrn Rilke, und als ich seinen Gedichtband aus dem Regal nahm und irgendwo aufschlug, erklärte er mir passend wie immer dies hier:
„Stimme im Dornbusch [!]. Streife, wem sie gilt, die Schuhe ab und krümme sich und schlage den ganzen Mantel vors Gesicht und sage in seinen Mantel: Herr, ich bin gewillt. Auch wer das nicht begreift, was ihn beruft, der sei bereit. Es wird ihm in das grade ungangbare Geheiß aus voller Gnade ein schmaler Pfad hineingestuft.“[56]

Der Text erinnert mich spontan an den fürchterlichen kleinen Patt steil bergauf am Rhein, wo man nie wusste, wie weit es noch bis oben war, und ich bekam keine Luft mehr und mein Kreislauf wollte sich verabschieden, meine Knie taten weh und meine Oberschenkelmuskeln brannten. Es ist ja nicht so lange her, dass ich mit dem Rauchen aufgehört habe, meine Lungen kämpfen noch immer. Wir hatten an jenem Abend noch überlegt, was uns das wohl sagen wollte. Es ist genau dasselbe Bild, jetzt gerade, also verstehe ich es endlich.

31. Juli

Ach wie gerne würde ich dieses Buch fertig bringen! Habe heute in den Briefen von Rilke[57] gelesen und bin gleich wieder sprachlich infiziert. Das macht er jedes Mal mit mir! Ich wünschte, mir würde jemand eines Tages solch einen Brief schreiben!
DU schreibst solche Briefe ...
Aber so einen Menschen mit solch tiefsinnigen Gedanken und der Fähigkeit, sie derart in Worte zu verpacken, den muss man erst einmal finden.
Schau einfach in den Spiegel!
Alles, was er schreibt, verstehe ich so gut! Es ist wirklich unheimlich, wie er meine eigenen Überlegungen der letzten Woche darlegt, es müssen auch einmal seine gewesen sein. Ich wünschte, ich könnte mich mit ihm darüber unterhalten, wirklich und wahrhaftig. Er liebte auch den Herbst so sehr. Im Sommer kann man ja auch nicht gut dichten, die Stimmungen sind im Herbst viel sehnlicher und tragender.
Nun sitze ich also hier und habe das Gefühl, ich müsste dieses Buch dringendst fertig stellen, aber ich weiss noch immer nicht seinen Schluss. Oder vielmehr, wo diesmal die *Zäsur sein wird,* denn einen Schluss hat diese Geschichte bekanntlich niemals. Das Wort Zäsur habe ich seit der Schulzeit nicht mehr benutzt! Woher kommt das denn auf einmal?
Gestern dämmerte es mir schon, wo mein Weg derzeit entlang läuft, und abends sagte es ausgerechnet eine Königin in einer TV-Dokumentation: „Um wirklich frei zu sein, musst du dein tägliches Leben annehmen, wie es ist.“ Und mir wurde augenblicklich klar, dass ich das nach wie vor nicht wirklich getan habe. Heute ist der erste Tag, an dem ich es *ein bisschen* tue. Immerzu plagte mich ein Gefühl von Schuld, gesellschaftlichem Versagen, schlechtem Gewissen, weil ich die viele freie Zeit für mein Lesen und Schreiben so sehr liebe und auf diese Weise mit einem Teil von mir gar nicht böse bin, nicht *in Lohn und Brot* zu stehen. (Was ist denn das für ein antiquierter Ausdruck! Herrjeh, wer schreibt denn nun wieder mit mir?

Du bist eben viele, das verstehst du nur noch nicht. Du bist ein multidimensionales Wesen und lebst deine vielen Leben gleichzeitig.

Wenn es aber nun einmal das ist, was *spirit* gerade will, dass ich es tue! Dann ist es eben so.

Eben. Nicht fragen – annehmen!

Leider sind andere Menschen noch nicht so weit, das ebenfalls so stehen zu lassen, und der Vorwurf, faul zu sein, wird mir sicherlich noch oft begegnen. Dabei bin ich vermutlich fleissiger als sie alle zusammen, nur auf anderen Gebieten und bisher ohne vergleichbare geldliche Entlohnung. Ich würde so unendlich gern den ganzen Tag Beratungen durchführen, aber dem ist eben (noch) nicht so, und ich darf die freie Zeit wohl bis dahin ohne schlechtes Gewissen geniessen.

Ja natürlich darfst du das, Schatzerl! Gib dir doch endlich selbst deine Erlaubnis!

Ich habe alles versucht, mich überall beworben, mich sogar selbständig gemacht, jetzt ist es an der Zeit, anzuhalten und *spirit* arbeiten zu lassen. Das ist schwierig, meiner Treu, hast du schon mal stille gehalten und *genossen*, während dein Sachbearbeiter bei der Arbeitsagentur Pläne schmiedet, wie er dir das Leben möglichst unbequem machen kann? Ich kann ihn bis hierher denken hören! Aber ich habe ja bereits erkannt, dass ich ihn los bin, sobald ich aufhöre, mich selbst so zu behandeln, wie er es tut (tun muss). Das fällt schwer, ja wirklich. Loslassen, annehmen, hier ist sie: die weibliche Seite! Wie viel leichter ist es doch, hunderte Bewerbungen zu schreiben, aktiv zu sein, wie ein Mann mit seinem hochgelobten Verstand es tun würde – aber es führt in meinem Fall zu nichts, das habe ich ja gesehen.

Ich hab eben was anderes mit dir vor, *sweety*!

Meine Güte, war der Monat August anstrengend! Eine meiner inneren Personen machte sich lautstark bemerkbar, erschien am Ende sogar leibhaftig als reale Person in meiner Welt. Sie sagte mir ohne irgendeinen Umweg durch die berühmte Blume, ich müsse sofort alles an mir bzw. meinem Leben ändern, von Spirituellem hätte ich Null Ahnung (nach so wenigen Jahren sei das unmöglich ... also das übliche gähnend leere Argument der altvorderen spirituellen Langzeitstudenten, das habe ich schon x-mal zu hören bekommen), und ich würde ja wohl sehen, dass mein Leben bisher **null erfolgreich gewesen** sei. BUMM!
Das war der aufrüttelnde, entscheidende Satz!
Ent-scheidend, darin steckt *das Loslassen einer Alternative,* die nicht mehr taugt. Und alles in mir rief laut: Hey, Moment mal, mein Leben IST ein riesiger Erfolg, sieh her, ich habe alles, ich bin reich! Ich habe meinen Lebenstraum wahrgemacht und ein Buch geschrieben, noch dazu eins über die Liebe meines Lebens, der ich Gott sei Dank begegnen durfte. Dieses Buch bleibt selbst dann, wenn ich diesen Planeten morgen verlassen müsste. Unsere Geschichte bleibt für immer lebendig! Und ich habe zu mir selbst gefunden, zu dem grössten Schatz und zu der Quelle immerwährenden Fliessens in mir. Wieso also glaubst du, ich sei nicht erfolgreich?
Wieso also glaubst DU, du seist nicht erfolgreich?
Und ich verstand, dass das lediglich eine *meiner eigenen* inneren Stimmen war, die ewige Miesmacherin und Kritikerin, die sich mir zur Hilfe leibhaftig als andere Frau in meinem Leben manifestiert hatte und von der ich mich nun trennen durfte. Mitgefühl für diese Frau strömte auf der Stelle aus mir und über mich her, und ich dachte ok, das ist *ihr* Weg. Sie will den Kampf, sie hat ihren Kampf. Mein Weg jedoch ist ein anderer. Nur weil sie dies nicht begreift, ist mein Leben jedoch nicht kleiner als ihres! Und es kehrte ein innerer Frieden ein, der das wohlige, sichere, gelassene Gefühl nach unserem fliessenden Rhein-Urlaub nochmals verstärkte und sogar vervielfachte.
Ich fühlte, nun ist der Damm gebrochen, nun habe ich den entscheidenden Erkenntnisschritt getan! Danke an mein Gegenüber!

Sie ist bei all ihrer Kritik und gerade deswegen ein menschlicher Engel ...
Die Seelen, die dich am meisten lieben, tun dir am meisten weh ...
Heute fand ich übrigens „per Zufall" im Internet ein Fernstudium zur Psychologischen Beraterin. Förderung möglich, berufliche Weiterbildung! Ich hatte etwas ganz anderes gesucht und fiel förmlich über diese Webseite einer Fernakademie. Oh, wenn mein Sachbearbeiter das bewilligen würde!!! Oh Mann, das wäre genau meins, das ist das, was ich eigentlich bereits BIN! Ich BIN ja bereits Coach, Life-Coach, ich motiviere Menschen, berate Dualseelen-Geplagte! Und die Tränen liefen ... mein Herz schlug Purzelbäume, ich war total bewegt.
Du hast dich erinnert ... diese Erinnerungen kommen aus dem Herzen, nicht aus deinem Gedächtnis. Und sie fliessen mit deinen Tränen ins manifeste Leben hinein. Das Herz muss eben manchmal überlaufen ...
Ich habe sofort einen Gesprächstermin bei meinem Arbeitsberater beantragt. Daumen drücken! Was hat Gott nun wieder vor? Wenn ich das Fernstudium machen darf, weiss ich, dass dies tatsächlich mein Weg ist, heraus aus der angestaubten Esoterik-Ecke - hin zur professionellen Beratung. Ich wüsste *endlich* einmal sicher, wo es für mich in diesem Leben lang geht! Es wäre für mich ein Wegweiser.

Nur knapp 4 Wochen später

Es ist bewilligt, hurra, ich studiere! Mein Fernstudium ist genehmigt, und nun bin ich auf dem direkten Weg, mein Inneres nach aussen zu bringen, das, was ich schon BIN auch nach aussen hin zu werden. Danke, Gott, und besonderer Dank an Erzengel Michael, den besten Coach aller Zeiten! Er hat alle Register gezogen, unfassbare Dinge geschahen nämlich während meiner Gespräche beim Arbeitsamt bezüglich meiner Weiterbildung. Ich kam mir vor wie in einem Kinofilm!
... und eine startende Rakete, dazu kam passend eine ***Fernstudien-Werbung*** *mit dem Titel:* YES YOU CAN!

Mein Leben ist endlich gestartet! Ja, ich fühle, dass es jetzt soweit ist, und alles darf endlich wahr werden!!
Du hast dir endlich selbst die Erlaubnis gegeben. Mehr brauchte es nicht! Nun kann ich endlich deine Geschenke loswerden, Mensch das hat aber gedauert

Hey, hier oben gibt es doch keine Zeit!

Ach, hast ja recht, Michel.

20. September

... gerade habe ich das neue Kalenderblatt für die kommende Woche aufgeblättert. Dort ist zu lesen: „Halte das Unmögliche für möglich und es können Wunder geschehen." Kaum schreibe ich wieder an diesem magischen Buch, geht es wieder los; kaum beschäftige ich mich innerlich wieder mit Kris, dreht sich das Synchronizitäten- und Zufallsabsurditäten-Karrussel wieder ein paar Umdrehungen schneller! Es ist doch immer wieder dasselbe. Als ob *spirit* sich solch eine Mühe macht für eine Lüge ...! Ts ts ts! Nur die Wahrheit kann Berge versetzen und Wunder erscheinen lassen. Die Titelseite der Tageszeitung weiss denn auch heute zu berichten: *Der Zauber kehrt zurück!*
Heute fiel mir urplötzlich ein wichtiger Satz ein, den ich vor langer Zeit gehört habe ... *„Chris darf erst zu dir zurückkommen, wenn du dein Leben sortiert hast."*
Wann genau ist mein Leben sortiert??? Meinen die das Berufliche?!

Ich habe über den Sommer einige sehr wichtige Bücher gelesen. Darin geht es hauptsächlich um den Kontakt zum Höheren Selbst, zur inneren Stimme. Und ich übe nun immer mehr und mehr, auf diese Stimme zu hören! Und die ganze Geschichte mit meinem Studium fügte sich ebenfalls wie von Geisterhand ... Ich lerne täglich mehr, meine Planung loszulassen, meine Kontrolle abzugeben ... Es ist sehr schwer und ich muss mich immer wieder aufs Neue daran erinnern. An manchen Abenden weine ich auch heute noch sehr wegen Kris, weine um Kris und um das, was so

schön war in der Zeit, als wir noch regelmässig Kontakt hatten. (Und gerade jetzt beim Schreiben krabbeln *sie* mir am Scheitel herum. Hmpf.)
Seufz, ich denke heute, ich hätte es viel mehr geniessen sollen und weniger jammern. Tja, die Zeit lässt sich nicht zurückdrehen! Aber die Gefühle wollen dennoch ihre Daseinsberechtigung haben, sie sind *heute* immer noch sehr real vorhanden! Gefühle können nicht verschwinden, sie können sich nur verstecken. Und in ihrem Versteck verursachen sie dann Schmerzen.
Egal, was kommen mag, Kris hat seinen berechtigten Platz in meinem Leben, er darf da sein, darf hier sein, *muss* hier sein und an meinem Leben teilnehmen. Er wird immer die zweite Stimme meiner Seele sein, ich bin erst mit ihm hier in meiner ganzen Kraft und Kreativität. Und alles ist gut. UND er führt mich zu meiner Bestimmung. So, wie er es vom ersten Tag an getan hat. Ich muss ihn nicht aus meinem Leben löschen, egal wohin es führt, es ist immer gut und richtig. Ich darf einfach mitgehen, ihn bei der Hand nehmen und schauen, wohin es uns bringt.
Die anderen fühlen nicht, was ich fühle, werden es vielleicht sogar niemals tun, es ist einfach nicht ihrs und für sie daher wohl auch nicht wichtig. Aber sie können sich aus dem Grunde kein Urteil über mein Leben in Gott erlauben, und diese Erkenntnis ist für MICH überaus wichtig. Wenn ich nur seinen Namen denke – Kris! - diese innere Weite, dieses Gewaltige, Grosse, was allein beim stillen Klang dieses Namens aus mir heraus in die Welt sich ausbreiten will - diese einzigartige und gleichzeitig alles meinende gewaltige Liebe, die zu gross ist, um in meinem kleinen Herzen allein zu bleiben ... Nein, ich verbaue mir nicht mein Lebensglück, indem ich ihn bei mir sein lasse; zwar fliesst es auch dann mittlerweile sehr schön, wenn ich den immerwährenden Gedanken an Kris in mir keine Beachtung schenke, doch es *strömt unaufhaltsam,* sobald ich die Gedanken und Gefühle für ihn bewusst an- und wahr-nehme und zulasse.
<u>Hingabe ist die erlösende Kraft.</u>

Ja, jetzt erst kann ich diesen Mann in meinem Leben wirklich annehmen, JA! sagen zu ihm und zu seiner Existenz in mir, und damit zu diesem ganz wichtigen Teil meiner selbst.
Ich fühle heute dieses ganz grosse Glück, ich fühle den Frieden des Herzens. Ich habe alles, ich bin die reichste Frau der Welt mit diesem himmlischen Mann in mir. Sehnsucht ohne Schmerz! Das wollte ja immer mein Ziel sein.
Mir wurde damals von jenen unwissenden Stimmen geweissagt, der neue Partner könne nicht erscheinen, weil Kris ihn blockiert; heute jedoch habe ich verstanden, dass er im Gegenteil nicht erscheinen kann, weil ich das Urmännliche (in mir) ablehnte und nicht in meinem Leben *wahr sein liess.* Alles hat seinen Ursprung in mir selbst! Dieses urmännliche Prinzip in meiner Existenz trägt in physischer Gestalt hier auf Erden den Namen Kris. So ist es, das meint der Begriff Seelendual. Und ich lasse es wahr sein oder leugne es als eine Lüge.
Wenn also überhaupt ein anderer Partner für mich hier auf Erden vorhanden ist, was ich durchaus für wahrscheinlich halte, dann führt allein Kris mich zu ihm. Nur über ihn könnte ich diesem anderen begegnen, denn Kris ist ich selbst. Und vielleicht trägt der andere Mann die Initialen P.H. – *Das Beste kommt noch*. Wir werden es ja erleben!
Oh ja, ihr werdet was erleben, worauf du dich verlassen kannst!

10. Oktober, 10:10

Heute geht's mir sehr blümerant, mein Herzchakra schwingt wieder wie verrückt und ich schwebe ein wenig über dem Erdboden. Also: wieder verstärkt auf Erdung achten! Die Energien, die derzeit einströmen, sind gewaltig. Ich erlebe immer längere Perioden stillen Glücks, in denen ich vor lauter Wonne nur noch seufzen möchte. Manchmal fliessen dabei einfach die Tränen, und mein Leben erscheint mir so golden und goldrichtig ...
Das IST es ja auch, Darling!

Ich habe immer noch sehr guten Kontakt zu meiner inneren Stimme, zu meinem Höheren Selbst. Manchmal schwanke ich in einer speziellen aktuellen Frage, was richtig ist, aber ich finde dann immer (viel schneller als früher) zu meiner persönlichen Spur zurück. Ich weiss daher neuerdings ganz allein, was für mich richtig ist, es ist endlich kein Geheimnis mehr! Früher war das für mich unvorstellbar und ich dachte, *das können nur die anderen*. Mein Eindruck von meinem Leben heute ist: alles ist richtig so, wie es ist. Hier und dort noch ein wenig beschwerlich, aber auf dem allerbesten Wege. Zwar habe ich 8 kg zugenommen, aber ich finde mich wunderschön und gut aussehend damit. Vor wenigen Jahren noch wäre dies mein schlimmster Alptraum gewesen! Irgendwie habe ich immer panische Angst vor dem Zunehmen gehabt, vor dem *Kontrollverlust*, und dann - im Zuge des neuen Fliessens – habe ich es einfach zugelassen. Nun erlebe ich: es ist gar nicht schlimm, mir wird im Gegenteil allerorten gesagt, wie gut ich aussehe, ich sei wohl verliebt?
Du nimmst dich endlich selbst an. Selbstannahme ist die grösste Herausforderung von allen! Da geht noch was, aber du bist schon auf dem richtigen Weg. Liebe zuerst dich selbst!

16. Oktober

Und weisst du, *warum* ich soviel zugenommen habe? Das ist das zugrunde liegende Thema, das sich hinter den Zigaretten versteckte! Es geht um Weiblichkeit, mein Mutter-Thema. Damit verbunden sind die Themen Hingabe, Geschehen lassen statt Kontrolle, weich sein statt hart. Und der Witz ist: ich finde mich tausendmal schöner so, wie ich jetzt aussehe. Dies war seit meinem elften Lebensjahr mein Alptraum: nicht gertenschlank zu sein. Und heute finde ich mich wonnig, einfach nur toll, klasse!
Immer wieder dieser goldige Zustand des tiefen Glücklichseins, des alles-ist-am-richtigen-Platz! So wunderbar kann dieses Leben also sein! Seit ich meine Berufung endgültig lebe und mich auf weiteres vorbereite, steigt dieser Glückspegel ins Unermessliche!

Immerzu habe ich ein Gefühl von etwas Grossem, grossartig Schönem, das unmittelbar bevorsteht. Worum es sich handelt, weiss ich nicht. Übermorgen fahren wir erst einmal für eine Woche an die Nordsee. *Nach Hause. Ans Meer*! Schon wieder Urlaub ! Damit erfüllt sich ein weiterer langgehegter Traum. Wie viele Träume mir in diesem Jahr erfüllt wurden – wie viele ich mir selbst erfüllen konnte! Und wir haben immer Geld, es wird zunehmend mehr, wie durch Zauberhand.
Endlich lässt du mich die Geschenke auf dich werfen, aber da ginge noch weitaus mehr!
Heute wusste ich dann auch endlich, wovon dieses Buch handelt! Ich konnte es bisher nicht fertig stellen, weil mir der Sinn nicht klar war. Auch dachte ich, Kris müsse sich dazu noch einmal melden. Und alle fragten immer wieder, wann die Fortsetzung von den Schafen kommt. Dabei geht es nur am Rande um die Dualseelen-Geschichte. Es handelt eigentlich von meiner Kontaktaufnahme mit dir, meinem Höheren Selbst! Ich nenne dich in diesem Buch PH, denn das scheint mir passend. Nun brauche ich Kris gar nicht mehr, um dieses Buch zu beenden. Es hat seinen Sinn ganz ohne seine Interaktion bekommen.
Ich hab das ganz allein geschafft, und das macht mich wirklich stolz und glücklich. Wie stark ich bin!
Unermesslich gross und leuchtend wie ein Stern ...
Häh?
Es kam so über mich!
Alle bringen Bücher raus, in denen grosse Meister gechannelt werden. Ich jedoch schreibe einfach ein Buch in dem ich MICH SELBST gechannelt habe. Typisch Cathérine!
Und das ist auch GUT so.
Jeder kann das tun, und ich hoffe, dass auch du beim Lesen ein bisschen auf den Geschmack gekommen bist! Ich habe mein Glück auf Erden gefunden, es war die ganze Zeit hier in mir, und nun gehe ich ein Stück weit sogar wirklich gut ausgeleuchteten Weg – mehr sehe auch ich allerdings noch nicht. Denn so funktioniert das Spiel auf Erden! Dieses Stück Weg ist mein Studium und meine Beratungspraxis. Ansonsten bleibt mir nichts

weiter zu tun, als ganz *ich selbst zu sein* und mich auf die Ereignisse zu freuen, die da kommen. Und sie kommen, das kannst du fühlen ... sei einmal still und lausche!

Ich habe verstanden, dass ich einfach nur meine inneren Räume öffnen muss. Das ist alles. Gefäss sein und einfliessen lassen, was da einfliessen möchte. Widerstandslos. *Hingabe.*

Ja, auf Gott ist Verlass, ihr könnt ihm trauen. Und er beschriftet LKWs! So, jetzt habe ich es wahrhaftig noch kurz vor Schluss dieses Buches gesagt! (lacht schon wieder)

12. Kapitel
ein unvorhersehlicher Augenblick des Herzens

„Dieses Fragen ist die fragende Natur unseres eigensten Lebens -, wer erwidert ihr? Das Glück, das Unheil, ein unvorhersehlicher Augenblick des Herzens bestürmt uns vielleicht plötzlich mit Erwiderung, oder sie vollzieht sich in uns selbst langsam und unscheinbar, oder ein Mensch schlägt sie vor uns auf, diese Erwiderung, sie überfüllt seinen Blick, sie steht auf der neuen Seite seines Herzens, die er selber nicht kennt, die wir ihm vorlesen." R.M. Rilke[58]

Dezember

> **Cathérine, was sagst du rückblickend über dein vergangenes Jahr? Wurden alle Versprechen erfüllt?**

Mehr als das! Es war das zweite Jahr komplett ohne Kristian, und es war sowohl ein überaus lehrreiches Jahr als auch dasjenige, das am kürzesten war! Die Zeit ist nämlich nicht mehr das, was sie früher einmal war, und das haben auch die Menschen schon mitbekommen, die sich niemals mit Aussersinnlichem und Übersinnlichem beschäftigen, wie z.B. mein Vater. (lacht wieder).

In diesem Jahr, das nun seinem wohlverdienten Ende zustrebt, habe ich den wichtigsten Schritt von allen getan, nämlich mich mit meinem Höheren Selbst rückverbunden. Ich habe diesen lebenswichtigen inneren Dialog wieder aufgenommen, der vermutlich irgendwann am Ende meiner Kindheit abhanden gekommen war. Nun bin ich froh, wieder zu Hause zu sein.
Ich habe alle meine Antworten nachträglich sogar noch schriftlich bekommen. Sie stehen bereits seit einigen Jahrzehnten in einem Buch, welches im Original in englischer Sprache geschrieben ist. Und ich *musste* es im Original lesen, denn genau so wurde es mir zugeführt.

Wann immer ich darin lese, habe ich wieder dieses Gefühl, dass ein Buch von jemandem, der mir völlig fremd ist, auf magische Weise nur für mich allein geschrieben wurde. Dieses Gefühl meinen auch meine Leser, wenn sie über „Sanft wie Schafe" reden. Es stehen Sätze in dem Buch, die habe ich selbst schon gechannelt und auch selbst schon in ein Buch geschrieben! Ich kenne den Inhalt des Buches bereits! Wie doch ALLES miteinander verbunden ist!
Da stehen meine eigenen Worte und Gedanken auf dünnen Papierseiten und starren mich an, und dann verschwimmen sie, weil ich die Tränen nicht schnell genug weggeblinzelt habe. Ganze Passagen lesen sich wie ein Gedicht, es schwingt ein Lied darin mit ... Dies Jahr zu Weihnachten habe ich Kris einen Auszug aus dem Buch gemailt. Ich gebe ihn hier mit meinen Worten wieder; leider besitze ich die deutsche Übersetzung des Buches nicht. Eines Tages hole ich das nach und lese es auf Deutsch. Auf Englisch ist es aber sowieso viel schöner; ich habe die Sprache ja immer schon mehr geliebt als meine eigene.
Die Textstelle lautet wie folgt:

Our shining footprints point
the way to truth,
for God is our Companion
as we walk the world a little while.

And those who come to follow us
will recognize the way
because the light we carry stays behind,
yet still remains with us
as we walk on.[59]

Unsere leuchtenden Fußspuren
weisen den Weg zur Wahrheit,
denn Gott ist unser Wegbegleiter
während wir für eine kleine Weile
in dieser Welt wandeln.
Und diejenigen, die kommen
um uns nachzufolgen,
sie werden den Weg finden,
denn das Licht, das wir tragen,
bleibt zurück,
und ist doch weiterhin mit uns,
während wir voranschreiten.

Dieses Buch ist magisch, und darin stehen dieselben Dinge wie in meinen beiden Büchern. Dieser Umstand würde mir Angst machen, so wie am Anfang meiner Dualseelengeschichte, wenn ich nicht mittlerweile wüsste, dass alles Wissen aus derselben Quelle kommt ... Z.B. hat mich die folgende Stelle sehr im Innersten getroffen:

„(...) In dem *heiligen Augenblick* wirst du das Lächeln des Himmels auf euch beide, dich und deinen Bruder, scheinen sehen. (...) Was anderes ist der *heilige Augenblick* als Gottes Ruf an dich zu erkennen, was er dir gegeben hat? (...) Denn hier ist die finale Frage schon beantwortet, und das, wonach du gefragt hast, dir bereits gegeben ..."
Und ich schrieb vor mehr als einem halben Jahr selbst in dieses Buch hier, an einem der Abende, als ich beim Schreiben automatisch channelte:

„... Du hast gerade deine Frage noch einmal gelesen.
Ja habe ich. ... die Antwort steht schon da, nicht wahr?
Ja, sie steht schon da. Sie steht schon lange da.
Ganz lange ...
Immer schon.
Es gibt keine Zeit.
Es gibt keine.

Ich habe mir selbst geantwortet, das hatte ich gar nicht gemerkt!
Du hast schon alles. Auch deine Antwort.
Und ich antworte nach einem Blick in seine blauen Augen:
DANKE, ich habe schon ALLES.
Seit dem ersten Augen-Blick habe ich schon alles gehabt. Aber ich kann mir das selbst nicht glauben."

Es ist sehr irritierend, dass immerzu die Formulierung „dein Bruder" in diesem Buch steht. Ich fühle mich absolut direkt angesprochen, denn ich sehe Kris ja als meinen Seelenbruder. Die Betonung lag für mich immer auf „Bruder"! Hänsel und Gretel ... Das Buch war mir bereits vor längerer Zeit begegnet, aber es war anscheinend immer zu früh gewesen, es zu kaufen. Und zwar musste ich wohl erst selbst die oben zitierte Textstelle in mein eigenes Buch schreiben – sonst würde ich es mir jetzt wieder selbst nicht glauben.
Ich kenne dich wirklich gut, was!
Du suchst die Antwort, aber die Antwort findet DICH.

Tauchte denn der Buchstabe „V" weiterhin auf? Oder war das eine Eintagsfliege?

Er tauchte weiterhin ständig auf, bis heute, immer wieder. Erst heute früh hatte ich meine Brötchentüte so gefaltet, dass zufällig ein einzelnes V aus dem Bäckerei-Namen stehen blieb und mich anstarrte. Neulich kam meine Tochter ganz aufgeregt von der Toilette und zeigte mir ein einzelnes Blatt Toilettenpapier.

Wie bitte?

Ja, und die Druckfarbe darauf war aufgrund eines Fehldrucks nur an einer Stelle aufgetragen worden. In Form eines pinken ...

Nein!

Doch, ein einzelnes pinkes V; wir haben uns das Blatt an die Pinwand in der Küche gehängt.

Und bei sowas werdet ihr nicht verrückt?!

(Lacht laut.) Nein, wir haben uns daran gewöhnt.

Erster Weihnachtstag

Cathérine, bitte erzähl uns, wie war die Stimmung beim diesjährigen Weihnachtsfest? Es war ja das vierte ohne Kris ...

... das erste damals, das war furchtbar, damals schrieb er mir noch nicht einmal! Und ich verstand noch gar nichts von alledem, war folgerichtig beleidigt und litt wie ein Hund.
Das zweite Jahr war es toll, denn er meldete sich, weil es mir egal war, ob er sich melden würde. **(lacht)**
Das dritte war genau so, er meldete sich nebenbei, als wenn das alles völlig normal wäre. Für diesmal ... ist die Antwort noch offen ...
Aber mir ging es gestern an Heiligabend auf jeden Fall saugut, wenn ich mal so sagen darf. Ich fand mich so toll, dass ich mich am liebsten selbst geheiratet hätte! Nicht nur, dass ich einen wunderbaren Abend aus dem Ärmel geschüttelt hatte, sowohl für mein Kind als auch für meinen alten Vater als auch für mich selbst; das Essen war auch perfekt und doch hat es mich keinerlei Mühen gekostet. Und ich hab eigenhändig - als würde ich nie etwas anderes tun - mühelos ein riesiges Holzpuppenhaus zusammen geschraubt. Mein Vater, der sonst immer alles besser wissen wollte, weil das früher einmal sein Job in meinem Leben war, sah tatenlos aber bewundernd zu. Es war eine neuartige Situation für mich! Mitten im Schrauben sah ich die Szene plötzlich von oben und dachte *wow,* ich würde mich unbedingt heiraten wollen, ich kann wie man sieht sowohl meine Frau als auch meinen Mann stehen! Es fühlte sich in dem Moment alles vollkommen rund und harmonisch an.

Ich habs ganz alleine hingekriegt, innerlich wie äusserlich. Und Kris, den hatte ich dabei völlig vergessen ... Ich war alleine rundum zufrieden und hab meine Aufgaben bewältigt. So wie auch dieses zweite Buch.

27. Dezember

Auch dies Jahr Weihnachten hat er sich nicht gemeldet. Ich sass gestern abend am Fenster, schaute mir Isis & Osiris an und wusste, dass es einen Grund hat. Einen Grund, der in mir liegt, einen Grund, der es erforderlich macht, dass Kris mir auf diese Weise hilft, etwas Wichtiges zu verstehen ...
Es scheint eine Begrenzung zu geben, die aber eigentlich gar nicht da ist. Klar, ist sie auch nicht, denn es ist lediglich eine Illusion in meinem Denken, die nicht der Wahrheit entspricht! Natürlich ist alles wahr, so wie der andere Teil, der annehmende, in mir es weiss. Was will der Mann ausgerechnet mit mir – das ist einer der falschen Gedanken, aber ich denke ihn immer noch, das muss ich wirklich zugeben! Kris ist perfekt, er ist geradezu ein Weltwunder, und solange ich nicht genau dasselbe von mir denke - ... Ich habe Angst vor seiner Perfektion. Und damit vor meiner eigenen Perfektion und Göttlichkeit.
Gott in Ketten, wer hat ihn in Ketten gelegt? Das kann logischer Weise nur er selbst getan haben.
Ich selbst halte Kris aus meinem Leben fern. Und niemand sonst. Ich spiele mit mir selbst Verstecken, und das seit fast drei Jahren!
Gott bietet mir an, dass ich alles bekommen kann (nämlich von ihm), und ich glaube es nicht und lehne es ab.
... ich lehne Kris ab .... ich lehne MICH ab! Ach du Schreck!
Es ging wieder einmal nur darum, was ICH daraus für mich mache!
Allerdings!
Dualseelen wollen auf Erden lieben wie Gott ... Das ist ihr hochgestecktes Ziel! Sie wollen SICH SELBST bedingungslos lieben – wie Gott. Mich selbst? Das kann ich nicht.
Ich glaube, dass Kris alles Gute verdient, das Beste sogar. Aber ich kann nicht glauben, dass ich das auch verdiene. Wenn ich das glauben, nein, mich *erinnern* würde, dass es so ist, wäre alles

augenblicklich hier bei mir. Was denkt Gott sich wohl dazu? Sicher hat er schon ein Schleudertrauma vom Kopfschütteln.
Danke, es geht so gerade noch.
Ich hatte weiterhin aufgrund einiger Bücher und ehrlicher Selbstbetrachtung erkannt, dass ich einen inneren Saboteur beherberge, der mich immerzu klein macht, ganz so, wie diese Leute es in meiner Kindheit taten.
ALLE meine Lektionen des vergangenen Jahres zielten also auf dasselbe Schlüsselthema, nicht wahr? Auch die Dramen mit meinen Verwandten, mit meinen Freundinnen ... Alles gab sich innerlich die Hand, um mir zu helfen, aus meinen Wahnvorstellungen über mich selbst herauszukommen ...
Genau richtig erkannt! Nichts findet für sich allein und getrennt statt, alles greift stets ineinander und dient immer dem grossen Ganzen.
Ich habe gerade das Gefühl, mir fehlt nur noch ein allerletzter Schritt ... aber vor diesem Schritt habe ich die grösste Angst, die ein Mensch haben kann ...
Macht nichts, denn es eröffnet sich nun bald ein neues Jahr, in dem deine Köfferchen alle noch einmal an dir vorbeifahren können, solange, bis du sie vom Kofferband nimmst und hineinschaust. Dann wirst du ihren Inhalt sortieren und alles endet gut.
Bei dir klingt das immer alles so einfach!
Es IST einfach, *Babe.*

In dem *Kurs in Wundern* steht, dass ich mich nur *entscheiden* muss, mit ihm zusammen zu gehen, denn so sei es gedacht gewesen. Zusammen gehen, so dass keiner von beiden führt und keiner folgt. Schön ausgedrückt, das gesamte Buch ist ein einziges Gedicht.

„... es wird nicht zwangsläufig so sein, ***denn du allein entscheidest, ob ihr es schafft, zusammen zu kommen.“***

Warum kann ich es nicht einfach zulassen? Heute abend bin ich müde, und gerne würde ich einfach loslassen, die Verteidigungshaltung aufgeben. Aber es ist noch nicht ganz so weit, es ist noch nicht soweit. Ich fühle, ich brauche die Angst noch ein bisschen ...

28. Dezember

Gestern hatte ich seit langer, langer Zeit mal wieder einen dieser entrückten Abende ... in meiner Anfangszeit mit Kris hatte ich sie öfter. Irgendwann hörten sie leider auf, ein Teil von mir hat sie mir innerlich verboten, glaube ich. Ich legte spontan meine alten a-ha-CDs ein, und am Ende hatte ich drei Stunden lang mit Morten gesungen. Ich war nur noch halb hier unten auf der Erde anwesend, meine Schwingung war enorm angehoben, und ich träumte allerhand in der darauf folgenden Nacht, löste z.B. bestehende Schulprobleme und vieles mehr. Heute früh wachte ich mit dem Gefühl auf, den ganzen Abend mit Kris verbracht zu haben. Meine Freundin kam auf einen Kaffee, und ich hätte kichern mögen, so deutlich war das absurde Gefühl, ich hätte ein süsses Geheimnis, weil ich den Abend mit meinem Seelendual verbracht hatte.

30. Dezember

Ich überlege schon den ganzen Tag, ob in diesem Buch wohl klar genug herausgestellt wurde, welchen riesigen Unterschied es gibt zwischen der Cathérine, die anfing „Schafe" zu schreiben – und der Cathérine, die gerade die „Löwen" abschliesst!
Anfangs war ich ein wurzelloses kleines Mädchen, das von aussersinnlichen Erlebnissen plötzlich überrollt wurde und sich in tausenderlei Hinsicht als ein Opfer „der Umstände" fühlte. Was Kris tat, war rätselhaft, noch mehr, warum er es tat. Ich litt, ich weinte viel, ich hoffte auf irgendetwas im Aussen, was mich retten würde. Ich war aber innerlich selbst völlig zerrissen. Die anderen hatten alles, konnten alles, nur ich schaffte „es" nicht. (Was immer „es" war!)
Heute dagegen ... bin ich ein *erwachsenes* Kind geworden, denn ich weiss, dass ich niemals ein Opfer der Umstände sein

konnte, dass mir das nur mein Ego sagte. Und ich weiss heute, was wirklich wichtig ist und was nicht. Ich brauche keinerlei äussere Bestätigungen mehr für irgendetwas, also bin ich frei. Und die Liebe, die fühle ich ständig, immer anwesend, immer ausfüllend. Meine Welt ist heute rund, harmonisch, ich begreife sie, verstehe sie, gestalte sie – denn ich weiss, wieso Dinge geschehen und wie ich an ihrer Entstehung mitgewirkt habe. Alles an Materiellem fliesst mir heute zu, und zwar genau so, wie ich es verwenden möchte. Was ich brauche, ist da, und was nicht da ist, brauche ich nicht. Alles fliesst im Übermass, wir sind reicher als je zuvor in unseren Leben. Und ich rede nicht (nur) von Geld!
Ich weiss, was für mich wahr ist und was nicht, und ich muss niemals mehr rätselraten, ich muss niemanden da draussen mehr fragen, denn niemand weiss es besser als ich selbst, auch keine Sirianer. Ich bekomme meine Informationen, und zwar wann immer ich sie haben möchte. Ich weiss jetzt, wer ICH BIN.
Dein Leben fängt jetzt erst an. Das alte Leben ist endgültig vorbei, es ist erfüllt.
Es ist wirklich so einfach, so verrückt einfach und kinderleicht! Das Leben ist tatsächlich ein Kinderspiel!
Ich wünsche meinen Leserinnen und Lesern, dass sie ebenfalls ihren Weg in diesen inneren Frieden finden, dass sie sich selbst kennen lernen, ihre Fähigkeiten anerkennen lernen, ihr Licht in sich entdecken und es leuchten lassen ... kurz: dass sie nach Hause kommen.
Ich wünsche mir, dass dieses Buch euch ein Wegweiser ist.

Wird es ein drittes Buch geben?

Ja klar, denn zum wahren Glück fehlt ja bekanntlich *noch ein* Buch!

CC

„Mir geht es oft so, dass ich mich frage, ob die Erfüllung eigentlich etwas mit Wünschen zu tun hat. Ja, solang der Wunsch schwach ist, ist er wie eine Hälfte und braucht das Erfülltwerden wie eine zweite Hälfte, um etwas Selbständiges zu sein. Aber Wünsche können so wunderbar zu etwas Ganzem, Vollem, Heilem auswachsen, das sich gar nicht mehr ergänzen lässt, das nur noch aus sich heraus zunimmt und sich formt und füllt."[58]

Rainer Maria Rilke

01.01.

danke, Cathérine. ich habe gelacht und geweint. möge das neue jahr dir mehr bringen als du dir erträumst. always Kris x

Nachwort

Dieses Buch war für mich sehr schwierig zu schreiben. Vor allem lag das wohl daran, dass ich mir nicht sicher war, ob es überhaupt notwendig ist, es zu tun. Wer sollte dieses Buch brauchen? Heute denke ich, es ist ein wunderschönes Buch, und es ist *natürlich* hilfreich, keine Frage! Mein Ego hatte Angst, mein Ego tat noch immer alles, um mich vor vermeintlichen Beeinträchtigungen durch Erfolg zu schützen ... Es war schwierig zu schreiben, weil ich nicht wusste, wovon es eigentlich handeln sollte. Es kamen ja keine Treffen mit meinem Seelendual Kristian mehr zustande, und meine inneren Prozesse wollte ich nicht unbedingt in allen Einzelheiten anderen Menschen beschreiben. Schliesslich habe ich es doch getan, allerdings sehr verkürzt und verknappt. In Wahrheit dauerten manche Erkenntnisse länger und waren sehr schmerzhaft. Ich erwähne ein paar dieser Themen und Lösungshinweise nur ansatzweise, um einen kleinen Eindruck der Geburtswehen geben zu können. Das meiste habe ich weggelassen, wie ich es auch schon in Teil 1 meiner Geschichte (*Sanft wie Schafe*) getan habe. Das meiste geht schlichtweg niemanden etwas an, nur Gott und mich und Kristian.

Den entscheidenden Impuls, das Buch fertig zu stellen, bekam ich wieder einmal auf unkonventionellem Weg: Er erschien kurz an Weihnachten in Rotschrift auf einer Plastik-Tragetasche, in der Geschenke für mich waren:
ZUM WAHREN GLÜCK FEHLT NOCH EIN BUCH.
Also **musste** ich es zur Welt bringen ... es war erneut gar nicht an mir, das zu entscheiden! Es wird einen dritten Teil geben, denn die Betonung liegt natürlich auf „noch ein". ☺
Du selbst hast es in der Hand. Es ist *dein* Buch, meine Liebe. Übernimm endlich selbst die Verantwortung! Du wirst es ganz allein schaffen! Kris muss nicht zurückkommen und auch nicht schreiben, damit du es vollenden kannst ...
Als es fertig war, kam erst seine Email, nach mehr als 5 Monaten das erste Lebenszeichen aus England. *Er weiss mein Leben.*

Ich hoffe jedenfalls, du hast im Verlaufe des vorliegenden Buches den Unterschied kennen gelernt: Wie es ist, auf eigene Faust und unter der Last alter unangemessener Glaubenssätze durchs Leben zu straucheln, die guten Erfahrungen nicht wahrhaben wollend und die schlechten Erfahrungen als alleinige traurige Wahrheit ansehend. Wie es ist, immerzu anderen Menschen oder auch *Wesen* die Verantwortung für deine Probleme und Misserfolge zuzuschieben ...
Und dann endlich aufzuwachen und selbst die volle Verantwortung für dein Leben und deine Schöpfungen zu übernehmen!
Und vor allem hoffe ich, dass du erkannt hast, wie *bebirnt* es ist, auf alle anderen Stimmen zu hören, nur nicht auf die einzig entscheidende: **deine eigene**.

Egal, was deine innere Stimme dir Wunderbares gesagt hat, du vergisst es bald wieder, und zwar spätestens dann, wenn du beginnst, (erst einmal rein zu Vergleichszwecken) auf die anderen Stimmen zu hören; diese sind naturgemäss stets in der Überzahl. Ja, es sind sehr, sehr viele da draussen, die dir etwas erzählen wollen. Und sie reden LAUT. Auch ich rede laut.
Überprüfe also alles, auch das, was ich dir sage, für dich selbst noch einmal ganz genau mit deinem eigenen Herzen! Niemand anderes kann dir sagen, was für dein Leben und deinen Weg gut und angemessen, was wahr und was richtig ist! Niemand hat Ahnung von dir und deinem Leben, nur du ganz allein! Und natürlich Gott ...
Es geht keinesfalls darum, dass du in jedem Gedanken mit mir einer Meinung sein sollst, Gott bewahre! Aber es ist wichtig, dass du genau wie ich niemals aufhörst, Fragen zu stellen, kritisch und wach zu sein! Egal, worum es sich handelt!

Ich wünsche mir, dass du anhand meines Beispiels miterlebt hast, wie befreiend, bereichernd und geradezu erlösend es ist, das persönliche Gespräch mit der göttlichen Instanz in dir (wieder) aufzunehmen und sich an all das zu erinnern, was wir - ich genau wie du - eigentlich längst schon wussten. Wenn du dich erst einmal mit deinem Höheren Selbst rückverbunden hast, öffnet sich dir auf der Stelle wie versprochen *das Paradies* - absolute Fülle an Antworten, Wissen, Hilfen, Geschenken, an Glück und Frieden. Ich selbst dichtete kluger Weise und noch recht ahnungslos ganz am Anfang meiner Dualseelen-Geschichte:

Bis an das Ende aller Tage
wird nichts je sein, was ich dir vorenthielte
und nichts, was ich nicht für dich wage![60]

Das sagt Gott - zu jedem von uns!
Wenn ich auf das vergangene Jahr zurückblicke, sehe ich, wie sich alles in meinem Leben auf das Positivste entwickelt hat und wie sich gleichzeitig langgehegte grosse und ebenso langgehegte kleine Träume erfüllten. Für Gott sind alle Wünsche und Träume gleich gross und gleich wichtig!
Und ich habe meinen Platz in dieser Welt, in diesem Leben gefunden, weiss nun endlich, wohin ich beruflich gehe. Ich liebe meine Arbeit, auch die ehrenamtliche, die ich täglich tue und mit der ich so viele Menschen an jedem Tag erfreue. Ich habe verstanden, dass Gott mich tatsächlich hier haben wollte. Das hat beinahe 40 Erdenjahre gedauert!
Besser spät als nie!
Ausserdem habe ich nach vielen *ups and downs* die sogenannte *Dualseelensache* für mich geklärt. Sie ist ein normaler Bestandteil meines alltäglichen Lebens geworden und schon lange kein Aufreger mehr.
Das Verhältnis zu den Mitgliedern in meiner Herkunftsfamilie ist mittlerweile wunderbar, es herrscht Frieden und Toleranz. Eventuell aufkommende Unstimmigkeiten regeln sich viel schneller, und endlich ist ein wirkliches Miteinander spürbar, mehr als je zuvor. Und ich fühle mich auch nicht mehr ganz so ausserirdisch in ihrer Mitte ... Sie respektieren mich und es schmollt keiner mehr, obwohl ich meine Ansichten so deutlich nach aussen hin vertrete. Fazit: es hat uns allen GUT getan, dass ich meine Wahrheit auslebe! Denn Wahrheit heilt, immer.

Jedoch das Wichtigste von allem ist: Ich habe für mich herausgefunden, wie ich zu jedem Zeitpunkt *das Paradies* fühlen kann, egal wo ich bin und mit wem ich zusammen bin. Weil ich es in mir selbst trage. Nichts und niemand kann von aussen daran rühren, niemand kann etwas hinzufügen oder wegnehmen, es IST, unveränderlich, und war dort schon immer.
Mein zweites Buch ist nun fertig, der zweite grosse Abschnitt meines *wahren* Lebens seit meiner Begegnung mit Kristian ist mit diesem Jahr zu Ende, und ich bin schon sehr neugierig, was der folgende Teil bereithält. Ich durfte in den letzten Monaten über eine Schwelle gehen und in eine ganz Neue Welt eintreten, eine Welt, in der Wunder alltäglich sind und in der es keinen versteckten Haken mehr an den himmlischen Geschenken gibt. Die Dualität verschwindet stetig ... auch in deinem Leben. Sieh einfach einmal genau hin!
Wir alle haben – wie ich in diesem Buch - das grosse Vergessen von etwas, was wir doch bereits sicher in unseren Herzen wussten, erlebt, und zwar an dem Tag, als du und ich und jeder einzelne hierher auf diese Erde kamen. Wir fielen aus dem Himmel und landeten unsanft in den Armen irgendeiner Hebamme.
Es ist jedoch möglich, dich zu erinnern, denn es gibt da jemanden, der niemals irgendetwas vergisst, weder deinen wahren Namen noch deine wahren Träume, weder wer du bist - noch wer du sein willst. Stell dir vor, dieser Jemand hat es dir wieder und wieder gesagt und wird niemals müde, es dir immer und immer wieder zu sagen, in jeder Sekunde deines Lebens, *damit du dich eines Tages erinnerst*. Du musst lediglich zuhören. Höre zu und *erinnere dich*. Es ist ganz einfach!
Dieser Jemand sagt dir mit allem, was du in deiner Welt siehst, mit Blumen und Wolken und Sternen und Männern und Frauen und Kinderlachen und LKW-Beschriftungen:

„Ich liebe dich. Du bist mein kleines Mädchen/mein kleiner Junge. Hier ist deine Gabel[61]. Nimmst du an?"

Und, was antwortest DU ihm?

Wir leben in der aufregendsten Zeit aller Zeitalter, und es geschehen JETZT Wunder. Öffne ihnen einfach nur die Türen, und begrüsse sie wie alte Freunde, die endlich zu dir zurück kehren.

Zum Jahresende 2009
Cathérine Cordero

Anhang

Die Geschichte mit der Gabel ... oder: Das Beste kommt noch!

Ich möchte euch gerne ein ganz persönliches Erlebnis erzählen, das mich immer wieder aufrecht hält, wenn ich kurz davor bin, die Hoffnung aufzugeben. Gerade heute früh hatte ich einen Durchhänger, bis mir auf einmal dieses Ereignis in den Sinn kam, und ich beschloss, es für andere Menschen aufzuschreiben. Jedes Wort ist wahr, und bis heute ist es nicht mit dem Verstand zu erklären. Es wird euch Hoffnung geben, ich verspreche es!!!

Letztes Jahr hatten mein Dualseelen-Mann und ich bereits zweimal versucht, uns persönlich zu verabreden, beide Male jedoch wurde es aus unterschiedlichen Gründen plötzlich verhindert. Nun stand der dritte Termin an, es waren bereits drei Monate seit unserem ersten Versuch vergangen, sechs Monate seitdem ich ihn das letzte Mal gesehen hatte. Ihr könnt euch lebhaft vorstellen, dass ich versuchte, unter allen Umständen positiv zu bleiben. Denn ich hatte schon gelernt, dass das, was wir erwarten, auch einzutreten beliebt ... aber die Hoffnung nicht aufzugeben, ist ja so schwer!

Dies war also eine sehr schwere Zeit für mich, denn ich wollte ihn natürlich mehr als alles in der Welt wiedersehen, und so lagen meine Nerven oftmals blank, zudem von seiner Seite - wie immer - wenig seelisch-moralische Unterstützung zu erwarten war. Ich musste da wieder mal alleine durch! -- dachte ich. Denn da geschah etwas, was erst Monate später seine Erklärung fand, MEINE Erklärung. Und zwar, als er schon längst bei mir gewesen war. Aber nun kommt erstmal die Geschichte:

Ich stand in meiner Küche, als mein Vater zu mir kam und mich fragte: "Gehört diese Gabel dir?" Ich wunderte mich und sagte, nicht dass ich wüsste, wieso fragst du? "Sie lag auf einmal in meiner Besteckschublade, und ich dachte, sie gehört dir. Da ist etwas im Griff eingraviert." Ich fühlte mich seltsam berührt, als ich die Gabel in die Hand nahm und die Gravur anschaute, es waren Initialen: "P.H."

"Danke, das ist jetzt meine! Ich behalte sie." Ich spürte instinktiv, dass es mit der Gabel etwas Besonderes auf sich hatte! Ich überlegte tagelang, was diese Initialen bedeuten könnten, kam aber nicht dahinter. Nun gut, dachte ich, ich lege sie in meine Schublade und wir schauen, was noch damit passiert.
Eine Woche später kam tatsächlich mein Dualseelen-Mann zu mir, es war ein Wochenende wie im Traum - danach erfolgte der unvermeidliche Rückzug. Wir sollten monatelang keinen Kontakt mehr haben, wie abgeschnitten.
Etwa zwei Monate nach diesem letzten gemeinsamen Wochenende geriet mir ein Buch in die Hand, von John Ortberg[62]: " Das Abenteuer, nach dem du dich sehnst". Darin erzählt er die folgende Geschichte (setzt euch lieber hin!!!)
In einem Kapitel geht es um Hoffnung, und eins der Unterkapitel trägt die Überschrift: *Die Gabel behalten*. Es wird von einer Frau berichtet, die sich mit einer Gabel in der Hand beerdigen lassen wollte, und sie erklärt den Grund für ihr Anliegen dem Pastor wie folgt:
Sie habe bei den vielen Veranstaltungen der Gemeinde festgestellt, dass es immer einen besonders leckeren und "ordentlichen" Nachtisch gab, wenn aus der Küche gerufen wurde "Behalten Sie Ihre Gabeln!" Dann gab es also keinen Pudding, sondern Kuchen oder etwas ähnliches. Sie wollte also mit der Gabel beerdigt werden, und wenn die Leute fragten, warum sie das getan habe, sollte der Pastor sagen: *Weil das Beste noch kommt und sie deshalb ebenfalls ihre Gabeln behalten sollten.* Die Frau glaubte also fest daran, dass nach ihrem Tod erst das Beste kommt. Der feste Glaube daran, dass noch nicht alles zu Ende ist. Darum geht es in der Geschichte, die John Ortberg erzählt. Er empfiehlt dann noch, man solle sich ab und zu seine Gabel zur Hand nehmen und daran denken, dass das Beste noch kommt.
Mir wurde beinahe schwarz vor Augen, als ich an die Gravur auf *meiner* Gabel dachte:

P.H. - Prinzip Hoffnung!!!
Bis heute weiss niemand, woher diese Gabel plötzlich kam. Aber mein Vater (!) brachte mir die Gabel, und zwar persönlich ...

Ich weiss nicht, was ihr denkt, die ihr das jetzt gerade lest. Ich persönlich glaube, Gott sitzt im Himmel und verteilt Gabeln an Menschen, die dringend Hoffnung brauchen. Und ich nehme seit dem immer wieder meine Gabel zur Hand, und dann weiss ich, dass ich die Hoffnung niemals aufzugeben brauche. So wie heute früh.
Übrigens, beim Lesen meiner Geschichte habt ihr gerade eure persönliche Gabel bekommen. :-)
Gebt die Hoffnung niemals auf, egal worum es sich dreht! Denn *das Beste kommt noch.*

Das ist meine Botschaft an euch, und eigentlich ist es nicht *meine* Botschaft ...

Die Liebe bindet nichts,
sie dankt es Gott zu existieren
und fordert nichts zurück.
Sie kennt kein Ende, kein Verlieren.
Vorbei die Zeiten, da ich spielte
und gewann – um jeden Preis.
Bis an das Ende aller Tage
wird nichts je sein, was ich dir vorenthielte
und nichts, was ich nicht für dich wage.
Dein Dasein wandelt mich, ganz leis ...
darum – wenn ich dir sage:
ich liebe dich,
sag einfach nur:
ich weiss.

Cathérine Cordero, aus: Seelenseen

Der du ein Fremdling bist in dieser Welt,
nimm meinen Rat und steh auf ihrem Boden
wie es dem Gast im fremden Land geziemt.
Und hilf den andern pflanzen oder roden
und teile ihre Lust und ihre Last.

Doch, Fremdling weil du Sonnenaugen hast,
mußt mehr du sehn und tiefer als die andern,
und mehr verstehn von denen, die da wandern,
als sie von dir. Du bist dem Fernen nah,
zu geben, nicht zu fordern bist du da.

Der du ein Fremling bist in dieser Welt,
nimm meinen Trost: Nicht du bist heimatlos,
das sind die andern, die des Lichts vergessen.
Ruf sie zurück! Des Vaters Haus ist groß.

Ephides

http://www.satsangforum.de/ephides-ein-dichter-des-transzendenten-988.html, Zugriff vom 29.12.09

Erläuterungen, Quellennachweise und Literatur

(Hinweis: Für die Inhalte der in diesem Buch aufgeführten Internet-Links bzw. externen Webseiten übernimmt die Autorin keinerlei Haftung.)

1 Cathérine Cordero, Sanft wie Schafe – Eine wahre Dualseelengeschichte. Books on Demand, Norderstedt, 2008

2 Schicksal: Salus = Heil; Schick-sal = zu unserem Heil geschickt.

3 Dies ist eine meiner Wortneuschöpfungen und kein Rechtschreibfehler! Das Wort setzt sich zusammen aus Synchronizität („sinnvoller Zufall") und Zitat und bedeutet für mich: Der uns geschehende Zufall ist ein Zitat unserer Seele, abgebildet in der äusseren Welt.

4 Hape Kerkeling, Ich bin dann mal weg: Meine Reise auf dem Jakobsweg. Malik Verlag, 2006

5 luzides Träumen = wenn dir mitten im Traum bewusst wird, dass du träumst, so dass du daraufhin sogar Einfluss auf die Traumhandlung nehmen kannst.

6 Jane Roberts, Gespräche mit Seth, Ariston Verlag Genf, 1990.

7 channeln (engl. channel = Kanal) = die Kontaktaufnahme mit nicht sichtbaren Wesen der geistigen Welt zum Zwecke der Informationsvermittlung an uns Menschen durch sogenannte Channel-Medien. Nach meiner Auffassung kann jedoch jeder Mensch von Natur aus „channeln" und tut es auch (i.d.R. unbewusst).

8 Jane Roberts, Das Seth-Material, Ariston Verlag Genf, 1986

9 Lichtkörperprozess: Gesamtheit aller Symptome und Veränderungen, die deine Körper, insbesondere der physische, während der Entwicklung vom dichten zum lichten Körper (3D zu 5D) durchläuft. Nähere Informationen hierzu in dem Buch:

Tashira Tachi-ren, Der Lichtkörper-Prozeß. 12 Stufen vom dichten zum lichten Körper, Edition Sternenprinz, Hans-Nietsch-Verlag Freiburg,1998.

10 Safi Nidiaye, Befreie deine Sehnsucht. Glanz und Freude ins Leben bringen damit die Seele atmen kann, Integral-Verlag München, 2005.

11 first mate: hier handelt es sich um ein Wortspiel in Anlehnung an das englische Wort für Seelenpartner =soulmate. der *first mate* ist eigentlich der Bootsmann, ein Begriff aus der Nautik.

12 Thomas-Evangelium: „Die apokryphe (griechisch: verborgen, geheim) Schrift geht auf den Apostel Judas, genannt Thomas (aramäisch: Zwilling, griechisch: Didymus) zurück und wurde um 100 n. Chr. in Syrien erstmals schriftlich niedergelegt. Es kann als das 5. Evangelium (griech.: Eu angelion = Frohe Botschaft) angesehen werden. Es erfreut sich sowohl bei Esoterikern und besonders bei Gnostikern einiger Beliebtheit, dient aber auch Christen zur Erforschung ihres Glaubens abseits der Paulinischen Theologie."
Internet-Quelle: http://www.timediver.de/thomasevangelium.html Stand 29.12.09

13 Cathérine Cordero, Die Geschichte mit der Gabel – mir genau so passiert und unverändert niedergeschrieben im ersten Jahr nach meiner Dulaseelen-Begegnung. -vergleiche Anhang dieses Buches!-

14 vgl. Sanft wie Schafe, Seite 143.

15 vgl. Sanft wie Schafe. Ich fand anfangs immer zu meinen Erlebnissen auf witzigste Weise passende Überschriften auf einer bestimmten Webseite und machte mir damals einen Spass daraus, dort öfter nachzuschauen.

16 Die Texte aus diesem mittlerweile geschlossenen *Weblog* flossen später teilweise in meine Webseite ein.

17 Das Enddatum des Maya-Kalenders und laut esoterischer Auffassung der Markpunkt für den Beginn der sogenannten Neuen Zeit = des Himmels auf Erden/5 D.

18 Sananda = Schwingungsname eines aufgestiegenen Meisters, bei Esoterikern bekannt für seine Inkarnation als Jesus Christus. Die Internetseite existierte leider schon nicht mehr, als ich die Quellenangaben auflistete. (29.12.09)
Da mich das Aschenputtel-Thema jedoch noch weiter verfolgte, liess ich das Zitat stehen.

19 Diana Cooper, Das Wunder des Einhorns und Einhorn-Orakelkarten im Set, Ansata Verlag München, 2008.

20 Ephides. Ein Dichter der geistigen Welt. Ephides wurde gechannelt durch das Medium Hella Zahrada (1896-1966).
Der zitierte Satz stammt aus seinem Gedicht „Der du ein Fremdling bist in dieser Welt", mir liegt derzeit kein separater Titel vor. Das komplette Gedicht findest du im Anhang. Quelle:
http://www.satsangforum.de/ephides-ein-dichter-des-transzendenten-988.html, Zugriff vom 29.12.09

21 http://www.krafttiere.com/einhorn.html Zugriff 29.12.09

22 Anselm Grün, Bleib deinen Träumen auf der Spur. Buch der Sehnsucht, Herder Freiburg im Breisgau, 2003.

23 Hella Zahrada, Ephides Band V, Rudolf Frhr.v.d. Horst Verlag, Frankfurt a.M., 1961

24 Thoth: auch Hermes Trismegistos genannt. Thoth war ein ibisköpfiger Gott im alten Ägypten.

25 Deepak Chopra, Das Buch der Geheimnisse, Arkana München, 2005.

26 Sirianer: höherdimensionale Wesen aus dem Sternsystem Sirius

27 Rob Thomas, *Little Wonders*, Label: Atlantic (Warner)

28 James Redfield, Die Prophezeiungen von Celestine, Ullstein Verlag, 2004
29 Der Film dazu: http://www.celestinederfilm.de/ Zugriff vom 29.12.09

30 „Der Doktor und das liebe Vieh", Originaltitel: All creatures great and small, BBC-TV-Serie der 1970er und 80er Jahre.

31 Kabir Jaffe/Ritama Davidson, Indigo-Erwachsene, Wegbereiter einer neuen Gesellschaft, AMRA Verlag Hanau, 2008.

32 Hellinger, Bert: dt. Familientherapeut und Buchautor. („Familienstellen")

33 Cyril Scott (Hrsg.), Der Junge mit den lichten Augen, Aquamarin Verlag München, 1984.

34 Der Lebensfreude-Kalender 2009, PAL Verlag.

35 Anselm Grün, Vertrauen, Herder Freiburg im Breisgau, 2009.

36 Clearing: Astrale Wesenheiten ins Licht schicken, die sich ins Energiefeld eines Menschen eingeklinkt haben und dort festhängen.

37 Cathérine Cordero, Heimatlose Welten, BoD Noderstedt, 2007.

38 John Ortberg, Viel näher, als du denkst. Wie sich Gott im Alltag finden lässt, Gerth Medien GmbH Asslar, 2006.

39 Neale Donald Walsch, Gespräche mit Gott, Bd.1, Arkana München, 1997.
40 die Webseite dazu: http://www.nealedonaldwalsch.com/ Zugriff 29.12.09

41 3D-Wunderland, Planet Medien AG.

42 vgl. Rainer Maria Rilke, Die Weise von Liebe und Tod des Cornets Christoph Rilke. (Diese Anspielung nimmt Bezug auf eine Schlüssel-Begebenheit aus *Sanft wie Schafe.*)

43 Barry & Joyce Vissel, Partner auf dem Weg der Liebe. Die spirituellen Möglichkeiten der Eltern/Kind-Beziehung, Aquamarin-Verlag Grafing, 1987.

44 Träume werden wahr, Disney, Xenos Verlagsgesellschaft mbH Hamburg, 2007

45 Chuck Spezzano, Karten des Lebens. Lebensgeschichten erkennen und heilen, Via Nova Verlag Petersberg, 2008.

46 Sternensaat: Angehörige fremder Sternensysteme, die aktuell eine menschliche Inkarnation auf dieser Erde durchlaufen.

47 Hummeln: http://www.hummeldynamik.de/pageID_4869849.html
Zugriff 29.12.09

48 Leider weiss ich nicht, welche Firma diese witzige Beschriftung fährt. Wer von euch es weiss, möchte es mir bitte mailen! Danke!

49 Ho'oponopono – machtvolles Vergebungsritual aus der Huna-Lehre, siehe z.B. hier: http://www.hunaseite.info/hunaseite/huna/hooponopono.html (Zugriff vom 03.01.10)

50 Safi Nidiaye, Herz öffnen statt Kopf zerbrechen, Der Weg zu Freiheit, Freude und Frieden, Ullstein München, 2002.

51 Doreen Virtue, Die Zahlen der Engel, Handbuch der Engel-Numerologie, Ullstein Berlin, 2005.

52 Doreen Virtue, Das Heil-Orakel der Engel, Allegria Verlag Berlin, 2005.
53 Doreen Virtue, Das Erzengel-Orakel, Allegria Verlag Berlin, 2005.

54 Prentice Mulford, Unfug des Lebens und des Sterbens, S. Fischer Verlag Frankfurt am Main, 2005.

55 Merkwürdiger Weise stellte sich, nachdem ich diesen Schritt innerlich getan hatte, eines Tages ganz von selbst (auf einer neuen Ebene) der Name „Gott" doch wieder ein. Die Loskoppelung war jedoch innerlich erfolgt und mehr als heilsam für mich. Im vorliegenden Buch blieb es jedenfalls bei dem Namen „Gott".

56 Rainer Maria Rilke, Die Gedichte, Insel Verlag Frankfurt am Main, 1986.

57 Rainer Maria Rilke, Briefe an einen jungen Dichter, Insel Verlag Leipzig, 1929.

58 Rainer Maria Rilke, Du musst dein Leben ändern, Insel Verlag Frankfurt am Main und Leipzig, 2006.

59 A course in miracles, Foundation for inner peace, 1996, published by Penguin Group.

60 Cathérine Cordero, Seelenseen. Gedichte II, BoD Norderstedt, 2008.

61 vgl. Anhang

62 John Ortberg, Das Abenteuer nach dem du dich sehnst. Wer auf dem Wasser gehen will, muss aus dem Boot steigen, Gerth Medien GmbH Asslar, 2002.

www.meinatlantis.de
Webseite der Autorin über Dualseelen.

Du kannst mit der Autorin Kontakt aufnehmen:
atlantia@online.de